Bob Goff

Lebe. Liebe. Los!

Über den Autor

Bob Goff ist ein *New York Times*-Bestsellerautor. Darüber hinaus ist er Rechtsanwalt und hat *Restore International* gegründet hat, eine Non-Profit-Menschenrechtsorganisation, die sich für Notleidende in Uganda und Indien einsetzt. Er spricht auf Führungskongressen und Universitätsveranstaltungen. Außerdem ist er als Honorarkonsul für Uganda in den Vereinigten Staaten tätig und unterrichtet als Assistenzprofessor an der *Pepperdine Law School* (Malibu) und der *Point Loma Nazarene University* (San Diego).

Bob Goff

LEBE. LIEBE. LOS!

Jeden Tag die Welt ein kleines bisschen besser machen und dabei glücklich werden

Aus dem Englischen von Martina Merckel-Braun

GerthMedien

Ich widme dieses Buch meiner bezaubernden Frau Maria,
meinen Kindern Lindsey, Richard und Adam
und all meinen Freunden, die mir geholfen haben,
Jesus mit anderen Augen zu sehen.

INHALT

VORWORT

Bob Goff hat mehr Einfluss auf mein Leben gehabt als jeder andere Mensch, den ich bislang kennengelernt habe. Und auch wenn ich zugeben muss, dass die Abenteuer, von denen er in diesem Buch berichtet, überaus fesselnd sind, ist es nicht seine außergewöhnliche Lebensgeschichte, die mich bei ihm so berührt. Der Grund, warum Bob mein Leben verändert hat, ist, dass er mir mit Liebe und Zuneigung begegnet.

Bob Goff liebt seine Mitmenschen mit einer Kraft, die so gewaltig und unaufhaltsam ist wie ein Wasserfall, wie der Wind oder Meereswogen. Er liebt ohne jede Anstrengung, so als gäbe es ein unerschöpfliches Reservoir an Liebe, das wie Schnee auf den Bergen liegt und im Frühjahr in Form von Schmelzwasser in einem nie versiegenden Schwall durch sein Leben hindurchfließt. Es gibt nur eine Erklärung dafür, dass ein Mensch so viel Liebe verschenken kann: Gott. Ich glaube, dass Bob Goff Gott kennt, und ich glaube, dass Seine Liebe durch ihn hindurchfließt.

Ich bin nicht der Einzige, der so empfindet. Viele Menschen auf der ganzen Welt haben mit ihm dasselbe erlebt. Was machen Sie mit einem Mann, der in ein Flugzeug steigt und um die halbe Welt fliegt, um an der Hochzeitsfeier eines neuen Bekannten teilzunehmen? Was machen Sie mit einem Mann, der auf *Tom Sawyer Island* in *Disneyland* arbeitet, weil die Gefahr, dass wütende Anwälte über ihn herfallen, dort geringer ist? Und wenn wir schon beim Thema sind: Was machen Sie mit einem Anwalt, auf dessen Visitenkarte die schlichte Berufsbezeichnung „Helfer“ steht? Was machen Sie mit einem Mann, der sich zwei Jahre lang dafür eingesetzt hat, dass ein Junge aus einem Gefängnis in Uganda freikommt, nur weil ich diesen Jungen kennengelernt und Bob darum gebeten hatte, es zu tun? Wie erklären Sie die Tatsache, dass er jeden Morgen im Schlafanzug in den Garten stolpert, um eine Rose für seine schlafende

Frau zu pflücken? Und dann ist da noch die alte Dame, die in seinen Jeep hineingerauscht ist und ihn in hohem Bogen aus seinem Fahrzeug katapultiert hat und der er zum Beweis dafür, dass er ihr das nicht übel nimmt, einen Riesenstrauß Blumen geschickt hat. Und die Handballmannschaft der DC Diplomats, der er eine Woche lang jeden Tag Pizza bringen ließ, der Richter aus Uganda, den er nach *Disneyland* einlud, und das Flüchtlingslager am Stadtrand von Gulu, wo er Brunnen gegraben und tonnenweise Kleidung hingebracht hat.

Die Liebe, die Bob ausstrahlt, ist schlicht und einfach umwerfend. Wenn man ihn kennengelernt hat, kann man nicht mehr so weiterleben wie zuvor. Er zerstört Ihren amerikanischen Traum und hilft Ihnen, Ihren wahren Traum zu finden. Er deckt auf, was in Ihrer Ehe im Argen liegt, und hilft Ihnen, eine wunderbare Liebesgeschichte daraus zu machen. Er bringt die Fassade, die Sie Ihr Leben lang mühsam aufrechterhalten haben, von einem Moment zum anderen zum Einsturz und hilft Ihnen dann ganz selbstverständlich dabei, stattdessen etwas Neues, Echtes aufzubauen.

Bob hat mir angeboten, umgehend in ein Flugzeug zu steigen, als ich in Not war, und hat genau dann angerufen, als ich ihn gebraucht habe. Er hat mir die Wahrheit gesagt, als ich von allen Seiten mit Lügen bombardiert wurde, und hat mir eine Familie und ein Zuhause geschenkt. Er hat mir eine Vision dafür vermittelt, was im Leben eines Menschen geschehen kann, wenn er dazu bereit ist, es für andere einzusetzen.

Dieses Buch wird den einen oder anderen Leser beunruhigen. Uns gefällt es gar nicht, unserer Liebe zu anderen Hände und Füße zu verleihen. Solange unsere Liebe theoretisch bleibt, bringt sie unser Leben nicht durcheinander und birgt keinerlei Risiko. Aber eine Liebe, die nur in unserem Kopf existiert, verändert nichts. Bob glaubt, dass Liebe zu kostbar ist, um wie ein Gefangener hinter unserer Stirn eingesperrt zu werden.

Die Menschen, denen ich Bob vorgestellt habe – und das sind viele –, finden es schwer, in Worte zu fassen, was an ihm so anders ist. Aber der Titel dieses Buches sagt alles. Wo Sie und ich Liebe wollen, Liebe empfinden und in Liebe sprechen, erinnert Bob uns daran, dass Liebe lebendig und dynamisch ist, dass sie aktiv wird und Dinge tut. Sie schreibt einen Brief und greift zum Telefon. Sie bestellt Pizza und springt in einen See. Sie umarmt, sie betet und weint und singt. Vieles von dem, was wir über Liebe gelernt haben, wird Ihnen unecht vorkommen, wenn Sie diesen Mann kennenlernen, dessen Liebe loslegt und handelt.

Es ist mir eine Ehre, Ihnen meinen Freund Bob Goff vorzustellen.

Donald Miller

Einführung

LIEBE HANDELT

Früher dachte ich,
ich bräuchte ein Büro,
um Rechtsanwalt zu sein.
Heute weiß ich,
dass eine Insel genügt.

Ich kann am besten nachdenken, wenn ich auf *Tom Sawyer Island* in *Disneyland* bin. Dort steht am Ende eines kleinen Piers gegenüber dem Piratenschiff ein kleiner Tisch. Ich nehme an, die meisten Leute denken, dieser Platz sei einfach eine Requisite, weil dort einige kleine Holzfässer mit der Aufschrift „Schießpulver" herumstehen und ein paar Piratenutensilien über dem Geländer hängen. Aber für mich ist er nicht nur eine Requisite; für mich ist er mein Büro.

Ich war schon oft dort, habe aber nie jemanden an meinem Tisch auf meinem Pier sitzen sehen, und es waren auch noch nie echte Piraten auf dem Piratenschiff. Ich schätze, das bedeutet, das sind jetzt mein Tisch, mein Pier und mein Piratenschiff. Rechtsanwälte treffen einfach diese Art von Entscheidungen. Ich bin zwar grundsätzlich bereit, meinen Tisch, meinen Pier und mein Piratenschiff zu teilen, aber ich will sie nur mit Menschen teilen, die träumen können. Wir alle möchten einen Ort haben, an dem wir träumen und all dem entfliehen können, was unsere Fantasie und unsere Kreativität blockiert. *Tom Sawyer Island* ist ein Ort, wo ich mit anderen Komplotte schmiede, wo unglaubliche Streiche ausgeheckt wurden und meine Begeisterung sich frei entfalten kann. Viele der Geschichten, die Sie in diesem Buch finden, haben an eben diesem Pier auf *Tom Sawyer Island* ihren Anfang genommen.

Was mir an *Tom Sawyer Island* am besten gefällt, ist, dass es mir gehört. Ich habe kein Problem damit, es mit anderen Kindern und Besuchern zu teilen. Aber das Ganze gehört trotzdem mir. Irgendetwas verändert sich, wenn man das Gefühl hat, dass einem etwas gehört. Man verhält sich nicht länger wie ein Zuschauer oder Konsument, denn man ist der Eigentümer. Mit dem Glauben verhält es sich ganz ähnlich. Er ist nur dann wirklich echt, wenn es der eigene Glaube ist.

Ich habe eine Saisonkarte für *Disneyland*, und ich kann mit dem Zug dorthin fahren, wann immer ich will. Wenn ich einen Freund mitnehmen will, fahre ich mit meinem alten Motorrad mit Beiwagen, einer Harley-Davidson Springer Softail, die für besondere

Gelegenheiten in meiner Garage steht. Es ist die Art von Motorrad, die man in einer Enzyklopädie unter dem Schlagwort „Liebhaberstück" finden würde. Es ist cool. Es ist blau und es ist laut. Ich genieße es, damit zu fahren, denn es erfordert meine ganze Aufmerksamkeit, damit von A nach B zu gelangen. Und ich mag es, dass ich damit sogar einen Freund mitnehmen kann. Wenn ich an Leuten vorbeifahre, lächeln sie, weil sie noch nie in einem Beiwagen gefahren sind und sich wünschen, dass sie selbst derjenige wären, der darin sitzt. „Lebensfreude" ist der Ausdruck, der das Ganze vielleicht am ehesten trifft – man muss sie selbst erleben, um wirklich begreifen zu können, was dieses Wort bedeutet. Lebensfreude fragt nicht danach, ob Sie der Fahrer oder der Beifahrer sind; das Einzige, worauf es ankommt, ist: Sie sind unterwegs.

Ich habe etwas Seltsames festgestellt: Fast alle haben schon von *Tom Sawyer Island* in *Disneyland* gehört, aber fast niemand geht dorthin. Vielleicht liegt das daran, dass es von Wasser umgeben ist und dass man ein Floß braucht, um dorthin zu gelangen. Aber das ist gar nicht so schwierig. Viele Leute *wollen* dorthin. Manche *planen* sogar, dorthin zu fahren. Aber die meisten vergessen es oder kommen einfach nicht dazu, es zu tun. Für viele ist es einfach so ein „Das machen wir beim nächsten Ausflug"-Ort. Ich glaube, *Tom Sawyer Island* ist ein Symbol für das sinnerfüllte Leben, das sich viele Menschen wünschen: Sie schaffen es nie, dorthin zu gelangen und das zu tun, was sie wirklich wollen.

Die meisten Menschen sehnen sich danach, ein engagiertes, leidenschaftliches, von Liebe erfülltes Leben zu führen, aber im Laufe der Zeit vergessen sie das irgendwie. Ihre Träume werden zu diesen „Das machen wir nächstes Mal"-Angelegenheiten. Das Traurige dabei ist, dass es für viele kein „nächstes Mal" gibt, weil die Tatsache, dass sie eine Chance vorübergehen lassen, ihre grundsätzliche Lebenseinstellung widerspiegelt und nicht nur eine einmalige Entscheidung ist. Sie brauchen eine neue Lebenshaltung, nicht weitere Chancen.

Es gibt keine Zulassungsbedingungen für *Tom Sawyer Island*. Es ist gleichgültig, ob Sie groß oder klein sind, alt oder jung, religiös oder nicht. Es gibt keine Vorschriften auf *Tom Sawyer Island*; es kann alles für Sie sein, was Sie sich wünschen. Sie können dort unzählige Dinge tun. Die meisten davon haben mit Rennen und Springen zu tun, mit Fantasie und Kreativität. Es ist ein Ort, wo Sie einfach hingehen und Dinge tun können. In dieser Hinsicht ist dieser Ort ein Sinnbild des Lebens selbst – er zeigt uns, wie viele Möglichkeiten wir haben, unser Leben zu gestalten und zu genießen.

Von meinem Büro auf *Tom Sawyer Island* aus habe ich eine fantastische Aussicht – ich kann mich umschauen und sehe, wie eine große Zahl von Menschen lebt. *Tom Sawyer Island* ist keine Spazierfahrt. Es geht nicht nur um Spaß und Abenteuer, und es ist kein Ort, an den man geht, um sich zu amüsieren. Er birgt das gesamte Potenzial, das Sie selbst mitbringen – nicht mehr und nicht weniger. Um herauszufinden, wie viel das ist, müssen Sie nur eines tun: auftauchen. Sie brauchen keinen Plan; Sie müssen einfach nur da sein.

Ich glaube, jeder von uns sehnt sich im tiefsten Inneren nach einem Ort wie *Tom Sawyer Island*, einem Ort, an dem wir unserer Fantasie und unserer Begeisterung freien Lauf lassen und Wunder erleben können, statt nur über sie nachzudenken und sie auf „nächstes Mal" zu verschieben.

Auf meiner Insel denke ich oft auch über ein ernstes Thema nach – etwas, das ich manchmal in Gedanken als „die größte Lüge aller Zeiten" bezeichne. Und diese Lüge lässt sich in nur zwei Worte fassen: „jemand anders". Auf *Tom Sawyer Island* denke ich über Gott nach, der nicht *jemand anderen* auserwählt hat, um der Welt seine Kreativität vor Augen zu führen, der nicht den Rockstar oder den berühmten Künstler dazu bestimmt hat, Dinge auf die Beine zu stellen. Er hat Sie und mich auserwählt. Wir sind das Mittel, die Wege, das Objekt und der Lieferwagen. Gott kann jeden gebrauchen, keine Frage. Wenn Sie auf einer E-Gitarre klimpern können oder für „Heimliche Helden" nominiert wurden, sind Sie dadurch nicht ungeeignet – aber Sie sind auch nicht *besser* geeignet. Sehen Sie, Gott gebraucht normalerweise einfache Menschen wie uns, um seine Pläne zu verwirklichen.

Wenn ich auf meiner Insel sitze, begreife ich immer wieder neu, dass wir damit aufhören sollten, Pläne zu schmieden und Ideen zu entwickeln. Stattdessen sollten wir unsere Absichten in die Tat umsetzen und in dieser Welt etwas bewegen, indem wir unserem Glauben Taten folgen lassen. Und zwar deshalb, weil Liebe sich nicht damit zufriedengibt, passiv zu bleiben und zuzuschauen. Liebe denkt nicht nur nach und plant. Schlicht gesagt: *Liebe legt los und handelt.*

Kapitel 1

ICH BIN FÜR DICH DA!

Früher wollte ich die Menschen ändern. Heute will ich nur noch für sie da sein.

Als ich auf der Highschool war, lernte ich einen Typen namens Randy kennen. Randy besaß drei Dinge, die ich nicht hatte: ein Motorrad der Marke Triumph, einen Bart und eine Freundin. Ich hielt das für sehr ungerecht, denn diese drei Dinge wollte ich auch, und zwar in umgekehrter Reihenfolge. Ich hörte mich ein bisschen um und fand heraus, dass Randy gar nicht auf die Highschool ging. Er trieb sich dort nur herum. Ich hatte von solchen Leuten gehört und beschloss, ihm aus dem Weg zu gehen. Später erfuhr ich, dass Randy Christ war und mit einer Gruppe namens *Young Life* zusammenarbeitete. Ich wusste nicht, worum es dabei im Einzelnen ging, aber das erklärte für mich immerhin den Bart und schien ein guter Grund dafür zu sein, dass er sich so oft auf dem Schulgelände aufhielt. Randy bot mir nie an, mich auf seinem Motorrad mitzunehmen, aber er versuchte, mit mir über Jesus zu sprechen. Ich hielt Abstand, aber er schien trotzdem brennend daran interessiert zu sein, wer ich war und was ich machte. Ich kam zu dem Ergebnis, dass er vielleicht niemanden kannte, der in seinem Alter war, und so wurden wir schließlich Freunde.

Ich war ein miserabler Schüler, und eines Tages fand ich heraus, dass man eine bestimmte Prüfung ablegen konnte, für die man dann ein dem Highschool-Abschluss entsprechendes Zertifikat erhielt. Ich kam aber nicht dahinter, wie man sich für diese Prüfung anmeldete. Wenn man es recht bedenkt, war das wohl ein ziemlich eindeutiges Indiz dafür, dass ich auf der Highschool bleiben sollte. Meine Pläne sahen jedoch anders aus: Ich wollte in den Yosemite-Nationalpark ziehen und meine Zeit damit verbringen, auf riesige Granitfelsen zu klettern. Auch wenn ich bei einer Größe von einem Meter dreiundneunzig und einem Gewicht von hundert Kilo eigentlich nicht gerade eine Bergsteigerfigur hatte. Wie ich wohl darauf kam, dass in mir eine Sportskanone steckte? Auf der Highschool macht man sich nicht viele Gedanken darüber, was man alles nicht kann. Die meisten Menschen lernen das erst später und manche lernen es nie.

Zu Beginn meines dritten Highschool-Jahres beschloss ich, dass es an der Zeit war, die Schule zu schmeißen und in den Yosemite-

Park zu ziehen. Ich besaß eine Daunenweste, zwei rote Halstücher, ein Paar Bergsteigerschuhe, fünfundsiebzig Dollar und einen VW Käfer. Was brauchte ich mehr? Ich würde im Tal Arbeit finden und meine Freizeit in den Bergen verbringen. Höflichkeitshalber schaute ich am Sonntagmorgen bei Randy vorbei, um ihm von meinen Plänen zu erzählen und mich von ihm zu verabschieden. Ich klopfte an die Tür und nach ein paar langen Minuten machte Randy auf. Er machte einen müden Eindruck und sah ganz verstrubbelt aus – ich hatte ihn offensichtlich geweckt.

Während ich ihn über meine Pläne in Kenntnis setzte, hörte er mir geduldig zu und bemühte sich nach Kräften, sich seine Verwunderung nicht anmerken zu lassen.

„Und wann soll's losgehen?", fragte er, als ich fertig war.

„Jetzt sofort", antwortete ich, richtete mich dabei auf und streckte die Brust raus, um zu zeigen, dass ich es ernst meinte. „Weißt du, Randy, es ist Zeit, dass ich hier wegkomme. Ich wollte mich bei dir bedanken, dass du mit mir herumgehangen hast und einfach ein toller Kumpel bist."

Randy sah ernst und besorgt aus, aber er sagte kein Wort.

„Und, ääh, und kannst du deiner Freundin Grüße von mir ausrichten, ich meine, wenn du sie das nächste Mal siehst?", fügte ich hinzu. Wieder kam keine Antwort. Randy wirkte irgendwie abwesend und schien durch mich hindurchzuschauen. Dann war er auf einmal wieder ganz präsent.

„Bob, kannst du einen Moment warten? Ich muss mal eben was abchecken."

„Kein Problem, Randy." Ich hatte ja nun alle Zeit der Welt. Randy verschwand für ein paar Minuten im Haus, während ich mit den Händen in den Taschen auf seiner Veranda stand wie bestellt und nicht abgeholt. Als er zurückkam, hing ein abgewetzter Rucksack an einem ausgefransten Riemen über seiner Schulter, und er hielt einen Schlafsack im Arm. Er kam sofort auf den Punkt, ohne sich mit langen Erklärungen aufzuhalten. Alles, was er sagte, war: „Bob, ich bin dabei."

Etwas in seinen Worten traf mich zutiefst. Er hielt mir keine

Vorträge darüber, dass ich mir meine Zukunft vermasseln würde, wenn ich die Highschool verließe. Er sagte mir nicht, dass ich ein Dummkopf wäre und meine Pläne niemals in die Tat umsetzen könnte. Er belehrte mich auch nicht, dass ich, selbst wenn mir ein paar Schritte gelängen, sofort wieder auf die Nase fallen würde. Randy war ehrlich, entschlossen und hatte keine anderen Termine. Er war dabei.

Das war zwar eine nette Geste, aber ich fand es doch ziemlich merkwürdig, dass er mitkommen wollte.

„Na ja, wenn du meinst", sagte ich halbherzig. „Bist du sicher?"

„Ja, Bob. Ich bin dabei. Wenn es dir nichts ausmacht, fahre ich mit." Randy stand mit entschlossener Miene vor mir.

„Lass mich das kurz klarstellen: Du willst wirklich mit mir in den Yosemite-Park fahren, und zwar jetzt sofort?"

„Ja, genau. Wenn du dich dort erst mal eingelebt hast, kann ich ja wieder zurückfahren."

Ich weiß nicht, warum ich damit einverstanden war, dass Randy sich großzügigerweise selbst einlud. Wahrscheinlich war ich einfach völlig überrascht. Nie hatte sich jemand so für mich interessiert.

„In Ordnung ...", brachte ich hervor, während wir beide unbeholfen auf der Treppe vor seiner Haustür herumstanden. „Dann sollten wir uns jetzt wohl auf den Weg machen."

Nachdem Randy die Tür seines kleinen Hauses zugemacht hatte, gingen wir Seite an Seite zu meinem VW Käfer. Er ließ sich auf den Beifahrersitz fallen und warf seine Sachen zu meinen auf den Rücksitz.

Wir erreichten Yosemite vor Einbruch der Dunkelheit, und erst jetzt fing ich an, mir Gedanken über eine Unterkunft zu machen. Wir hatten zwei Schlafsäcke, kein Zelt und sehr wenig Geld. Auf einem gebührenpflichtigen Campingplatz mit mehreren auf festen Plattformen errichteten Zelten entdeckten wir ein leer stehendes Zelt und schlichen uns hinein. Wir schliefen neben dem hinteren Zelteingang, damit wir schnell entwischen konnten, falls ein Aufseher eine nächtliche Runde drehen würde. Glücklicherweise kam niemand, und so erwachten wir gut ausgeschlafen an unserem ersten kühlen, aber wunderbaren Morgen im Yosemite Valley.

Im Norden ragte der El Captain etwa tausend Meter in den Himmel wie ein riesiger Granitsoldat. Im Osten wurde die Landschaft vom Massiv des Half Dome beherrscht. Diese Berge waren meine Gefährten; sie waren mein Heiligtum. Das weite Tal war mein Wohnzimmer. Jetzt musste ich nur noch Arbeit finden und mich einleben. Ich drehte mich in meinem Schlafsack herum und freute mich, dass Randy bei mir war. Ich war ein bisschen nervös, aber gleichzeitig begeistert von meiner neu gewonnenen Freiheit. Jetzt war ich ein Mann. Ich tastete mein Kinn nach Bartstoppeln ab. Ich fand zwar keine, rasierte mich aber trotzdem – man konnte ja nie wissen.

Randy und ich vertraten uns die vom Zelten steif gewordenen Beine und begaben uns zum Selbstbedienungsrestaurant des Campingplatzes. Ich dachte, ich könnte dort vielleicht einen Job als „morgendlicher Pfannkuchenwender" finden, was mir genug Zeit lassen würde, um den Rest des Tages mit Klettern zu verbringen. Ich schrieb eine Bewerbung und überreichte sie dem Manager, der sie mir aber postwendend zurückgab und entschieden den Kopf schüttelte. Er tat nicht einmal so, als wäre er interessiert. Insgeheim war ich dennoch dankbar, dass er es mich wenigstens hatte versuchen lassen.

Ich ließ mich nicht unterkriegen. Unbeirrt ging ich in eins der Geschäfte im Tal, die Bergsteigerausstattung führten. Ich sagte dem Inhaber, ich sei zu jeder Art von Arbeit bereit. Meine mangelnde Erfahrung war bestimmt kein Hinderungsgrund und ließe sich leicht durch meine mangelnde Reife und unterdurchschnittliche Intelligenz ausgleichen. Der Chef meinte jedoch, er habe auch keine Arbeit für mich. Im Tal gebe es so wenig Arbeit, dass es fast unmöglich sei, einen Job zu finden. Entmutigt verließ ich das Geschäft und schaute Randy an, der, an meinen Käfer gelehnt, dastand. Anstatt mich weiter zu entmutigen oder einen Kommentar wie „Das hab ich dir doch gleich gesagt!" abzugeben, sagte er Dinge, die mich aufbauten und mir neue Hoffnung schenkten.

„Bob, wenn du es wirklich willst, dann schaffst du das. Du hast alles, was man dafür braucht. Die Leute wissen gar nicht, was ihnen entgeht. Komm, wir versuchen es woanders."

So wie am Tag zuvor auf der Veranda seines Hauses versicherte mir Randy: „Egal, wie es läuft, Bob: Ich bin für dich da." Seine Worte trösteten mich enorm.

Ich bewarb mich an diesem Tag bei nahezu jedem Unternehmen im Tal und wurde jedes Mal abgewiesen. Es gab einfach keine freien Stellen, und es sah auch nicht danach aus, als würde sich das in absehbarer Zeit ändern.

Der Abend brach herein und die Sonne stand tief zwischen den Hügeln. Es war ein Sonnenuntergang mit so kräftigen Farben, dass er auf einer Malerleinwand übertrieben gewirkt hätte. Ich hatte den Mut noch nicht verloren. Dieser Sonnenuntergang war echt, ich war in Yosemite, mein Kumpel war bei mir, und mein Traum konnte immer noch Wirklichkeit werden.

Randy und ich gingen zurück zum Campingplatz und schlichen uns in dasselbe Zelt, das wir schon in der Nacht zuvor in Beschlag genommen hatten. Ich schlief weder gut noch lange und ging in Gedanken die wenigen Möglichkeiten durch, die mir noch blieben. Ich hatte keine Arbeit, kein Geld und keinen Highschool-Abschluss. Randy schnarchte und ich musste auf die Toilette. Damit hatte ich meine Probleme vom geringsten bis zum größten in etwa vollständig aufgelistet.

Der nächste Morgen erwies sich als besonders kühl, was mich nur noch unruhiger machte. Randy rührte sich in seinem Schlafsack, hustete ein paarmal und sagte in einem viel zu fröhlichen Tonfall: „Komm, wir gehen klettern!" Wir begaben uns also zu einem der Monolithfelsen und kletterten ein paar Stunden, wobei wir ein blödsinniges Gespräch darüber führten, wer von uns beiden der bessere Kletterer sei. Gegen Mittag kehrten wir ins Tal zurück, um zu sehen, ob sich irgendein Unternehmer auf wundersame Weise über Nacht entschieden hatte, seinen Betrieb personell aufzustocken. Doch man konnte meinen, die Ladenbesitzer hätten sich, als sie von meiner Ankunft hörten, allesamt heimlich getroffen und gegen mich verschworen, um meinen Traum zu zerstören. Die Felsen, die ich hatte erklimmen wollen, schienen sich in uneinnehmbare Mauern zu verwandeln. Ich versuchte es bei den übrigen kleinen Geschäften, bei denen ich mich noch nicht beworben hatte. Sie können sich schon denken, wie es mir dabei erging.

Randy und ich saßen schließlich auf der vorderen Stoßstange meines Käfers und lehnten uns an die instabile und etwas rostige Motorhaube, die unter unserem Gewicht ein bisschen nachgab. Im Tal neigte sich ein weiteres Mal die Sonne dem Horizont zu, und die Granitfelsen, in deren Nachbarschaft ich so gerne gelebt hätte, warfen lange, dunkle Schatten auf den Boden, die ausnahmslos auf die Straße wiesen, die aus dem Tal hinausführte.

Bis auf ein paar Dollar hatte ich mein ganzes Geld für Benzin ausgegeben; also bot Randy an, das Abendessen zu spendieren. Nach dem Essen gingen wir zurück zum Wagen. Ich schaute Randy an und sagte: „Weißt du, Randy, ich finde es echt toll von dir, dass du mitgekommen bist, aber es sieht so aus, als ob ich es nicht schaffen würde. Ich glaube, es wäre am besten, wenn ich nach Hause fahren und meinen Highschool-Abschluss machen würde."

Nach einer kurzen Pause wiederholte Randy die Worte, die mich die ganze Zeit über getröstet hatten: „Egal, wie du dich entscheidest, Bob, du kannst sicher sein, dass ich für dich da bin."

Randy war wirklich die ganze Zeit über bei mir gewesen. Ich spürte, dass er sowohl innerlich als auch ganz konkret an meiner Seite war. Er stand voll und ganz hinter mir und glaubte an mich. Ich war für ihn kein Projekt, sondern ein Freund. Ich fragte mich, ob alle Christen so waren, aber dem war wohl nicht so. Die meisten, die ich kennengelernt hatte, machten einen erbärmlichen Eindruck. Sie dachten über sich selbst nach und wer sie „in Christus" waren, aber sie vergaßen, für wen sie eigentlich da sein sollten. Wir diskutierten nicht viel, sondern schauten uns wortlos an und bedeuteten einander durch ein Nicken, dass wir hier fertig waren. Ohne ein weiteres Wort zu wechseln, stiegen wir ins Auto. Ich setzte mich auf den Fahrer- und Randy auf den Beifahrersitz.

So fuhren wir auf der Straße, die die Schatten uns am Tag zuvor gewiesen hatten, aus dem Tal. Ich würde nach Hause gehen.

Während wir das Yosemite Valley verließen und auch während der ganzen weiteren Fahrt redeten wir nicht viel. Mein Traum war gerade geplatzt, und Randy besaß genug Einfühlungsvermögen, um zu wissen, dass ich ein bisschen Zeit zum Nachdenken brauchte. So fuhren wir fünf oder sechs Stunden. Ab und zu fragte Randy auf seine zuversichtliche und optimistische Art: „Hey, Bob, alles klar?"

Wir fuhren schließlich ein paar vertraute Straßen entlang und hielten in Randys Einfahrt. Neben Randys Auto stand ein weiteres, das aussah wie der Wagen seiner Freundin. Sie besuchte ihn oft. Wir gingen zur Eingangstür und Randy schloss auf. Obwohl er mich nicht ausdrücklich einlud, folgte ich ihm ganz selbstverständlich. Auf dem Boden entdeckte ich einen Stapel Teller, etwas Geschenkpapier, eine Kaffeemaschine und ein paar Gläser. Auf dem Sofa lag ein Mikrowellenherd, der noch zur Hälfte im Karton steckte. Ich verstand nicht sofort. Hatte Randy Geburtstag gehabt? Oder seine Freundin? Ein Mikrowellenherd schien mir doch ein eigenartiges Geburtstagsgeschenk zu sein. Randy hatte auch bestimmt nicht vor umzuziehen, sonst hätte ja das Geschenkpapier keinen Sinn gemacht. Plötzlich kam Randys Freundin ins Zimmer gelaufen und umarmte ihn herzlich. „Willkommen zu Hause, Schatz", begrüßte sie ihn. Jetzt fiel endlich der Groschen.

Ich schämte mich und war gleichzeitig sprachlos vor Rührung. Mir wurde klar, dass die Dinge auf dem Boden Hochzeitsgeschenke waren. Randy und seine Freundin hatten gerade geheiratet. Als ich am Sonntagmorgen an seine Tür klopfte, sah Randy in mir nicht einfach einen Highschool-Schüler, der die Anfänge seines Ehelebens durcheinanderbrachte. Er sah einen Jungen, der auf dem besten Weg war, auf die falsche Bahn zu geraten. Anstatt die ersten Tage nach der Hochzeit mit seiner Braut zu verbringen, war er an meiner Seite und schlich sich mit mir durch den Hintereingang in ein Zelt.

Warum? Weil ich Randy wirklich wichtig war. Er wusste, was

ich brauchte, und tat, was er konnte. Er *sagte* nicht nur, dass er für mich da war – er war *wirklich* da, bei mir, an meiner Seite.

Durch Randys Verhalten verstand ich besser, was es bedeutet, mit Jesus zu leben, sein Freund zu sein. Ich habe gelernt, dass es beim Glauben nicht darum geht, alles Mögliche zu wissen und Regeln einzuhalten. Es gehört viel mehr dazu. Glaube kostet uns etwas, weil er damit zu tun hat, da zu sein und Opfer zu bringen. Vielleicht wird Jesus deshalb auch manchmal „Immanuel" genannt – „Gott mit uns". Ich glaube, das war Gottes Plan für Jesus: da zu sein, einfach bei uns zu sein, an unserer Seite. Und das ist auch Gottes Plan für uns: dass wir für unsere Mitmenschen da sind. Unsere Gesellschaft will uns einreden, dass man Liebe auf dem Flohmarkt kaufen oder in Form einer Grußkarte verschicken kann. Aber die Liebe, die aus dem Herzen Gottes kommt und die er uns erwiesen hat, kostet uns etwas, weil es darum geht, Opfer zu bringen und wirklich für andere da zu sein. Diese Liebe drückt sich eher in Taten aus als in Worten. Von Randy habe ich gelernt, dass die Liebe, die Jesus uns anbietet, mehr damit zu tun hat, da zu sein, als Pläne zu schmieden und Projekte umzusetzen. Ihm geht es nicht darum, nur über gute Dinge nachzudenken, ihnen zuzustimmen oder über sie zu reden.

Von Randy habe ich gelernt, worauf es beim Glauben tatsächlich ankommt und was die Quintessenz jeder wirklich guten Geschichte ist, die das Leben schreibt:

Liebe legt los und handelt.

Kapitel 2

FEUER FREI!

Früher dachte ich,
Jesus nachzufolgen
würde bedeuten,
bestimmte Regeln
einzuhalten.
Heute weiß ich,
dass Gott nicht
von uns erwartet,
„ganz normal“ zu
sein.

Als ich zum ersten Mal von Jesus hörte, ging ich noch zur Highschool. Mein Freund Doug erzählte mir von ihm, während wir in unserer Freizeit mit unseren Luftpistolen schossen. Wir gingen in den Wald zu einem kleinen Stausee und schossen auf Konservendosen und alte Kotflügel. Wir waren beide keine guten Schützen und trafen selten das, worauf wir zielten. Also sagten wir einfach, dass wir auf das gezielt hatten, was wir getroffen hatten. Ich kenne viele Leute, die das immer noch so machen. Im Wald herumzustreifen und eine Waffe zu tragen, gibt einem Fünfzehnjährigen das Gefühl, Haare auf der Brust zu haben. Und auch die Aussicht, irgendwann vielleicht mal ein Auge zu verlieren, trug dazu bei, dass wir immer weitermachten. Es war nicht unbedingt eine Sache für harte Männer – na ja, doch, eigentlich schon. Es *war* was für harte Männer.

Eines Tages ging Dougs Luftpistole kaputt und er bekam ein Luftgewehr. Ich wollte auch ein Luftgewehr, aber ich fand niemanden, der mir eines gekauft hätte. Darum benutzte ich weiterhin meine alte Luftpistole, die ich mit acht Jahren bekommen hatte. Es bestand aber ein großer Unterschied zwischen Dougs coolem Luftgewehr und meiner schäbigen Luftpistole. Mit meiner konnte man nicht sehr weit und nicht sehr gut schießen. Wenn man sie einmal gespannt hatte, konnte man damit etwa einmal quer durchs Zimmer schießen – aber nur, wenn der Deckenventilator nicht an war. Denn dann schaffte man nur die halbe Distanz. Allerdings hatte sie einen kleinen Schlitz, in den man ein paar Tropfen Öl füllen konnte, die sich in ein blaues Rauchwölkchen verwandelten, wenn man den Abzugshahn betätigte. Aber trotz dieses kleinen Extras reichte meine nicht im Entferntesten an die von Doug heran, das war uns beiden sonnenklar. Dougs Luftgewehr schoss wie eine echte Waffe. Er konnte es unzählige Male aufpumpen, und wir waren fest davon überzeugt, dass es sogar Stahl durchschlagen konnte. Er montierte einen riesigen Sucher auf den Lauf und versah es dann mit einer Tarnung, die zum größten Teil aus alten, grün gefärbten Socken und Unkrautranken bestand. Im Vergleich zu meiner Luftpistole war es eine richtig coole Waffe, auch wenn meine blauen Dunst auspusten konnte und seine nicht. Ich fasste den Entschluss, für ein Luftgewehr wie das von Doug zu sparen und vielleicht auch für einen Ständer. Ja, auf jeden Fall auch für einen Ständer.

Eines Nachmittags schlenderten Doug und ich Seite an Seite über einen Waldweg. Ich hielt Ausschau nach neuen Konservendosen, auf die wir schießen konnten, oder nach alten, die wir in der Woche zuvor nur leicht angeschossen hatten. Plötzlich merkte ich, dass Doug nicht länger an meiner Seite war. Ich schaute nach links und nach rechts, aber Doug war nirgends zu sehen. Als ich mich jedoch umblickte, entdeckte ich hinter einem Baum die Mündung seiner Waffe, die direkt auf mich gerichtet war. Ein halber grüner Socken hing vom Sucher herab, den er sich direkt vor die Augen hielt. Ich war die nächste Konservendose geworden, und ich tat, was jeder hartgesottene Revolverheld auch getan hätte – ich rannte weg. Im Laufen spannte ich meine Luftpistole, die blauen Rauch ausstoßen konnte, und nachdem ich über die nächste Hügelkuppe hinweg war, drehte ich mich um, um mich zu verteidigen. Aber noch bevor ich abdrücken konnte, betätigte Doug den Abzugshahn und schoss mir direkt in den Bauch.

Er musste sein Luftgewehr mindestens zwanzig Mal aufgepumpt haben, denn ich fiel auf die Knie, und als ich an mir hinunterschaute, entdeckte ich einen Blutfleck an der Stelle, wo die Kugel mein Hemd durchschlagen und in meinen Bauch eingedrungen war. Wir waren beide ziemlich überrascht und gleichzeitig überaus angetan. Uns war gerade eine jener Geschichte passiert, die man normalerweise nur von anderen erzählt bekommt. Doug betete für mich und befahl mir, nicht auf das Licht zuzugehen, das ich angesichts meines bevorstehenden Todes jetzt wahrscheinlich gleich sehen würde. Ich sagte ihm, dass er mein Fahrrad haben konnte, wenn ich es nicht schaffte. Wir dichteten die Wunde mit Kaugummi und Blättern ab, um die Blutung zu stoppen, und marschierten zurück zu Dougs Schlafzimmer, wo wir die Kugel mit einer Pinzette entfernen wollten. Wir träufelten Mundspülung auf das Loch, um es zu reinigen, nahmen die Pinzette zur Hand und zogen die Kugel heraus. Er verlieh mir ein *Purple Heart*[1], ich gab ihm eine Scharfschützen-Medaille, und wir schworen einander, zurückzugehen und aufeinander zu schießen, sooft wir nur konnten.

Ich fand es klasse, wie Doug sein Leben lebte.

Er steckte voller Abenteuerlust und heckte immer irgendwelchen wunderbaren Schabernack aus. Als wir auf Dougs Bettkante saßen und über das lachten, was wir an jenem Tag erlebt hatten, begann Doug, mir die Geschichte eines anderen abenteuerlichen Mannes namens Jesus zu erzählen, der vor langer Zeit gelebt hatte. Ebenso wie Doug war Jesus kein religiöser Typ. Für mich klang er nach einem ganz normalen Kerl, der gleichzeitig total erstaunlich war. Er heilte Menschen, denen es schlecht ging. Er verbrachte Zeit mit Leuten, denen die meisten von uns aus dem Weg gehen würden. Es schien ihm ganz egal zu sein, wer diese Leute waren, denn es ging ihm nur darum, coole Sachen zu machen. Das war eine der Eigenschaften, die auch Doug besaß. Ich mochte es, dass er an Jesus glaubte und trotzdem mit Luftgewehren schoss. Ich hätte nicht gedacht, dass das erlaubt wäre, aber anscheinend war es das.

Ich kann nicht mit einer erschütternden Geschichte aufwarten, wie man sie manchmal hört, wenn jemand seine erste Begegnung mit Jesus beschreibt. Ich nahm keine Drogen, ich hatte keine Verbrechen begangen, und ich war nicht im Gefängnis gewesen. Ich hatte nie viel mit Religion zu tun gehabt, und das, was ich darüber gehört hatte, verstand ich nicht besonders gut. Es hatte irgendetwas damit zu tun, dass man zum Abendmahl und zur Sonntagsschule ging und dass Jesus auf jedes Problem, das man nur haben konnte, die Antwort war. Es gab auch ein paar Typen, die sich mittwochs zum Bibellesen trafen, was ich seltsam fand, denn ich dachte, man sollte die Bibel lesen und tun, was darin stand, und nicht bloß darüber reden. Vielleicht gab es auch irgendein Lehrbuch, das sie durcharbeiteten. Alles, was ich vom Glauben gehört hatte, waren bruchstückhafte Einzelheiten über verschiedene religiöse Praktiken. Aber bisher hatte mir noch niemand die ganze Geschichte erzählt – wer Jesus war und was er der Welt zu sagen hatte. Und obwohl ich bis dahin ziemlich ahnungslos gewesen war, klang die ganze Geschichte ziemlich vernünftig, als mein Kumpel Doug sie mir erzählte.

Ich denke, das lag mehr daran, wie ich Doug erlebte, als an seinen Worten selbst. Bevor wir an jenem Tag nach der erfolgreichen Operation in seinem Zimmer saßen, hatten wir eigentlich noch nie über Jesus gesprochen. Trotzdem wusste ich, dass Doug irgendetwas hatte, das ich auch wollte. Es war nicht Religion – davon verstand ich nichts und hatte auch kein großes Verlangen danach. Um ehrlich zu sein, dachte ich, Religion wäre etwas für Streber, die nie irgendwelchen Blödsinn machten. Auch wenn Doug kein toller Schütze war (oder eben doch, das kommt ganz darauf an, wie man es sieht), so war er kein Weichei, und er schien da jemanden zu kennen – einen echten, lebendigen Gott, der ihn mochte, ja sogar liebte, obwohl Doug ein genauso verkorkster Typ war wie ich. Seinetwegen glaubte ich an diesen Gott und ich wollte ihn auch kennenlernen. Ich glaubte, dass Jesus nicht nur so ein blaues Rauchwölkchen war, das der Religion einen Anschein von Echtheit verlieh. Er war wirklich echt und er konnte eine Menge ausrichten.

Ich bin jetzt in meinen Fünfzigern und ich laufe nicht mehr im Wald herum und spiele mit Luftgewehren. Das ist viel zu harmlos. Ich bin immer noch gelegentlich zu Streichen aufgelegt, aber gleichzeitig bin ich Rechtsanwalt und trage Krawatten und Anzüge, die in demselben Schrank hängen, in dem ich auch meine inzwischen rostig gewordene Luftpistole aufbewahre. Manchmal staune ich darüber, wie eigenartig es ist, dass ich, obwohl sich in meinem Leben so vieles verändert hat, an einen Gott glaube, der heute noch derselbe ist wie damals, weil er sich nie verändert. Und noch seltsamer ist das deshalb, weil ich Jurist geworden bin und meinen Lebensunterhalt damit verdiene, Dinge zu beweisen. Es ist sehr schwer, Gott zu beweisen, aber das hält mich nicht davon ab, an ihn zu glauben. Je älter ich werde, desto dankbarer bin ich, weil ich sehen kann, dass er in guten wie in schlechten Zeiten stets an meiner Seite gewesen ist.

Weil ich Rechtsanwalt bin und keinen Hehl daraus mache, dass ich Jesus Christus nachfolge, passiert es mir öfter, dass mich die Leute nach meinem Glauben fragen. Ich weiß manchmal nicht, was sie von mir zu lernen hoffen, und das Erste, was ich ihnen sage, ist, dass ich wahrscheinlich nicht der richtige Ansprechpartner für sie bin. Ich bin kein Vorzeigechrist, der mit eiserner Regelmäßigkeit zur Kirche geht. Für mich findet „Kirche" immer dann statt, wenn zwei oder mehr Menschen, egal, welcher Herkunft, im Namen Jesu zusammenkommen und Gemeinschaft mit ihm und miteinander pflegen. Manchmal treffen sie sich an einem Ort, der einen Turm oder feste Bankreihen hat. Aber es kann ebenso gut sein, dass Kirche irgendwo anders stattfindet, zum Beispiel in einem Restaurant oder am Rand eines Gletschers oder im afrikanischen Busch. Es ist völlig gleichgültig, wo Christen sich treffen – das Ganze ist eine Frage des Herzens, nicht des Ortes. Ich glaube an Jesus und nichts anderes. Ich brauche nichts außer ihn – auch kein bestimmtes Gebäude.

Wenn meine Freunde mir Fragen über meinen Glauben stellen, erzähle ich ihnen, dass mir vor langer Zeit mein Freund Doug von Jesus erzählt und mir gesagt hat, dass ich ihn kennenlernen kann. Ich fing nicht einfach deshalb an zu glauben, weil Doug auf mich geschossen hatte. Aber ich habe auch nicht aufgehört zu glauben, weil ich in der Folge immer wieder von religiösen Heckenschützen attackiert worden bin. Es gibt eine Stelle in der Bibel, in der davon die Rede ist, dass die Leute, die Jesus nicht kennengelernt haben, glauben, dass die Menschen, die ihn kennengelernt haben, verrückt sind. Mir wirft man häufiger schräge Blicke zu – meistens Personen, die nicht besonders kreativ sind und noch nie etwas Verrücktes gemacht haben, die nie mit Luftgewehren gespielt haben und ein paarmal angeschossen wurden. Solche allzu „normalen" Nullachtfünfzehn-Typen haben die größten Schwierigkeiten damit, sich vorzustellen, dass ein lebendiger, unsichtbarer Gott uns seine Freundschaft anbietet.

Es ist ja nicht grundsätzlich falsch, „ganz normal" zu sein – aber es ist auch nicht grundsätzlich richtig. Ich habe im Schöpfungsbericht nirgends gelesen, dass Gott etwas „ganz Normales" geschaffen und dann gesagt hat, es sei „sehr gut". Nein, ich glaube, dass irgendwelche gelangweilten, langweiligen Menschen die Vorstellung in die Welt gesetzt haben, „ganz normal" zu sein wäre, wenn nicht gut, so doch zumindest akzeptabel. Aber Leute, die Jesus nachfolgen, sind nicht mehr „ganz normal" – Gott lädt sie tagtäglich zu einem Leben ein, das sich vom Normalen, Stereotypen entfernt. Selbst wenn sie ganz normale Jobs haben, in ganz normalen Häusern leben und ganz normale Autos fahren, sind sie einfach nicht mehr dieselben.

Die ersten Leute, die Jesus dazu einlud, ihm nachzufolgen, fingen ganz gewöhnlich an, kein Zweifel. Sie waren nicht besonders gebildet oder in anderer Hinsicht herausragend. Fischer, Geschäftsleute, Blinde, Huren, Betrüger und Landstreicher. Sie waren genau solche Versager wie ich und Doug, Leute, die vom Leben verletzt und mit Kaugummi und Blättern und Gnade verarztet worden waren. Aber ebenso wie meine Luftpistole gleichen die Christen das, was ihnen an Geschwindigkeit fehlt, durch ihre Durchschlagskraft aus. Es sind Leute, die eine intensive, enge Freundschaft mit Jesus erlebt haben und nun alles daransetzen, diese Beziehung zu pflegen und zu vertiefen.

Jesus lädt uns dazu ein, in unserem Leben und unserem Glauben echt zu sein. Vielleicht schießt meine „Luftpistole" nicht so weit wie die von jemand anderem. Früher hat mich das gestört, aber heute ist es mir egal. Jesus hat gesagt, dass wir die Normalität hinter uns lassen dürfen. Wir dürfen all die Vergleiche und Fallen und Heuchelei der Religion hinter uns lassen. Jesus sagte zu den Leuten, mit denen er zusammen war, dass es nicht genügt, so zu tun, als würden wir Gott lieben. Er hat gesagt: Wie sehr wir Gott wirklich lieben, erkennen wir daran, wie sehr wir unsere Mitmenschen lieben.

Doug und ich sind immer noch Freunde. Ich schicke ihm ab und zu mal eine SMS, um zu erfahren, wie es ihm geht und ob er in der letzten Zeit jemanden angeschossen hat. Ich bin nicht besonders gut in Sachen Rechtschreibung, und glücklicherweise korrigiert mein Handy für mich die Worte, die ich eintippe. Und wissen Sie, was mir kürzlich aufgefallen ist? Jedes Mal, wenn ich das Wort „Liebe“ eintippe, macht mein Handy „Lebe“ daraus. Das erinnert mich an etwas, das ich von Doug gelernt habe: Er hat mir beigebracht, dass wirklich zu lieben gleichbedeutend ist mit wirklich zu leben – und dass dies das Leben ist, zu dem Jesus uns eingeladen hat. Und dass unser Leben darum nicht länger nur ein blaues Rauchwölkchen zu sein braucht, sondern wirklich Bedeutung haben kann.

Kapitel 3

RYAN AUSSER RAND UND BAND

Früher dachte ich,
geliebt zu werden
wäre das Größte,
was man sich
vorstellen kann.
Heute weiß ich,
dass die Liebe sich
niemals mit Vorstellungen
zufriedengibt, sondern
Tat werden will.

Unser Haus liegt am Wasser und in der Nähe gibt es einen kleinen Pfad im Grünen. Dieser Weg ist vor allem bei Paaren beliebt, die dort Hand in Hand an der Bucht entlangspazieren. Meine Frau und ich sitzen oft auf der Veranda hinter dem Haus und halten uns ebenfalls an den Händen, während wir die vorübergehenden Paare beobachten. Unser Haus liegt so dicht am Wasser, dass die Spaziergänger uns zuwinken und wir den Gruß erwidern. Das erinnert uns an die Zeit, als es normal war, sich auf gemütlichen Spaziergängen zuzuwinken.

Auf diese Weise habe ich auch Ryan kennengelernt.

Eines Tages ging Ryan ganz allein den Pfad entlang. Er winkte uns zu, und wir winkten zurück, wie wir es immer taten. Aber anstatt weiterzugehen, stand er einfach da und hörte nicht auf zu winken. Da er nicht aufhörte, hörten auch wir nicht auf. Ehrlich gesagt, war es schon ein bisschen seltsam. Ich überlegte, ob der junge Mann vielleicht etwas auf dem Herzen hatte. Also ging ich zu ihm, um ihn zu begrüßen.

„Hallo, wie geht's?", fragte ich und streckte ihm meine Hand entgegen, damit er endlich mit dem Winken aufhörte.

„Hallo, ich heiße Ryan und ich bin verliebt", sagte er selbstbewusst. Dass es ihn erwischt hatte, konnte man ihm deutlich an seinem verträumten Blick ansehen.

„Das ist ja toll, Ryan! Herzlichen Glückwunsch."

„Nein, nein … deswegen bin ich nicht hier", stammelte Ryan. „Ich wollte sagen, dass ich so oft an Ihrem Haus vorbeikomme … und ich habe eine Freundin, wissen Sie … und …" Er machte eine kurze Pause. „Ich wollte fragen, ob es in Ordnung wäre …" Wieder hielt er inne. „… wenn ich meiner Freundin in Ihrem Garten einen Antrag machen würde." Er war so außer Atem, als hätte er zuvor lange die Luft angehalten. Ich war erstaunt über diesen verliebten jungen Mann, der sich traute, einen völlig Unbekannten zu fragen, ob er seinen Garten für solch ein großes Ereignis nutzen durfte. Aber so ist man eben, wenn man verliebt ist, nicht wahr? Er war sich sicher, dass er das Mädchen heiraten wollte, und war bereit, alles zu tun, um sie zu bekommen.

„Ryan, das klingt fantastisch!", entgegnete ich und lachte.

„Wirklich?", fragte Ryan. Er hatte wohl damit gerechnet, sofort abgewiesen zu werden oder sich mit einer Aussage wie „Ich denke darüber nach" zufriedengeben zu müssen.

„Ja, klar! Holen Sie Ihre Freundin und dann kann es losgehen mit der Verlobung!" Ryan hüpfte den Pfad entlang, als wäre er schwerelos. Ich vermute, seine Füße berührten den Boden nur etwa alle sechs Meter. Er hatte einen Plan und er war mutig. Er wusste, was zu tun war, und er würde die junge Frau heiraten.

Ein paar Tage später saßen wir wieder auf unserer Veranda hinter dem Haus. Paare schlenderten Händchen haltend den Pfad entlang. Sie winkten und wir winkten zurück. Dann erschien eine aufgeregte Gestalt, die hüpfte und fröhlich mit beiden Armen wedelte. Mir wurde schnell klar, dass es sich dabei um Ryan handeln musste, und ich machte mich auf den Weg, um ihn zu begrüßen.

„Hallo!", rief Ryan mit einem dümmlich verträumten, verliebten Grinsen auf dem Gesicht.

„Hallo, Ryan, was kann ich für Sie tun?"

„Na ja, wissen Sie noch … ich wollte meiner Freundin doch in Ihrem Garten einen Antrag machen." Das hatte ich natürlich nicht vergessen. „Ich habe mich gefragt, ob es vielleicht möglich wäre …" Er machte wieder eine seiner typischen Pausen, und ich wusste, dass gleich ein Hammer kommen würde. „… na ja … dass wir auf Ihrer Veranda zu Abend essen, bevor ich die große Frage stelle?"

Ich biss mir auf die Zunge, um nicht laut loszulachen. Ich hatte Ryan erst in dieser Woche kennengelernt, und nun fragte er mich, ob auf meiner Veranda ein Abendessen mit Heiratsantrag stattfinden könnte. *Den Jungen hat es aber richtig erwischt!*, dachte ich. Nach einer kurzen Pause antwortete ich: „Was für eine Frage, natürlich könnt ihr auf meiner Veranda zu Abend essen! Das ist eine tolle Idee, Ryan! Was hätten Sie denn gerne?"

Die Frage hatte er wohl nicht mehr gehört, denn er lief schon davon. Dabei schien er zu schweben – auf einer Strecke von neunzig Metern berührte er den Boden vielleicht ein- oder zweimal.

Ryan war seinem Ziel wieder einen Schritt näher gekommen. Er gab alles. Er handelte, anstatt nur zu träumen. Er würde das Mädchen heiraten.

Inzwischen fing ich an, mich auf die Begegnungen mit dem jungen Ryan zu freuen. Er erinnerte mich daran, wie viel Spaß es machte, jung und verliebt zu sein. Ich begann sogar früher von der Arbeit nach Hause zu kommen, um auf der Veranda zu sitzen und auf ihn zu warten. Etwa alle fünf Minuten schaute ich auf die Uhr und fragte mich, wann er wohl das nächste Mal auftauchen und mich, einen völlig Fremden, mit einem weiteren ausgefallenen Wunsch überraschen würde. Und tatsächlich, bald darauf kam Ryan wieder den Pfad entlang. Wie gewohnt ging ich ihm entgegen, um ihn zu begrüßen.

„Hallo, Bob. Mir kam da so ein Gedanke …" Es folgte wieder eine bedeutungsvolle Pause. „Könnten vielleicht ein paar Freunde von mir das Abendessen auf Ihrer Veranda servieren?"

„Klar doch", entgegnete ich und lachte. Ich hatte mich schon auf so viel eingelassen, da machte es auch nichts mehr, wenn ein paar von Randys Freunden das Abendessen servierten. „Was für eine tolle Idee! An wie viele Freunde hast du denn gedacht?" Angesichts unserer „Beziehung" konnte ich wohl zum vertrauten Du übergehen.

Ryan blickte auf und grinste über beide Ohren. Verlegen meinte er: „Zwanzig?" Hatte er gerade gesagt, dass er in meinem Haus von zwanzig Freunden bedient werden wollte? Seine kühnen Pläne wurden ja wirklich immer gewagter! Er wollte, dass zwanzig Leute ein Abendessen für zwei servierten? Das nennt man Service. Wenn man etwas aus Liebe tut, denkt man eben in ganz anderen Dimensionen.

„Das ist eine gute Idee, Ryan! Abgemacht, zwanzig Leute!", entgegnete ich, ohne zu zögern. Ryan lief wieder davon und hüpfte am Ufer entlang. Ich war mir sicher, dass er gleich vor Aufregung platzen würde. Er hatte die Vision, den Plan, den Ort und die Unterstützer. Er hatte das Ziel im Visier und würde das Mädchen bekommen.

Ein paar Tage später war ich wieder auf meinem Posten. Ryan eilte den Pfad entlang in meine Richtung.

„Ryan, wie laufen die Planungen?"

„Hmm", sagte er, „ich habe überlegt, ob Sie vielleicht nach dem Essen, wenn meine Freunde wieder weg sind, Lautsprecher auf die Veranda stellen könnten, damit wir ein bisschen tanzen können?"

Na klar, völlig logisch, dass du gern auf der Veranda eines völlig Fremden tanzen möchtest, dachte ich. „Das mit den Lautsprechern geht klar", sagte ich. „Sonst noch was?" Ich wollte gerne alles auf einmal hören.

„Ich glaube, das wär's fürs Erste. Ich mache ihr einen Antrag, nachdem wir ein bisschen getanzt haben."

„Gute Idee", meinte ich. „Hol dir das Mädchen!" Ryan hüpfte davon.

Ein oder zwei Tage vergingen, ohne dass Ryan sich blicken ließ. Ich hatte fast den Eindruck, als würde ich in eine leichte Depression versinken. War es vorbei mit dem Pläneschmieden? Kamen Ryan keine seltsamen und ausgefallenen Ideen mehr, während er seinen großen Coup plante? War es vorbei mit dem Unfug? Ich saß auf meiner Veranda und dachte darüber nach, wie ansteckend Ryans Liebe war. Und dann kam Ryan, fast wie gerufen, den Pfad entlanggerannt.

Inzwischen war er schon ein regelmäßiger Besucher, also flitzte er ohne zu zögern über den Rasen auf die Veranda. Als er ankam, war er ziemlich außer Atem. Er beugte sich nach vorn, stützte sich mit den Händen auf den Knien ab und schnappte nach Luft. Nach ein paar Momenten richtete sich Ryan auf. Es war einen Moment still, als sich unsere Blicke trafen. Ich hatte schon begriffen, was es bedeutete, wenn Ryan eine Pause machte: In seinem Kopf braute sich eine neue spektakuläre Idee zusammen.

„Hallo, Ryan, was gibt's Neues? Wie schön, dich zu sehen. Wie kommst du mit deinen Plänen voran?"

„Haben …", er atmete aus, „… Sie …", er holte Luft, „… ein Boot?"

„Ein Boot?!" Ich musste mir vor Lachen den Bauch halten, als ich ihn bat zu wiederholen, was ich verstanden zu haben glaubte.

„Ja, Ryan, ich habe tatsächlich ein Boot", sagte ich halb enthusiastisch, halb ehrfürchtig angesichts der unglaublichen Verrenkungen, zu denen seine große Liebe ihn inspirierte. Er hatte wieder diesen verliebten Blick.

„Kann ich es mir ausleihen?"

Ryan war jetzt wirklich außer Rand und Band. Er hatte keine Ahnung, wie unverschämt die Bitte war, die er nun geäußert hatte. Er sah es anders als ich: Für ihn war ich kein völlig Fremder – niemand war das. Für ihn war die ganze Welt voller Mitverschwörer, die ihm dabei halfen, seine große Liebe zu erobern. Er war sich überhaupt nicht bewusst, was üblich, angebracht und akzeptabel war und ließ sich durch solche Gedanken auch keine Grenzen setzen. Nichts konnte sich ihm in den Weg stellen und seine Pläne durchkreuzen.

„Okay, Ryan. Du bekommst das Boot!", sagte ich. „Nachdem ihr bei mir zu Hause zu Abend gegessen habt, deine zwanzig Freunde euch bedient haben und ihr auf meiner Veranda getanzt habt, fahre ich euch beide mit dem Boot hinaus. Du kannst deiner Freundin dann vorne im Boot die große Frage stellen."

Ryan schwebte wieder davon – offensichtlich ohne den blassesten Schimmer zu haben, zu welch lächerlichem Verhalten die Liebe zu diesem Mädchen ihn veranlasste. Ryan war ein Paradebeispiel für Zielstrebigkeit, Hartnäckigkeit und Hingabe. Er gab Vollgas und ließ sich durch nichts bremsen.

Ryan wusste aber nicht, dass ich noch einen draufsetzen wollte. Warum sollte er allein den ganzen Spaß haben? An diesem Abend rief ich die Küstenwache an und erzählte von Ryans ausgeklügeltem Plan und seiner grenzenlosen Begeisterung für seine Freundin, die ihn auf diesen atemberaubenden Trip gebracht hatte. Ryans Enthusiasmus war ansteckend und bald hatte auch der Mann am anderen Ende der Leitung Feuer gefangen. Gemeinsam schmiedeten wir unsere eigenen Pläne.

Als der große Tag kam, war alles vorbereitet. Es war ein milder

Abend, die Luft war klar, und ich glaube, sogar die Sterne begannen ein paar Minuten früher zu funkeln als sonst, um zu sehen, wie sich Ryans ausgefeilter Plan entfalten würde.

Ryan und seine Freundin spazierten den Pfad entlang. Als sie zu dem weißen, im Nantucket-Stil erbauten Haus in der Bucht kamen, führte er sie die Stufen hinauf und über den Rasen zu einem mit Kerzen geschmückten Tisch auf der Veranda.

„Ryan, was machen wir hier? Ist das in Ordnung? Wem gehört dieses Haus?“, fragte sie und ergriff seinen Arm ein bisschen fester. Er rückte ihren Stuhl zurecht, bedeutete ihr, sich zu setzen, und erklärte, dass das alles extra für sie vorbereitet sei.

Die zwanzig Bediensteten boten bei Tisch einen makellosen Service und nach dem Essen tanzte das Paar. Es war reizend anzusehen, wie sich die beiden umarmten und auf der Veranda langsam hin und her bewegten. Beim Tanzen drehten sie sich im Kreis und sprachen leise miteinander. Inzwischen war es richtig dunkel geworden und das Licht der Laternen mischte sich mit dem der Sterne, die an der Himmelskuppel erstrahlten. Es war, als wären die ersten Sterne nach Hause gegangen und hätten all ihre Freunde überzeugt, dass sie unbedingt herauskommen und sich dieses große Ereignis ansehen mussten.

Der Abend neigte sich langsam seinem Ende zu. Ryan nahm seine Freundin bei der Hand und ging mit ihr zurück zum Pfad. Ich frage mich, was wohl an diesem Abend in ihrem Kopf vorging. Ich hoffe, sie kam sich vor wie in einem Traum.

Als sie sich der Anlegestelle hinter dem Haus näherten, ergriff Ryan ihre Hand, änderte die Richtung und führte sie zum Boot, das am Ende des Stegs festgemacht war.

„Ryan, was machen wir hier?“, fragte sie alarmiert.

„Komm schon“, war alles, was er sagte, als sie in mein Boot stiegen.

Ich stand am Steuer, während die beiden sich in den vorderen Teil des Bootes begaben. Vor der majestätischen Kulisse des sternenklaren Himmels fuhren wir in die Bucht. Nach kurzer Zeit erreichten wir die Stelle, an der Ryan seiner Freundin den Heiratsantrag machen wollte. Wie vereinbart hielt ich an. Für den Fall, dass es ihm die Sprache verschlug und er vor Aufregung keinen Ton herausbrachte, hatte Ryan fünfzig Freunde an der Küste positioniert, die mit einer Kette aus Fackeln die Frage „Willst du mich heiraten?" buchstabierten. Vor dieser flackernden Kulisse kniete Ryan nieder.

„Willst …", er atmete aus, „… du …", er holte Luft, „… mich …", er machte eine Pause, „… heiraten?"

Seine Freundin holte hörbar Luft und beantwortete seine Frage augenblicklich mit einem begeisterten „Ja!".

Für beide war dies der schönste Moment ihres Lebens, und weder Ryan noch seine Freundin bemerkten, dass sich die Küstenwache – wie vorher telefonisch vereinbart – in ihrem Löschboot von hinten genähert hatte. Mit einem Zeichen gab ich dem Verantwortlichen zu verstehen, dass sie Ja gesagt hatte, worauf er sämtliche Wasserwerfer anstellte, die an Bord waren! Das Schauspiel stand dem am 4. Juli im Hafen von New York in nichts nach. So ist das eben mit der Liebe: Sie handelt, sie lebt und wächst und sucht fortwährend nach neuen Ausdrucksmöglichkeiten. Ryan und seine zukünftige Frau ließen sich vom Sprühregen der Wasserwerfer berieseln wie von tausend sanften Küssen.

Ryans Liebe war mutig. Sie war ausgefallen und strategisch. Aber vor allem war sie ansteckend. Die Art und Weise, wie Ryan sich seiner Liebe vollkommen hingab, zeigte deutlich, dass es bei einer Verlobung nicht darum geht, sich hinzuknien und der Auserwählten einen Ring an den Finger zu stecken. Es geht viel mehr darum, Ja zum Leben zu sagen und aus vollem Herzen zu lieben. Es geht darum, das Äußerste zu wagen und die strahlende Hoffnung, die in uns lebt, zum Ausdruck zu bringen. Diese Hoffnung macht uns mutig und vertreibt die Dunkelheit. Genau das wünsche ich mir für mein Leben – Begeisterung, den Mut, Schranken zu durchbrechen, und hingebungsvolle Liebe. Ich möchte voller Leidenschaft leben.

Ich mag die Bibelstellen, in denen Jesus davon spricht, wie sehr er seine Braut liebt. Manchmal frage ich mich, ob Gott die Bäume,

Berge und Flüsse extra für uns geschaffen hat, weil er wusste, dass sie uns begeistern würden. Ich stelle mir vor, dass Gott sich bei der Erschaffung der Welt immer wieder überlegt hat, wie er sie noch besser und noch großartiger für uns machen könnte. Vielleicht ist jeder neblige Morgen, jeder sanfte Regen und jede Wildblumenwiese ein zärtliches, kühnes Geständnis seiner unendlichen Liebe zu uns.

Ich weiß nicht, ob Gott, als er dies alles erschuf, ein bisschen so war wie Ryan oder ob Ryan ein bisschen so war wie Gott. Aber ich weiß, dass Ryans Liebe für mich eines der besten Beispiele für die Art von Liebe ist, von der Jesus spricht. Einer Liebe, die niemals müde wird und nie aufhört, Wege zu finden, um sich zu zeigen.

Kapitel 4

EIN UNVERGESSLICHER ABEND

Früher hatte ich Angst, bei etwas zu versagen, das mir wirklich wichtig war. Heute habe ich mehr Angst, bei Dingen Erfolg zu haben, die nicht wirklich wichtig sind.

Meinen ersten richtigen Job hatte ich in *Lehr's Greenhouse Restaurant*. Das war ein fantastisches, rundum verglastes Gebäude, das aussah wie ein botanischer Garten. Es war sozusagen ein 5-Sterne-Restaurant unter freiem Himmel. Jeder Tisch war in einem eigenen, aufwendig verzierten weißen Pavillon platziert. Und es gab Dutzende davon. Die Kristallgläser waren perfekt geschliffen, das feine Porzellan exquisit und die Kellner in ihren schwarzen Smokings, Kummerbunden und Fliegen perfekt frisiert. Als ich mich dort bewarb, stellte ich mir vor, wie toll ich in einem Smoking aussehen würde. Wie ich die Speisekarte auswendig aufsagen und dafür sorgen würde, dass jedes Promi-Dinner und jedes Geschäftsessen perfekt verliefen. Und ich stellte mir vor, wie ich Stapel von Trinkgeld zählen würde, das die zufriedenen Gäste mir großzügig geben würden.

Um Kellner in *Lehr's Greenhouse* zu werden, musste ich als Abräumer anfangen und mich die Karriereleiter hocharbeiten. Ich denke, ich machte meine Sache ziemlich gut – aber wenn ich ehrlich bin, kann man beim Abräumen von schmutzigem Geschirr ja auch nicht so viel verkehrt machen. Es war ziemlich anstrengend, aber die Aussicht, eines Tages ein richtiger Kellner zu werden, versüßte mir die Arbeit und half mir durchzuhalten. Als Abräumer lernte ich, dass Tische, die von weißen Pavillons umgeben waren, zwar eine tolle Atmosphäre schaffen, aber auch ein paar heikle, nicht leicht zu bewältigende Situationen heraufbeschwören können. Zu dem Zeitpunkt, wenn ich zu den Tischen ging und das Geschirr abräumte, waren die Gäste bereits gegangen, und ich fragte mich, wie die Kellner in dieser Enge zurechtgekommen waren. An meinem ersten Jahrestag nahm mich der Oberkellner zur Seite, um mir mitzuteilen, dass ich mir einen Smoking kaufen und als Kellner anfangen konnte. Am nächsten Morgen war ich beim Herrenausstatter, sobald das Geschäft öffnete.

An dem Tag, als ich meine erste Schicht als Kellner antreten sollte, war ich so aufgeregt, dass ich kaum einen Bissen herunterbrachte. Ich schoss aus meiner kleinen Wohnung und holte mir eine Kleinigkeit beim Mexikaner um die Ecke, weil wir im Restaurant nichts zu uns nehmen durften. Ich rannte zurück und schlüpfte zum ersten Mal, seit ich ihn im Laden gekauft hatte, in meinen Smoking. Er hatte eine Stange Geld gekostet, aber ich wusste, dass ich in den nächsten ein, zwei Monaten genug Trinkgeld bekommen würde, um ihn zu bezahlen. Ich hatte beim Kauf die Hälfte angezahlt und mit dem Geschäftsinhaber vereinbart, dass ich den Rest nach und nach mit dem Geld abzahlen würde, das ich als Kellner verdiente. Ich drückte mich absichtlich so lange in der Nähe des Mietshauses herum, in dem ich wohnte, dass alle meine Nachbarn sehen konnten, dass ich tatsächlich einen Smoking und ein gerüschtes Oberhemd besaß. Ich überließ es ihrer Fantasie herauszufinden, was für ein unglaublich toller Kerl ich war. Ich sprang in meinen verbeulten VW Käfer, fuhr zum Restaurant und parkte um die Ecke, damit niemand sah, dass ich in einem Volkswagen ankam. Ich wollte wie James Bond auftreten – Sie wissen schon, mit dieser „Mein anderes Auto ist ein Aston Martin"-Aura.

Die Nacht war wolkenlos. Durch die Glasdecke des Restaurants konnte man die Sterne sehen. Es war ein Abend, an dem man sich nicht gewundert hätte, Aschenputtel in ihrer Kutsche vorfahren zu sehen. An allen Pavillons blitzten Lichterketten. Es war wie Weihnachten im Juli. Das ganze Restaurant wirkte auf mich neu und faszinierend, als hätte ich bislang bei einem Schauspiel zur Zweitbesetzung gehört und wäre nun als Hauptdarsteller auf die Bühne getreten. Der Oberkellner begleitete meine ersten Gäste zu einem der eleganten Pavillons in meinem Bereich. Ich tippte darauf, dass es sich um einen wohlhabenden Arzt und seine Geschäftsfreunde handelte. Sie waren alle in Krawatte und Anzug, und jeder der Männer sah aus, als wäre er Oberarzt auf der Chirurgie. Die Frauen wirkten, als seien sie gerade dem Titelbild der *Vogue* entsprungen. Die Damen setzten sich, während die Herren ihnen die Stühle zurechtrückten. Sobald auch die Herren Platz genommen hatten, legte ich allen Servietten auf den Schoß und setzte zu der Rede an, die ich ein Dutzend Mal vor meinem Badezimmerspiegel geübt hatte, während meine Zahnpasta und mein Deodorant zuhörten. Ich erläuterte ihnen das reichhaltige Angebot, das unsere

Speisekarte bereithielt, und versicherte ihnen, dass sie in unserem exquisiten Ambiente sicherlich das köstlichste Essen und der beste Service erwarteten, die ihnen jemals zuteilgeworden waren. Mit anderen Worten, ich versprach ihnen einen unvergesslichen Abend.

Ich nahm ihre Bestellungen entgegen und kehrte bald darauf mit den dampfenden Tellern in den Pavillon zurück. Alles schien gut zu laufen, bis das Unfassbare geschah. Während ich mich weit über den breiten Tisch streckte, um den ersten Teller zu servieren, spürte ich ein massives Grummeln südlich meines Magens, ganz am unteren Ende meines Rückens. Ich hatte keine Zeit, um zu reagieren. In dem Moment, als ich die maximale Streckung über den Tisch erreicht hatte, entfuhr mir die beeindruckendste und längste Blähung, die Sie sich vorstellen können. Ich kam kaum dazu, das mexikanische Essen zu bereuen, das ich vor Dienstbeginn gegessen hatte. Die Sache war an sich schon schlimm genug. Aber noch bemerkenswerter war, dass sie einfach kein Ende nahm. Ich hätte die Tonleiter hinauf- und hinuntersingen können, wenn mein Hinterausgang mit Stimmbändern versehen gewesen wäre. Und so sehr ich mich auch bemühte, denselben zusammenzupressen – meine Anstrengungen blieben ohne Erfolg.

Nachdem ich meine Einlage abgeschlossen hatte, bemerkte ich, dass meine Gäste mich mit bodenlosem Entsetzen anstarrten. Wenn ich mich recht erinnere, hörte ich sogar eine Frau schreien. Zweifellos waren auch die Gäste an den umliegenden Tischen auf mich aufmerksam geworden. Entsetze Stille legte sich über uns alle. Wie gelähmt stand ich da und hielt das Lendensteak über den Tisch. Ich wusste nicht, was ich sagen sollte, und hatte Angst, dass jede Bewegung ein Nachbeben auslösen könnte. Schließlich erhob sich einer der Männer, warf die Serviette, die ich ihm auf den Schoß gelegt hatte, auf den Tisch und marschierte direkt zum Oberkellner. Ich sah, wie er ihm mit peinlicher Genauigkeit beschrieb, was gerade geschehen war, während er auf einem Bein balancierte, das andere nach hinten abspreizte und sich weit über einen imaginären Tisch lehnte. Die Geräusche, die er zu imitieren versuchte, entbehrten einer gewissen Tiefgründigkeit und Schärfe, aber im Großen und Ganzen gelang es ihm doch, seinem Gegenüber eine wahrheitsgetreue Darstellung der Art und Dauer meiner unfreiwilligen Vorführung zu vermitteln.

Ich wurde auf der Stelle gefeuert. Wirklich. Mit meinem Kummerbund in der einen und meiner Fliege in der anderen Hand schlich ich mit hängendem Kopf zurück zu meinem Käfer. Ich setzte mich auf den Fahrersitz, holte tief Luft und fragte mich, was man in einem Moment wie diesem empfinden sollte. Einerseits hatte ich gerade die Arbeit eines ganzen Jahres zunichtegemacht. Ich hatte in der zweiten Mannschaft gespielt und mir einen Platz auf der Bank verdient, indem ich Tische abräumte, und als ich endlich mit der ersten Mannschaft aufs Spielfeld durfte, hatte ich mit aller Kraft ausgeholt und den Schiedsrichter am Hinterkopf getroffen. Ehrlich gesagt, konnte ich mir nicht vorstellen, dass es noch schlimmer hätte laufen können. Aber andererseits hatte ich jetzt eine großartige Geschichte, von der ich mein Leben lang zehren konnte – eine Geschichte, die ich meinen Kindern erzählen konnte, wenn sie einmal dachten, dass sie einen riesigen Fehler gemacht hatten.

Ich nahm einen weiteren tiefen Atemzug und spürte, wie mein Gesicht sich zu einem breiten Grinsen verzog. Es war nicht so, dass ich dieses Grinsen bewirkte – es legte sich quasi von selbst auf mein Gesicht. Während ich nach Hause fuhr, ließ ich die Ereignisse der letzten Stunden noch einmal in Gedanken Revue passieren. Ich dachte an meinen Smoking, den ich nun nicht mehr brauchte, an die Gäste, die Bestellung, die extreme Streckung, die entsetzten Blicke, die empörten Schreie und meine Entlassung. Ich will ehrlich sein: Ich wusste schon in diesem Moment, dass es tatsächlich ein großartiger, ein unvergesslicher Abend gewesen war.

Meine Großmutter, Grandma Mary, sagte immer zu mir: „Du bist erst dann jemand, wenn du ein- oder zweimal gefeuert worden bist." Sie fügte keine Ausnahmeregelungen für dieses Statement hinzu, also ging ich davon aus, dass ihr Spruch auf mich zutraf. Während der nächsten sechs Monate zahlte ich meinen Smoking ab, bis ich ihn schließlich in einen Secondhandladen brachte. Als Kellner habe ich mich nie wieder versucht.

Was ich an Gott besonders liebe, ist, dass er uns ganz bewusst so führt, dass wir immer wieder versagen. Er ließ uns als kleine Kinder zur Welt kommen, die nicht gehen und sprechen und noch nicht einmal auf die Toilette gehen können. Wir mussten das alles erst mühsam lernen und das geht nicht von heute auf morgen. Zudem hat er uns so geschaffen, dass wir von ihm, unseren Eltern und unseren Mitmenschen abhängig sind. Er hat es absichtlich so eingerichtet, dass wir alles immer wieder versuchen müssen, bis wir es schließlich richtig machen. Und die ganze Zeit über ist er grenzenlos geduldig.

Ich liebe diese Stellen in der Bibel, wo Jesus seinen Jüngern etwas Neues beibringt und zu ihnen sagt: „Ich will, dass ihr lernt, anders über das Leben zu denken." Sie ziehen jahrelang mit ihm herum, und einige von ihnen lernen erst, nachdem er in den Himmel zurückgekehrt ist, all das, was sie wissen müssen. Aber obwohl es ihnen so schwerfällt, diese Dinge zu lernen, bezeichnen sie sich selbst als Menschen, die von ihm geliebt werden. Versagen ist ein ganz normaler Teil des Wachstumsprozesses, und es ist nicht nur in Ordnung – es ist mehr als in Ordnung. Gott will nicht, dass wir uns von unserem Versagen ausbremsen lassen. Gott sagt nicht: „Nach drei Fehlschlägen bist du draußen." Es geht eher darum, dass er uns hilft, aufzustehen und den Schläger wieder in die Hand zu nehmen. Und bei all dem schaut er nicht auf unsere Fehler, sondern auf die Fortschritte, die wir machen.

Ich fand irgendwann einen anderen Job und irgendwann verlor ich auch diesen. Aber ich verlor ihn, weil ich das zu dem Zeitpunkt wollte, und nicht, weil ich gefeuert wurde. Dinge finden und Dinge verlieren – darum geht es in der Bibel. Gott scheint dieses Prinzip sogar zu unterstützen. Er sprach davon, dass wir manchmal unseren Job – oder sogar unser Leben – verlieren müssen, um den Weg zu finden. Er sprach davon, dass wir manchmal unser gesellschaftliches Ansehen verlieren müssen, um wahre Macht zu erlangen. Er zeigt uns, dass Jesus auf diese Welt gekommen ist, um uns zu suchen, weil wir Menschen ebenso wie Schafe dazu neigen, verloren zu gehen. Und wenn er uns findet, tragen wir normalerweise keinen Smoking.

Dinge, die schiefgehen, können uns entweder stark machen oder bleibende Narben hinterlassen. In meinem Leben sind manche Dinge gut gelaufen und andere weniger gut, ebenso wie in Ihrem Leben. Es ist mehr gelungen, als schiefgegangen ist, aber ich führe keine Strichliste, weil ich die Dinge heute anders bewerte. Gott begegnet uns in unserem Versagen ebenso wie in unserem Erfolg, und er lehrt uns, die Dinge aus einer neuen Perspektive zu betrachten. Und mir selbst ist klar geworden: Während ich früher Angst hatte, bei Dingen zu versagen, die mir wirklich wichtig waren, habe ich heute mehr Angst davor, bei Dingen Erfolg zu haben, die nicht wirklich wichtig sind.

Kapitel 5

IM RÜCKSPIEGEL DES LEBENS

Früher dachte ich,

ich könnte die

Umstände ändern.

Heute weiß ich, dass

Jesus die Umstände

benutzt, um mich zu

ändern.

Nach der Highschool ging ich auf die *Humboldt State University*, weil ich Forstwirtschaft studieren und Waldranger werden wollte. Genau genommen hatte ich auf der Highschool an einer Art Eignungstest teilgenommen und ihn total verhauen. Also schickte die Schulleitung meinen Eltern ein Schreiben, dass ich ohne Zweifel ein geborener Waldranger sei. Was ich mir vom Rangerdasein erhoffte, war, im Wald zu leben, einen grünen Truck zu fahren, eine Dienstmarke zu bekommen und vor allem einen Hut mit breiter Krempe zu tragen. Nachdem meine Eltern das miserable Testergebnis gesehen hatten, mussten sie zugeben, dass ich wohl wirklich dazu bestimmt war, Waldranger zu werden. Meine Mutter nahm mich mit in die Berge, wo die Ranger lebten. *Wo sind denn die Frauen?*, fragte ich mich. Das war das erste Anzeichen dafür, dass meine Vorstellungen vielleicht doch nicht ganz mit der Realität übereinstimmten.

Waldranger lebten auch nicht in romantischen Waldhütten, wie ich es mir ausgemalt hatte. Sie wohnten in Wohnheimen aus Beton, und über ihren Betten, die in Reihen angeordnet waren, hingen fluoreszierende Lampen. Die spannendste Aufgabe der Ranger schien darin zu bestehen, Strafzettel an Falschparker zu verteilen. Sie spielten oft Karten und aßen Fertiggerichte. Ich hatte mir das Ganze etwas naturverbundener und männlicher vorgestellt. Gewehre, Elchköpfe, Schneeschuhe neben einem großen steinernen Kamin, ein Haufen Trockenfleisch auf dem Tisch … etwas in dieser Richtung. Ich erfuhr, dass die meisten Waldranger nach ihrem Examen für Forstwirtschaftsunternehmen arbeiteten und dort das Fällen der Bäume überwachten, die zu Papier und Verpackungen weiterverarbeitet wurden. Ich war entmutigt, aber es war schon zu spät, um die Universität zu wechseln. Ich ging also trotzdem auf die *Humboldt University*, um Forstwirtschaft zu studieren.

Schon kurz nach Studienbeginn geriet ich in eine fundamentale Sinnkrise: Es gab keine Studentinnen, und wie die Forstwirtschaft generell funktionierte, sagte mir auch nicht zu. So beschloss ich, dass es Zeit für eine Veränderung war. Ich wollte nach San Diego ziehen, mich an der dortigen Universität einschreiben und mit dem Surfen anfangen. Diese Sache erschien mir zukunftsträchtig. Der Umzug ergab zusätzlich noch deshalb Sinn, weil meine Freundin an der UCLA, der Universität von Kalifornien in Los Angeles, studierte und ich so in ihrer Nähe sein konnte. Womit ich allerdings nicht rechnete, war, dass ich kurz darauf meinen ersten „Lieber Bob"-Brief erhalten sollte.

In ihrem Brief schrieb Kathy, dass sie nach ihrer Ankunft an der UCLA „eine Liebesbeziehung zu ihrem großen Bruder" eingegangen war.

„Sie hat was mit ihrem *großen Bruder*?", stieß ich hervor, während ich das dünne Blatt Papier zwischen zwei Fingern hielt wie einen besudelten Lappen. „Verstößt so etwas nicht gegen das Gesetz? Außerdem wusste ich gar nicht, dass Kathy einen großen Bruder hat. Wie heißt er überhaupt?"

Später erfuhr ich, dass Kathy sich einer Studentinnenverbindung, einer sogenannten Schwesternschaft, angeschlossen hatte und dass man einen jungen Mann, der einer entsprechenden Verbindung angehörte, als „großen Bruder" bezeichnete. Dass sich Studenten und Studentinnen aus den Verbindungen zu Paaren zusammentaten, war gang und gäbe. Ich war zutiefst verletzt. Ich schwor mir, niemanden mehr zu lieben. Ich schwor mir, mich niemals einer Studentenverbindung anzuschließen, und da die Studentenverbindungen in den Vereinigten Staaten fast immer nach griechischen Buchstaben benannt werden, beschloss ich, in Zukunft alles zu boykottieren, was aus Griechenland kam oder im Entferntesten daran erinnerte. Ich verfasste eine entsprechende Liste, die unter anderem die Punkte „kein Gyros und keine Oliven" und „meine Achillessehne entfernen lassen" enthielt.

Als ich Kathys Brief bekam, schien meine Welt zusammenzubrechen. Also tat ich, was alle jungen Männer mit Liebeskummer tun würden: Ich setzte mich in meinen Käfer und fuhr zwanzig Stunden von der *Humboldt State University* ganz im Norden von Kalifornien zur UCLA an der südlichen Grenze. Mein Freund Doug fuhr mit. Wir hatten zweimal einen Platten, tranken Unmengen von Kaffee und literweise Cola und kamen schließlich nach Los Angeles. Ich ließ Doug irgendwo aussteigen und machte mich auf den Weg zu Kathys Verbindungshaus, das sich direkt am Sunset Boulevard und ganz in der Nähe der Universität befand. Das Haus war riesig, und steinerne Kreaturen säumten den Weg zum Eingang, um alle abservierten Exfreunde einzuschüchtern.

Zaghaft machte ich einen Schritt nach dem anderen, ergriff den Türklopfer und pochte an die schmucklose zweiflügelige Tür, die unüberwindlich schien. Ich vernahm ein hohles Echo im Inneren. Allem Anschein nach war das Haus völlig leer. Als ich gerade kehrtmachen wollte, hörte ich leise Schritte, die näher kamen. Die Türklinke bewegte sich, während ich schluckte und mich aufrichtete. Die Tür ging auf und wie in einer dieser typischen Filmszenen erschien Kathy im Türrahmen.

„Bob Goff?“, rief sie entsetzt und stöhnte auf. Anscheinend war sie allein in dem Verbindungshaus und ich hatte sie offensichtlich überrascht. Genau genommen drückte ihre Körpersprache eine Mischung aus Überraschung und Beunruhigung aus. Es schien, als wollte sie sich übergeben.

„Komm rein“, stotterte sie und hätte die Aufforderung, noch während sie sprach, offensichtlich gern wieder zurückgenommen. Ich *wusste*, dass es vorbei war, aber ich ging trotzdem hinein. Die zwanzigstündige Fahrt sollte nicht umsonst gewesen sein.

Als ich eintrat, wurde ich sofort von der Pracht des riesigen Verbindungshauses überwältigt. Den Eingangsbereich aus Marmor schmückten Accessoires aus Bronze, die Marmorwände waren mit Bronzebildern verziert, und Bronzestatuen waren wie Wachen überall aufgestellt. Mir kam der etwas absurde Gedanke, dass der Gründer dieser Studentinnenverbindung auch der Erfinder von Marmor und Bronze gewesen sein musste. Direkt hinter dem Eingangsbereich, den wir zügig durchquerten, befand sich ein weiterer riesiger Raum, in dem ein Kaminfeuer prasselte. Eine lebensgroße Büste auf einem Tisch hinter einer Couch verlieh dem Raum einen besonderen Akzent. Ich vermutete, dass es sich um einen Präsidenten oder Premierminister handeln musste, war mir aber nicht sicher.

Kathy war nervös, als sie mit mir – höflich wie immer – einen schnellen Rundgang durchs Haus machte. Mir kam der flüchtige Gedanke, wie seltsam es wohl für sie sein musste, dass ich hier war. Als Kathy mich zur Eingangstür zurückbrachte, kamen wir wieder durch den Raum mit dem Kamin. Ich fand es sonderbar, dass die Büste vor dem Kamin verschwunden war. Sie war einfach weg. *Kann das sein?,* wunderte ich mich. *Was ist bloß mit der bronzenen Büste passiert?* Los Angeles war in der Tat ein noch seltsamerer Ort, als ich gedacht hatte. Während ich mich noch am Kopf kratzte und mich über die fehlende Büste wunderte, komplimentierte Kathy mich eilig hinaus.

Wir gingen über den Campus, wo Kathy auf ein Gebäude nach dem anderen zeigte und mir erzählte, welch tolle Erfahrungen sie hier machte und was für wunderbare Leute an der UCLA studierten. Aber irgendwie kamen wir einfach nicht darauf zu sprechen, warum sie mit mir Schluss gemacht hatte. Das war natürlich kein Zufall, denn, wie ich später begriff, war Folgendes passiert: Kathy und ihr „großer Bruder" waren an diesem Tag allein im Schwesternschaftshaus und kuschelten vor dem Kamin, als ich an die Tür klopfte. Als Kathy meinen Namen nannte, erstarrte der Typ und blieb wie versteinert sitzen, als ich an ihm vorbeilief. Während Kathy mich durchs Haus geführt hatte, war er durch die Eingangstür entwischt. Draußen war er uns dann gefolgt und hatte uns, während wir über den Campus liefen, die ganze Zeit nicht aus den Augen gelassen. Der Typ, der das Mädchen bekommt, ist manchmal wohl genauso verunsichert wie der, der verlassen wird.

Am späten Nachmittag begleitete mich Kathy zu meinem Käfer und ich öffnete die Fahrertür. Ich wusste nicht recht, was ich sagen sollte. Schließlich überwand ich mich. „Hast du das wirklich ernst gemeint, was du in dem Brief über uns geschrieben hast?" Das war keine jener bohrenden, tiefgründigen und wohldurchdachten Fragen, die ich mir auf der gesamten Fahrt nach Los Angeles überlegt hatte. Aber zu mehr war ich in dem Moment einfach nicht imstande.

„Ja", meinte sie und tätschelte mir die Hand. Dann trat sie einen

Schritt zurück und murmelte, dass sie jetzt dringend zum Unterricht müsse.

Deprimiert fuhr ich los und ließ die UCLA und Kathy im Rückspiegel hinter mir. Kathy heiratete den Bronze-Jungen, und ich fand nie wirklich heraus, warum sie mit mir Schluss gemacht hatte. Dass er besser aussah als ich, mehr Potenzial hatte, klüger war und andere Pläne verfolgte, als im Wald zu leben, auf einem Feldbett zu schlafen, Fertiggerichte zu essen oder stattdessen Surfer zu werden, könnte nicht unwesentlich zu Kathys Entscheidung beigetragen haben. Trotzdem ist es immer schwer, den Kürzeren zu ziehen.

Manchmal lässt Gott zu, dass wir in eine Situation kommen, in der wir etwas so sehr wollen, dass wir alles andere aus den Augen verlieren. Gelegentlich können wir deswegen sogar Gott nicht mehr sehen. Wenn wir etwas unbedingt wollen, denken wir schnell, dass das, was wir uns so sehr wünschen, auch das ist, was wir wirklich brauchen. Wenn das passiert – und es gibt wohl niemanden, dem das noch nie passiert ist –, liegt das daran, dass wir das, was Gott tatsächlich für uns vorbereitet hat, noch nicht sehen können. Es wartet hinter der nächsten Kurve.

In der Bibel hatten die Leute, die Gott nachfolgten, oft dasselbe Problem wie ich. Sie liefen einer Sache nach, die sich im Nachhinein als Irrtum herausstellte. Oft visieren wir Menschen das Falsche an, und das Ziel unserer verirrten Sehnsucht ist eine bestimmte Frau, ein Hut mit breiter Krempe oder ein Goldenes Kalb. Währenddessen hält Gott etwas ganz anderes für uns bereit, etwas, das genau auf uns zugeschnitten ist.

Es liegt in meiner Natur, mein Leben selbst in die Hand nehmen zu wollen – vielleicht sind wir Menschen alle so. Ich habe bestimmte Vorstellungen, was mich glücklich machen würde, und verfolge irgendwelche Ziele, die ich mir selber stecke, weil ich glaube, dadurch glücklich zu werden. Aber wenn ich sie dann erreiche, merke ich, dass sie auch vieles mit sich bringen, was ich nicht will, zum Beispiel ein Feldbett und einen Raum voller Männer. Als ich zum ersten Mal wollte, dass mich eine Person so sehr liebte wie ich sie, wählte sie einen anderen, und ich versuchte, es ihr auszureden. Wäre ich erfolgreich gewesen, hätte ich die Liebe nie auf so einzigartige Weise erfahren, wie ich es später tat. Ich hätte nicht entdeckt, wen und was Gott für mich vorbereitet hatte.

Ich bin ziemlich froh, dass ich weder Waldranger noch Surfer geworden bin. Ich freue mich sogar darüber, wie sich mein Leben entwickelt hat, nachdem ich die UCLA hinter mir gelassen hatte. Damals war es schmerzhaft, aber jetzt, viele Jahre später, kann ich im Rückspiegel meines Lebens Beweise von Gottes unglaublicher Liebe erkennen und sehe, wie sich der abenteuerliche Plan, den er für mein Leben hat, Stück für Stück entfaltet. Seither habe ich viele Briefe bekommen, die mit „Lieber Bob“ anfingen. Manche waren so dick, dass sie ziemlich platt gedrückt werden mussten, um in den Briefumschlag zu passen. Und genauso niedergedrückt und geknickt fühlte ich mich, wenn ich sie dann auseinanderfaltete und las. Aber welche Nachrichten sie auch enthielten – diese Briefe haben mich immer wieder daran erinnert, dass Gottes Gnade auf sehr viele verschiedene Arten zum Ausdruck kommt und in den unterschiedlichsten Situationen sichtbar wird, während Gott etwas Wunderbares in mir entfaltet.

Wenn wir auf all die seltsamen Wendungen und Umbrüche zurückblicken, die Gott in unserem Leben zugelassen hat, haben wir wahrscheinlich nicht den Eindruck, dass unser Leben ein Sammelsurium von irrtümlichen Knicken und stümperhaften Ausbesserungsversuchen ist. Ich denke, wir kommen stattdessen zu dem Schluss, dass wir alle so etwas wie kunstvoll gefaltete Origamis in Menschengestalt sind: Je mehr Knicke wir haben, desto besser.

Kapitel 6

„KAUFEN SIE SICH IHRE BÜCHER!“

Früher dachte ich,
Gott würde uns
führen, indem er
Türen öffnet und
schließt.
Heute weiß ich,
dass Gott manchmal
will, dass wir ein
paar Türen eintreten.

Als ich meinen Eltern mitteilte, dass ich mich an der juristischen Fakultät bewerben wollte, sahen sie mich an, als hätte ich sie gerade darüber informiert, dass ich mir ein Bein abhacken wollte. Sie müssen verstehen, meine Eltern sind beide Lehrer. Ich war, was meine schulischen Leistungen betraf, nicht gerade ein Wunderkind. Wenn ich meine Zeugnisse nach Hause brachte, schauten sie mich mit großen Augen an und fragten sich, wie es möglich war, dass der Apfel so weit vom Stamm gefallen war. Nach meinem Highschool-Abschluss gaben sie mir Prospekte von Berufsfachschulen, an denen man zum Maschinenbauer, Elektrotechniker oder Gas-Wasser-Installateur ausgebildet wurde. Ich glaube, sie gingen davon aus, dass ich für den Rest meines Lebens energiesparende Straßenlaternen errichten würde. Und mir ging es genauso.

Ich ging aufs College und machte ein Examen in einem Fach, von dem ich immer noch wenig weiß, und meine Noten waren ein exakter Gradmesser für die hauchdünne Ahnung, die ich von dem betreffenden Fach hatte. Es war nicht so, dass ich mir keine Mühe gegeben hätte. Die Sache interessierte mich nur nicht wirklich, denn ich war auf der Suche nach einer wirklich sinnvollen Aufgabe. Ich wollte etwas tun, das in dieser Welt etwas bewirkte. Meine Dozenten hingegen wollten, dass ich etwas tat, das etwas für meinen Notendurchschnitt bewirkte. Ich verbrachte den größten Teil meiner Collegezeit damit, zu surfen und darüber nachzudenken, wie ich Menschen in Amerika und in anderen Ländern helfen konnte, die in Not waren, und wie ich irgendwie dazu beitragen konnte, diese Welt ein Stückchen besser zu machen. Ich wollte weder Pastor noch Missionar werden – ich wusste, dass Gott dafür bessere Leute hatte. Also beschloss ich, dass ich Rechtsanwalt werden wollte. Ich weiß, dass viele denken, man kann kein netter Kerl sein und Gott lieben und trotzdem Rechtsanwalt sein, aber ich war mir sicher, dass mir das gelingen würde.

Bevor man sich in den USA an einer juristischen Fakultät bewirbt, muss man eine große Prüfung ablegen, den sogenannten LSAT. Alle Universitäten schauen sich an, wie viele Punkte man bei diesem Test erreicht, und entscheiden dann darüber, ob man zugelassen wird. Ich wusste, dass diese Prüfung wichtig war; darum ging ich in die nächste Buchhandlung und kaufte mir ein Buch darüber. Es war etwa drei Zentimeter dick und kostete 7,95 Dollar, und ich las es mindestens dreimal, bevor ich mich für die Prüfung anmeldete. Das Buch war angenehm zu lesen und leicht verständlich. Es ging zum größten Teil darum, wie man sich zu dem Test anmeldete.

Als der große Tag der Prüfung kam, war ich eine Stunde vor Testbeginn da. Das war mein erster Besuch an einer juristischen Fakultät. Die Studenten um mich herum hätten nicht unterschiedlicher sein können – von perfekt frisierten Musterschülern bis hin zu verschlafenen Bummelanten, die noch ihren Schlafanzug trugen, war alles dabei. Aber ungeachtet ihres äußeren Erscheinungsbildes stellten mir alle dieselbe Frage: an welchem Vorbereitungskurs für den LSAT ich teilgenommen hatte. „Hast du den ‚Princeton Review' besucht? Oder den BARBRI?" Ich hörte vier oder fünf Namen von zweimonatigen Vorbereitungskursen und gewann den Eindruck, dass sämtliche Teilnehmer sich durch einen etwa anderthalb Meter hohen Stapel an Vorbereitungsmaterial durchgearbeitet hatten. Es war klar ersichtlich, dass ich jämmerlich unvorbereitet war, und meine weit aufgerissenen Augen verrieten mich sofort. „Hey, Kumpel, alles okay mit dir?", fragte einer der Teilnehmer in typischem Surfer-Singsang, weil er das wahrscheinlich für die einzige Möglichkeit hielt, zu mir durchzudringen.

„Vorbereitungskurs? Es gibt einen Vorbereitungskurs, an dem man teilnehmen kann, um sich auf diese Prüfung vorzubereiten?", war das Einzige, was ich herausbrachte. Ich schaute hinab auf mein mickriges, eselsohriges Buch, das gerade mal 105 Seiten hatte, und warf es seufzend in den nächsten Mülleimer.

Da ich die Teilnahmegebühr schon bezahlt hatte, blieb ich da und nahm an der Prüfung teil. Ein paar Wochen später erhielt ich, wie Sie sich denken können, die unvermeidliche Nachricht. Ich war mit Pauken und Trompeten durchgefallen. Trotz dieser denkbar schlechten Voraussetzung schickte ich meine Bewerbungsunterlagen an verschiedene juristische Fakultäten – einfach, damit die

Mitarbeiter im Aufnahmebüro etwas zu lachen hatten und sich mal mit jemand anderem als den richtigen, fürs Jurastudium prädestinierten Kandidaten beschäftigen konnten. Mir kam es so vor, als würde ich jeder juristischen Fakultät, bei der ich mich bewarb, eine kleine Spende in Form einer Bewerbungsgebühr zukommen lassen. Im Laufe der nächsten Monate erhielt ich eine Menge Briefe, die samt und sonders vor Höflichkeit strotzten und mit einem schlichten Nein endeten. So geht es mir heute noch oft.

Die überdurchschnittlich begabten Bewerber bekamen Briefe von den renommierten Fakultäten, die sie freundlich willkommen hießen und ihnen manchmal sogar ein Stipendium anboten, um ihr Angebot zu versüßen. Die ganz normal begabten Bewerber bekamen ganz normale Zulassungsbestätigungen von den ganz normalen Fakultäten. Ich bekam nichts dergleichen. Von keiner einzigen Universität. Ich glaube, ein paar Fakultäten schrieben nicht zurück, weil sie dachten, dass die Sache sowieso für beide Seiten klar war. Ein paar andere, die sich die Mühe machten, mir zu antworten, schickten mir mit dem Ablehnungsbescheid sogar meinen Scheck mit der Bewerbungsgebühr zurück. Entweder war es ihnen peinlich, mein Geld zu nehmen, weil sie wussten, dass ich es auch im Nachrückverfahren niemals schaffen würde, oder sie dachten, dass ich angesichts meines miserablen Notendurchschnitts jeden Cent sparen musste, den ich hatte.

Es gab aber ein Problem bei der ganzen Sache. Sehen Sie, ich wollte Rechtsanwalt werden, damit ich in dieser Welt etwas bewegen konnte, und das bedeutete, dass ich ein Jurastudium absolvieren musste. Obwohl ich keinerlei Handhabe hatte, um auf meiner Zulassung an irgendeiner Universität zu bestehen, beschloss ich, mich nicht damit abzufinden, dass ich abgelehnt worden war.

Ich wusste, welche juristische Fakultät ich besuchen wollte. Also begab ich mich etwa eine Woche, bevor die Vorlesungen begannen, in die riesige Halle, in der sich das Büro des Dekans und die Verwaltungsräume befanden. Ich stellte mich an der Rezeption vor, und sie schienen hocherfreut zu sein, den jungen Mann, der unzählige Male angerufen hatte, um nachzufragen, ob er wirklich nicht zugelassen worden war, endlich persönlich kennenzulernen. Ich ging zum Büro des Dekans, klopfte an die imposante Tür und stolperte in den nüchtern eingerichteten Raum, der vor Bücherregalen und Intelligenz strotzte. Der Dekan der juristischen Fakultät erhob sich und begrüßte mich mit der reservierten, aber höflichen Förmlichkeit, die seinem Rang und Titel entsprach.

Ich streckte ihm siegessicher die Hand entgegen, wie es in den einschlägigen Ratgebern empfohlen wird, und stellte mich vor.

„Guten Tag, mein Name ist Bob Goff und ich habe mich an Ihrer Fakultät beworben", begann ich. „Ich habe mich beworben, weil ich Rechtsanwalt werden und etwas bewegen will."

Der Dekan lächelte höflich, sagte aber kein Wort und blieb stehen. Offenbar hatte ich ihn noch nicht überzeugt.

„Es gibt da aber ein Problem. Ich habe nämlich keinen Zulassungsbescheid bekommen. Und auch keinen Ablehnungsbescheid. Und ich habe auch keinen Platz auf der Warteliste erhalten. Aber ich will unbedingt Ihre Fakultät besuchen und ein Examen als Jurist machen, sonst kann ich später nicht Rechtsanwalt werden." Ich war der Meinung, dass das meine Situation deutlich genug beschrieb.

Der Dekan schüttelte mir noch einmal die Hand, während er sagte: „Die Zulassung unterliegt hier einem strengen Wettbewerb, und wir sind leider gezwungen, viele qualifizierte Kandidaten abzulehnen." Freundlicherweise verzichtete er darauf zu erwähnen, dass ich nicht dazugehörte.

„Es war nett, Sie kennenzulernen", meinte er und schüttelte weiterhin meine Hand. Als er mich schließlich losließ, legte er mir die Hand auf die Schulter und schob mich Richtung Tür. Seine Körpersprache ließ keinen Raum für Missverständnisse.

„Dann wünsche ich Ihnen noch einen schönen Tag", fügte er hinzu, bevor er langsam begann, die Tür zu schließen. Das war meine letzte Gelegenheit, noch etwas zu sagen, bevor er wieder in seinem getäfelten Büro verschwand. Also stellte ich den Fuß in die Tür, bevor sie ganz zu war, und sagte: „Sie haben die Möglichkeit, mich aufzunehmen. Das Einzige, was Sie sagen müssen, ist:

‚Kaufen Sie sich Ihre Bücher', dann könnte ich an Ihrer Fakultät studieren. So einfach ist das. Sie bräuchten nur diese paar Worte zu sagen." Er warf mir ein schiefes Lächeln zu, um anzudeuten, dass das ein netter Einfall war, aber nicht passieren würde. Dann war die Tür zu. Ich bin sicher, er dachte, die Sache wäre damit erledigt und er könnte sich wieder der wichtigen Aufgabe zuwenden, die Jurastudenten zu unterrichten, die wirklich etwas draufhatten.

Vor der Bürotür des Dekans stand eine Bank. Sie erinnerte mich an die Bank vor dem Büro meines Grundschulrektors, auf der ich so oft gesessen hatte. Es dauerte noch fünf Tage, bis die Vorlesungen begannen, und ich beschloss, von nun an Tag für Tag auf dieser Bank zu sitzen. Jedes Mal, wenn der Dekan vorbeikam, würde ich zu ihm sagen: „Das Einzige, was Sie sagen müssen, ist: ‚Kaufen Sie sich Ihre Bücher.'" Es war der letzte, verzweifelte Versuch eines leidenschaftlichen Surfers.

Als der Dekan zum ersten Mal vorbeikam, fragte er mich, warum ich noch da war. Ich erklärte ihm, auch wenn ich wisse, dass meine Bewerbung abgelehnt worden war, besäße er die Macht, mich aufzunehmen. Alles, was er sagen musste, waren die Worte: „Kaufen Sie sich Ihre Bücher." Er lächelte und ging weiter.

Ich hatte viel Zeit zum Nachdenken, während ich tagein, tagaus auf meiner Bank saß. Ich dachte an all die Geschichten in der Bibel, bei denen nur ein Wort gesagt werden musste, damit das Ersehnte eintrat. Jesus sagte nur ein Wort und die Leute waren geheilt. Zu einem Typen Namens Petrus sagte er nur: „Komm!", und schon konnte dieser Typ auf dem Wasser laufen. Es war sogar einmal passiert, dass Jesus unterwegs war und ein Soldat mit der Bitte zu ihm kam, seinen Diener zu heilen. Und er war fest davon überzeugt, Jesus bräuchte nur ein Wort zu sagen und sein Diener würde gesund. Während ich auf meiner Bank saß, glaubte ich fest daran, dass Worte immer noch Macht hatten, wenn sie von den richtigen Leuten ausgesprochen wurden.

Am vierten Tag vor Vorlesungsbeginn saß ich morgens in aller Frühe wieder auf meinem Posten. Jedes Mal, wenn der Dekan in sein Büro ging oder herauskam, sagte ich: „Sagen Sie mir einfach, dass ich mir meine Bücher kaufen soll." Daraufhin nickte er dann entweder im Vorübergehen oder er schüttelte den Kopf. Manchmal ignorierte er mich auch völlig.

Dasselbe geschah drei Tage, zwei Tage und schließlich einen Tag vor Vorlesungsbeginn. Ich hatte die Sechzigerjahre verpasst, aber ich hatte trotzdem das Gefühl, dass ich an einem Sitzstreik teilnahm. An meinem dritten oder vierten Tag auf der Bank kannte ich den Terminplan des Dekans in- und auswendig. Ich wusste, wann er zur Toilette ging, wann er sich mit seinen Mitarbeitern traf, wann er zum Sport ging und wann er zurückkam. Jedes Mal, wenn er durch seine Bürotür trat, saß ich lächelnd auf meiner Bank und wartete darauf, dass er die Worte sagte – jene Worte, die mein Leben verändern würden.

Am Tag des Vorlesungsbeginns sprang ich im Morgengrauen aus dem Bett. Ich wusste einfach, dass das mein großer Tag sein würde. Um sieben Uhr morgens saß ich auf meinem Stammplatz. Ich sah zu, wie all die cleveren Studenten ankamen, hektisch durch die Gänge liefen und einander abschätzig betrachteten. Ihr aufgeregtes Stimmengewirr prallte von den Marmorwänden und -säulen ab und erfüllte die Flure. Ich saß angespannt auf meiner Bank und wartete darauf, die ersehnten Worte zu hören, aber der Dekan ließ sich den ganzen Tag über nicht blicken. Es hatte nicht geklappt. Mein Plan, zum Vorlesungsbeginn zum Jurastudium zugelassen zu werden, war gescheitert. Also machte ich eine Runde durch die Flure und beschloss, dass ich, wenn ich schon nicht zum Vorlesungsbeginn zugelassen wurde, eben einfach später anfangen und das Versäumte nachholen würde.

Im Laufe des zweiten Vorlesungstages kam der Dekan mindestens ein Dutzend Mal vorbei. „Sagen Sie mir einfach, dass ich mir meine Bücher kaufen soll", sagte ich ihm jedes Mal. Und jedes Mal vergebens. Der zweite Vorlesungstag kam und ging, ebenso der dritte. Ich geriet allmählich ins Hintertreffen und hatte noch nicht mal eine Zulassung bekommen. Am fünften Tag begann meine Hoffnung zum ersten Mal zu schwinden, als ich mich zu meinem üblichen Aussichtsposten schleppte. All die cleveren Studenten hatten sich schon eingewöhnt und kannten ihre Stundenpläne und die strengen Vorgaben der Fakultät, und die einzigen Geräusche, die von den Wänden der großen Marmorhalle widerhallten, stammten von mir. Ich fragte mich gelangweilt, wie es sich wohl anhören würde, wenn ich meine E-Gitarre mitbringen und ein paar meiner liebsten „Doobie Brothers"-Riffs spielen würde. Aber dann beschloss ich, mir das für den Tag meiner Abschlussprüfung aufzuheben.

Am späteren Nachmittag hörte ich wieder die vertrauten Schritte des Dekans, der auf seine Bürotür zuging. Ich warf einen Blick auf meine Uhr. Er war ein bisschen zu früh dran, um nach Hause zu gehen, aber ein bisschen zu spät für seinen nachmittäglichen Gang zur Toilette. Sie merken schon: Ich kannte seinen Terminplan wirklich in- und auswendig.

Die Tür ging auf und der Dekan kam heraus und wandte sich in meine Richtung. Wie üblich wollte ich gerade loslegen: „Sagen Sie mir einfach, dass ich mir meine Bücher kaufen soll." Aber irgendetwas war anders als sonst, denn statt meinem Blick auszuweichen und ohne ein Wort an mir vorbeizugehen, blieb er einfach stehen und schaute auf mich herab. Lange sagte keiner von uns ein Wort. Der Dekan sah mir direkt in die Augen, zwinkerte mir zu und sagte die fünf Worte, die mein Leben für immer verändern würden: *„Kaufen Sie sich Ihre Bücher."*

Und das tat ich auch.

Ich habe mal jemanden sagen hören, dass er sich etwas sehr gewünscht, Gott diese Tür aber zugemacht habe. Aber ich habe mich immer gefragt, ob das wirklich so einfach ist. Vielleicht wünschen wir uns eine Sache manchmal deshalb so sehr, weil Gott selbst uns dieses Verlangen ins Herz gelegt hat – weil es etwas ist, das ihm Ehre macht und das er selbst für uns möchte. Vielleicht denken wir manchmal, Gott hätte eine Tür zugemacht, aber in Wirklichkeit möchte er, dass wir sie eintreten. Oder dass wir so lange davor sitzen bleiben, bis uns jemand sagt, dass wir reinkommen können.

Worte können etwas in Bewegung setzen. Wir müssen nicht unbedingt Dekan sein, um Worte auszusprechen, die das Leben eines Menschen verändern. Gott hat es so eingerichtet, dass ganz gewöhnliche Menschen wie Sie und ich einander Dinge sagen können, die uns enorm weiterhelfen. Ich frage mich manchmal sogar, ob wir das nicht sogar besser können als ein Dekan, gerade weil wir ganz gewöhnliche, einfache Menschen sind. Ich glaube, es stimmt, dass die richtigen Leute Worte aussprechen können, die alles verändern. Und wissen Sie was? Diese Leute sind wir.

Es ist inzwischen viele Jahre her, seit ich auf der Bank des Dekans saß und versucht habe, in die juristische Fakultät aufgenommen zu werden. Ich mache heute viele Dinge, aber unter anderem bin ich Assistenzprofessor an der *Pepperdine Law School*, wo ich ein paar fantastische Jurastudenten in Steuerrecht für Non-Profit-Unternehmen unterrichte. Sie wissen schon – so richtig begabte Studenten, die Zulassungsbescheide erhalten haben. Jetzt bin ich derjenige, der Worte zu ihnen sagen darf, die sie ermutigen und ihr Leben verändern.

Ich muss manchmal kichern, wenn ich auf dem Weg zum Unterricht am Büro des Dekans vorbeikomme. Denn dann denke ich an ein anderes Büro an einer anderen Universität, vor dem ich saß und auf die Chance hoffte, irgendwann Rechtsanwalt werden zu können. Immer wieder einmal erfahre ich von einem Studenten, der gern zu meiner Vorlesung kommen würde, aber aus irgendeinem Grund vom Sekretariat nicht zugelassen wurde. Dann gehe ich, ohne viel Aufhebens zu machen, zu der Bank, auf der er sitzt. Ich schaue ihm direkt in die Augen, blinzle ihm zu und sage:

„Kaufen Sie sich Ihre Bücher."

Kapitel 7

MEINE BEZAUBERNDE MARIA

**Früher dachte ich,
Jesus würde uns die
Pistole auf die Brust
setzen.
Heute weiß ich,
dass er voller Liebe
um uns wirbt.**

Wissen Sie noch, wie Sie sich zum ersten Mal verliebt haben? Ich schon. Mein Freund Doug und ich waren im College als Leiter der Organisation *Young Life* tätig. Das ist eine Gruppe, die mit großem Erfolg Highschool-Absolventen mit Jesus bekannt macht, ohne daraus eine übertrieben religiöse Sache zu machen. Eine junge Frau, die gerade das College abgeschlossen hatte, half Doug und mir, weil es in unserem Team keine Mitarbeiterinnen in unserem Alter gab. Ich stand gerade vorne und spielte Lieder auf einer Gitarre, als die bezaubernde Maria den Raum betrat. Als ich sie sah, riss mir sofort eine Saite. Ich flüsterte Doug zu: „Die werde ich heiraten." Später habe ich Maria einmal gefragt, was sie noch von diesem Abend wusste. Sie meinte, sie könne sich nicht daran erinnern, jemandem irgendetwas über mich zugeflüstert zu haben. Wenn Jesus mir irgendetwas beigebracht hat, dann, dass man manchmal jemanden unbedingt kennenlernen möchte und es trotzdem ewig dauern kann, bis derjenige einen ebenfalls kennenlernen will.

Als ich Maria zum ersten Mal traf, waren es gerade mal zehn Tage bis zum Valentinstag. Da ich sie insgeheim schon zu meiner Braut erklärt hatte, fand ich, es wäre an der Zeit, dass sie mich ebenfalls kennenlernte. Wissen Sie, wie das ist, wenn die Gedanken auf Wanderschaft gehen? Alles erinnert einen an diese eine Person. Ein Gemälde, ein Sonnenuntergang, spielende Kinder, ein Händchen haltendes Paar, eine Büroklammer, eine Armbanduhr, einfach alles. Aber es genügt einem nicht, nur an die Person zu denken. Man muss einfach etwas unternehmen, irgendetwas.

Maria arbeitete in einer Werbeagentur im zwölften Stock eines Bürohochhauses im Stadtzentrum. Ich kannte sie nun immerhin schon seit anderthalb Wochen, also tat ich das, was mir am vernünftigsten schien: Ich bastelte ihr eine riesige Valentinstagskarte. Dafür besorgte ich mir zwei übergroße Bögen Fotokarton von einem Meter zwanzig mal zwei Meter vierzig und klebte sie am Rand zusammen. Der perfekte Briefumschlag. Ich bastelte eine Briefmarke, die so groß war wie eine Fußmatte und klebte sie falsch herum auf den Umschlag. (Sie wissen doch bestimmt, dass das „Ich liebe dich" bedeutet, oder? Wenn nicht, sollten Sie unbedingt noch mal die Schulbank drücken.) Auf einen weiteren, ebenso großen Karton schrieb ich: „Maria, willst du mein Valentinsschatz sein?“ Einfach. Direkt. Leicht zu schreiben. Eigentlich hätte ich gern „Willst du mich heiraten?“ hinzugefügt, aber das wäre doch ein bisschen verfrüht gewesen. Ein Heiratsantrag kam erst ab Woche drei infrage.

Ich lieh mir einen Lastwagen und fuhr mit meiner gigantischen Karte ins Stadtzentrum bis zur Tiefgarage des Hochhauses. Anschließend bemühte ich mich, die Karte in den Aufzug zu bekommen, und erntete dabei mehr als nur ein paar verwunderte und amüsierte Blicke. Der Aufzug schnellte in die Höhe. Ich war so aufgeregt, dass ich dachte, ich würde ohnmächtig werden, aber ich wollte die Karte nicht zerknittern und riss mich zusammen. Maria würde bestimmt denken, dass das die tollste Valentinstagskarte war, die sie je bekommen hatte. Sie würde erkennen, dass ich völlig verrückt nach ihr war. Sie würde meine Gefühle erwidern. Es würde wunderbar werden. Sie würde begeistert sein!

Der Fahrstuhl hielt an und mit einem leisen Klingeln ging die Tür auf. Es war gar nicht so einfach, die Karte aus dem Aufzug herauszubekommen. Das Klingeln wurde energischer. Es hörte sich wahrscheinlich so an, als hätte jemand einen einarmigen Banditen neben einem Notruftelefon installiert, aber das war nur ich, der versuchte, die Karte aus dem Fahrstuhl zu bekommen. In der Agentur hatte sich offenbar herumgesprochen, dass ein Typ mit einer großen Karte im Fahrstuhl feststeckte, denn nach kürzester Zeit versammelte sich eine kleine Menschenmenge im Empfangsbereich. Sie tuschelten miteinander, ob sie die Feuerwehr rufen sollten, die mich dann mit ihrer Rettungsschere aus dem Fahrstuhl befreien könnte.

Als ich es endlich mitsamt Karte aus dem Fahrstuhl geschafft hatte, glotzte mich die kleine Schar an, als hätte ich eine Taucherausrüstung an – Flossen, Schnorchel, Tauchflasche, das komplette Outfit. Zum ersten Mal kam mir der Gedanke, dass die Idee vielleicht doch nicht so gut gewesen war. Aber es war zu spät. Nachdem man sie angepiepst hatte, kam Maria um die Ecke und sah, wie ich mit einem breiten, dümmlichen Grinsen, Segelohren und einer riesigen, übertriebenen Karte dastand. Ich glaube, wenn eine Meute steppender Männer hinter mir herumgetrampelt wäre, wäre sie vermutlich auch nicht schockierter gewesen. Maria war mein Auftritt unendlich peinlich. Mir wurde schlagartig klar, dass ich bis zu meinem nächsten Annäherungsversuch mindestens ein halbes Jahr vergehen lassen musste. Wenn das genug war …

Während der folgenden sechs Monate war ich vollkommen auf Maria fixiert, während sie ihrerseits höflich Abstand wahrte. Sie sprach kaum mit mir, und man erzählte mir augenzwinkernd, dass sie beim Anblick von Karton die Flucht ergriff – wobei ich hoffte, dass das ein bisschen übertrieben war. Aber ich war unbeirrt, und das, obwohl von meiner fatalen Bruchlandung am Valentinstag ein Haufen glimmender Glut übrig geblieben war, der immer noch mächtig rauchte. Ich wusste nicht, was ich mit mir selbst anfangen sollte, aber irgendetwas musste ich tun, um den Gefühlen, die in mir brodelten, Ausdruck zu verleihen. Dann kam ich auf eine Idee: Ich wusste, wo sie ihr Auto parkte!

Ich beschloss, Maria jeden Morgen ein Erdnussbutter-Marmeladen-Sandwich zu machen und es unter ihren Scheibenwischer zu klemmen. Warum? Ich weiß es nicht genau. Ich entwickelte mich fast zu so etwas wie einem Sandwich-Stalker. Manchmal versteckte ich sogar Nachrichten in den Sandwiches.

Ich weiß, das alles hört sich verrückt an, aber wenn Sie mich kennen würden, würden Sie Ihre Meinung bestimmt ändern. Maria dachte wahrscheinlich, ich sei sonderbar. Aber „sonderbar" kann durchaus harmlos sein und meine Liebe war sonderbar und harmlos. Maria verstand, dass die Sprache der Liebe für manche – oder eher für die meisten von uns – ein bisschen absonderlich ist. Das Ganze grenzt manchmal ans Irrationale. Wie ich bereits erwähnt habe, hat Liebe immer etwas mit Handeln zu tun. Sie ist voller Energie und sehnt sich danach, aktiv zu werden.

Während meines Jurastudiums lebte ich in einem Strandhaus in San Diego. Eigentlich ähnelte es eher einer Hütte, aber nebenan gab es einen Waschsalon. Ich wohnte dort mit zwei anderen Typen zusammen und wir teilten uns die günstige Miete. Auf der anderen Straßenseite stand ein Haus, das oft von *Young-Life*-Leiterinnen angemietet wurde; also bemühte ich mich darum, dass Maria dort ein Zimmer bekam. Es stellte sich in den folgenden Monaten heraus, dass die drei Typen aus unserem Haus an den drei wunderschönen Frauen aus dem anderen Haus interessiert waren. Schließlich heirateten alle Männer aus unserem Haus je eine Frau aus dem Haus gegenüber – einer nach dem anderen. Das ist kein Witz.

Während ich versuchte, Marias Aufmerksamkeit zu gewinnen, lernte ich gleichzeitig für meine Abschlussprüfung. Wenn sie vorbeikam, um Hallo zu sagen, lag ich meist zusammengerollt auf dem Bett und war in ein Buch vertieft. Gegen Ende des Jurastudiums sagte uns der Professor, wir sollten uns einmal im Raum umsehen – jeder Dritte würde die Prüfung nicht bestehen. Egal, von welchem Ende der Bank ich anfing zu zählen, ich war immer der Dritte in der Reihe! Ich bin eigentlich nicht abergläubisch, aber die Sitzordnung schien mir doch mehr als eindeutig. Was half es da, dass ich drei Jahre lang gelernt hatte?

Ich hatte beschlossen, Maria nur dann einen Heiratsantrag zu machen, wenn ich die Prüfung bestand, und das erhöhte den Druck nur noch mehr. Ich bin nicht sicher, warum ich mir selbst diese Bedingung stellte. Wahrscheinlich wollte ich einfach nicht, dass Maria an einen Typen geriet, der sein Leben damit fristete, in einem Parkplatzkiosk zu hocken, Schlüssel nachzumachen und „aller guten Dinge sind drei" zu murmeln. Was alles nur noch schlimmer machte, war, dass mein Mitbewohner Kevin der beste Student an der Fakultät und wahrscheinlich so ziemlich der schlauste Kerl auf der Welt war. Seine Freundin konnte es kaum erwarten, dass er ihr einen Antrag machen würde. Niemand machte sich Gedanken darüber, wie Kevin bei der Prüfung abschneiden würde. Ich hingegen überflog für den Ernstfall schon mal die Stellenangebote.

Irgendwie schaffte ich es gerade so, das kalifornische Juraexamen im ersten Anlauf zu bestehen. Endlich war die Zeit gekommen, um der bezaubernden Maria einen Heiratsantrag zu machen. Ich lieh mir von jemandem eine brandneue Jacht im Wert von einer halben Million Dollar, denn ich wollte mit ihr an einen abgeschiedenen Ort segeln, wo Maria und ich dann in meinem kleinen, heruntergekommenen Segelboot zusammen Bücher lesen würden. Die Bücher, die sie für uns gekauft hatte und in denen es um Freundschaft ging. Inzwischen spürte ich, dass Maria entweder unglaublich viel Mitleid mit mir hatte oder aber tagsächlich anfing, mich zu mögen. Sie wusste wahrscheinlich intuitiv, dass ich, selbst wenn sie jemand anderen heiraten würde, in ihren Keller ziehen würde, um in ihrer Nähe zu sein. Mich auch zu mögen schien ihr da wahrscheinlich die weniger komplizierte Variante. Und auch die weniger gruselige.

Ich schmückte die Jacht mit farbigem Krepppapier, das einem Regenbogen Konkurrenz gemacht hätte. Und dann begann es zu regnen. Der Regenschauer war gewaltig und ließ meine Antragspläne ins Wasser fallen. Was zurückblieb, war eine brandneue Jacht, die so mit Farbe verschmiert war, dass sie eher an ein teures Batik-T-Shirt erinnerte. Anstatt Maria einen Antrag zu machen und von einem gemeinsamen Leben zu träumen, schrubbte ich den ganzen Tag die feucht-farbige Enttäuschung von einem geliehenen Boot.

Obwohl mein erster Plan nach hinten losgegangen war, war ich immer noch entschlossen, Maria zu heiraten. Und ich hatte eine Idee.

Neben dem „Hotel del Coronado“ stand ein Gebäude aus der Jahrhundertwende. Oben auf dem Dach befand sich ein kleiner, überdachter Ausguck. Eigentlich war es eher ein architektonischer Blickfang, aber ich konnte darin ein winziges Dachrestaurant von sechs Quadratmetern Größe sehen. Ich erzählte dem Eigentümer von der misslungenen Bootsaktion und schilderte ihm, dass mein sorgfältig ausgeklügelter Plan an den widrigen Umständen zu scheitern drohte. Der Mann sah, wie verzweifelt ich war, und ich tat mein Bestes, um deprimiert auszusehen, was nicht weiter schwer war. Er erlaubte mir, einen kleinen Tisch, zwei Stühle und ein paar Kerzenleuchter in dem winzigen Dachstübchen aufzustellen.

Später am Abend, als es draußen heftig stürmte, führte ich Maria in den kleinen Raum hinauf, den ich vorbereitet hatte. Als wir mit dem Essen fertig waren, kniete ich mich hin und fragte: „Maria, willst du …?“ Dann wurde ich von meinen Emotionen überwältigt und konnte nicht mehr weitersprechen. Und meine bezaubernde Maria tat das, was sie seither oft getan hat und was zu den vielen Dingen zählt, die ich so sehr an ihr schätze: Sie half mir zu beenden, was ich angefangen hatte, und sagte: „Ja, ich will.“

Ich sage Maria immer noch oft, dass ich viel mehr Erfahrung darin habe, sie zu lieben, als sie mich – unter anderem deshalb, weil ich es einfach schon ein paar Jahre länger tue. Dann zieht sie mich wegen meiner lächerlichen Valentinstagskarte auf und fragt mich, was ich mir bloß dabei gedacht hatte, jeden Morgen ein Sandwich unter ihren Scheibenwischer zu klemmen.

Ich liebe meine Frau sehr und das wird auch immer so bleiben. Seit fünfundzwanzig Jahren ist sie meine Muse. Unsere Liebe ist das Feuer, das unsere Familie wärmt.

Ich wollte Ihnen diese Geschichte erzählen, weil ich durch sie etwas über Jesus gelernt habe und darüber, was es bedeutet, ihm nachzufolgen. Gott hat es so eingerichtet, dass ich Maria zuerst liebte und sie erst davon überzeugen musste, mich ebenfalls zu lieben. Durch dieses lebendige Beispiel habe ich begriffen, was im Universum vor sich geht.

Durch unsere Liebe kann ich ein bisschen besser verstehen, wie Gott auf kreative und ausgefallene Weise um mich geworben hat. Obwohl ich ihm anfangs keine Aufmerksamkeit geschenkt habe, hat er nicht aufgegeben. Genau das tut Liebe – sie wirbt blind, unerschrocken und unaufhörlich. Wenn man hinter etwas her ist, das man liebt, dann tut man alles, um es zu bekommen – auch wenn es einen alles kostet.

Den Sommer verbringen Maria und ich in einem wunderschönen Teil von British Columbia. Wir haben dort ein Haus am Wasser gebaut, sodass Menschen, die erschöpft sind oder über etwas nachdenken müssen, dort hinfahren und zur Ruhe kommen können. Das Haus liegt am Ende eines Meeresarms, bei dem es sich vielleicht um den schönsten Ort der Welt handelt. Am liebsten fahre ich von dort aus in einem Boot zu den Chatterbox Falls. Um dorthin zu gelangen, muss man durch einen Fjord mit Felsklippen auf beiden Seiten, die Hunderte von Metern in die Höhe ragen und schließlich in riesige weiße Gletscher übergehen. Es gibt dort auch einen wunderschönen Berg, den One Eye. Wenn man über das Wasser Richtung Chatterbox braust, sieht man ihn zu seiner Linken.

Manchmal fahren wir einfach an ihm vorbei und beachten ihn nicht weiter, aber ab und zu überwältigt mich der gewaltige Anblick. Dann halte ich das Boot an und bestaune den Berg. Für mich ist er ein Beweis dafür, dass Gott uns liebt, um uns wirbt und sich große Mühe gibt, unsere Aufmerksamkeit zu erlangen. Gott hat mich absichtlich so geschaffen, dass ich für Schönheit empfänglich bin, und nun umwirbt er mich mit der Schönheit des Fjordes und des Berges.

Ich habe schon Berge gesehen, die aussehen wie ein Pferdekopf oder wie ein Adler, der seine Flügel im Flug ausbreitet. Aber wenn ich wieder einmal anhalte und darüber staune, wie sehr Gott uns liebt und um uns wirbt, und wenn ich dabei die Augen ein bisschen zusammenkneife, dann sieht der One Eye fast so aus wie ein Typ, der versucht, eine riesige Valentinstagskarte aus einem Fahrstuhl zu schaffen.

Kapitel 8

DIE HOCH-ZEITSTORTE

Früher dachte ich,
es würde genügen,
einfach nur zu
glauben.
Heute weiß ich,
dass Jesus uns zu
Teilhabern machen
will – ganz egal,
in welchem Zustand
wir sind.

Bei unserer Hochzeit hatten wir überhaupt kein Geld. Ich hatte gerade mein Jurastudium abgeschlossen und arbeitete ehrenamtlich als Leiter der Organisation *Young Life* an einer Highschool vor Ort. Nachdem ich meinen verrosteten Käfer verkauft hatte, besaßen wir gerade so viel Geld, dass wir pro Hochzeitsgast etwa drei Dollar ausgeben konnten, vielleicht sogar weniger. Wir kauften nicht viele Blumen, sondern stattdessen jede Menge Ballons, und wir fanden einen Caterer, dem wir so leidtaten, dass er uns für wenig Geld ein bescheidenes Hochzeitsessen zusammenstellte. Das große Problem war jedoch die Hochzeitstorte. Maria hatte ein paar Erkundigungen eingezogen, und eine Torte würde mehr kosten als der Betrag, der uns für die gesamte Hochzeit zur Verfügung stand. Dann fiel mir ein, dass es bei *Young Life* einen Schüler gab, dessen Vater eine Bäckerei besaß. Ich fragte ihn, wie groß eine Torte sein würde, die wir für etwa 150 Dollar bekommen könnten. Er meinte, dafür könnte er uns eine etwa vierstöckige Hochzeitstorte backen. Das war ein gutes Angebot.

Die Hochzeit verlief so, wie Hochzeiten eben verlaufen. Ich sagte: „Ja!", und sie sagte: „Ja!", und wir schritten gemeinsam durchs Kirchenschiff. Der Feier fand in einem sehr eleganten Clubhaus an einem See in Fairbanks Ranch statt. An diesem Ort können meiner Ansicht nach nur Leute leben, die unglaublich wohlhabend und erfolgreich sind. Ich war ein junger Anwalt und mein Chef hatte in dieser Gegend ein Haus gekauft. Durch den Kauf hatte er auch das Recht erworben, zweimal im Jahr das Clubhaus am See zu nutzen – kostenlos. Das passte gerade noch in unser Budget. Mein Chef war ein großzügiger Mensch und überließ uns das Lokal, und wir fanden uns mit unseren Plastiktüten voller Luftballons, unserem Caterer und unserem Nudelsalat dort ein. Weil wir nicht viel Geld fürs Essen ausgeben konnten, hatten wir unseren Caterer gebeten, eine Menge Dekorationsmaterial zu verwenden, das zwar nicht essbar war, dem Ganzen jedoch eine überaus festliche Wirkung verlieh. Enorme künstliche Brotlaibe und riesige falsche Käseräder waren ein Stück außer Reichweite aufgebaut und erhoben sich wie Berge über unseren Nudelsalat.

Als wir im Clubhaus ankamen, sah ich, dass mein Freund aus der Highschool die Hochzeitstorte schon gebracht hatte. Was meine Aufmerksamkeit erregte, war, dass er die vierstöckige Torte mitten auf dem Parkplatz auf einem Teewagen zusammenbaute. *Macht man das so?,* fragte ich mich. Er hatte alle Pfeiler aufgebaut und war gerade dabei, den dritten Stock unseres weißen Wolkenkratzers daraufzusetzen, als wir einparkten. Es sah sehr beeindruckend aus, wie er auf dem Parkplatz diese architektonische Meisterleistung vollbrachte. Man hätte denken können, dass er auf einer Baustelle im Stadtzentrum tätig sei – nur ohne Kran, Gerüst und Absperrbänder.

Während ich meine frisch angetraute Braut zur Eingangshalle des Clubhauses führte, platzierte er sorgfältig die kleinen Figuren von Braut und Bräutigam auf dem obersten Stockwerk seines Meisterwerkes. Das glückliche Plastikpaar thronte über dem Parkplatz und wachte souverän über dem mehrstöckigen Gebäude zu seinen Füßen. Sie würden während der Feier sicherlich nicht verspeist werden und strahlten die Selbstsicherheit aus, die mit diesem Wissen einherging. Während mein junger Freund begann, die hoch aufgetürmte Torte auf dem Teewagen zum Clubhaus zu fahren, brachte dessen wackliges linkes Hinterrad mich spontan auf den Gedanken, dass das keine gute Idee war. Und dann sah ich – langsam wie in Zeitlupe –, wie der Teewagen an einen kleinen Gesteinsbrocken stieß und abrupt stehen blieb, während die oberen Stockwerke der Torte dem Gesetz der Trägheit folgten und sich weiter vorwärtsbewegten. In schneller Folge rutschten die Stockwerke der Torte von ihren Pfeilern und steuerten auf den Parkplatzboden zu. Augenblicke später lag der größte Teil unserer Hochzeitstorte als trauriger Haufen auf dem Asphalt. Wie gelähmt blieben wir stehen und sahen in stummem Entsetzen, wie Plastikbraut und -bräutigam oben auf der zusammengerutschten Teigmasse liegen blieben und aussahen wie die traurigen Verlierer einer gewaltigen Tortenschlacht.

Angesichts der Tatsache, dass die Gäste jeden Moment kommen konnten, zog ich meinen vor Schreck erstarrten jungen Bäcker zwischen zwei geparkte Autos, und wir heckten einen Notfallplan aus. Er kratzte die Torte zusammen und sprang zurück in seinen alten Subaru. Eine halbe Stunde später war er mit einem Eimer Tortenbruchstücke und einem noch größeren Eimer frischem Zuckerguss zurück. Im Hinterzimmer fügte er die Bruchstücke wieder zusammen, schichtete sie neu auf und – ja, ich gebe es etwas beschämt zu –, wir servierten sie unseren Gästen. Mit Kies, Asphaltstückchen und allem, was dazugehörte.

Auch mein Leben ist voller kleiner Steinchen, Asphaltstückchen, zerbrochenen und nicht geflickten Beziehungen und ärgerlichem Abfall. Aber irgendwie lässt Gott zu, dass wir unseren Mitmenschen trotzdem zugemutet werden. Jesus sprach mit gesellschaftlichem Abschaum, Huren, Anwälten wie mir und religiösen Leuten, und er benutzte sie nicht nur als Statisten und Schaufensterdekorationen, er mutete sie ihrer Umwelt tatsächlich zu und gebrauchte sie mit all ihren Fehlern und Schwächen. Er hat versprochen, dass er das tut, obwohl all der Schotter an uns haftet, den wir im Laufe unseres Lebens auf ein paar Parkplätzen ansammeln.

Das Einzige, was Jesus nicht gebrauchen kann, sind Menschen, die voller Selbstgerechtigkeit sind oder an die Lüge glauben, dass sie noch dieselben sind, die sie waren, bevor sie ihn kennengelernt haben.

Er hat gesagt, die einzige Voraussetzung dafür, dass er uns gebrauchen kann, ist: Wir müssen die Bruchstücke unseres Lebens, die zu Boden gefallen sind, einsammeln. Er hat nicht gesagt, dass er all unsere Fehler und unser Versagen schönreden und überkleistern wird; er hat gesagt, dass er uns trotz unserer Fehler und unseres Versagens gebrauchen will. Unsere Aufgabe besteht nur darin, die Entscheidung zu treffen, uns vom Parkplatz zur Party zu begeben. Und er hat gesagt, dass uns das nicht gelingen wird, wenn wir nur an die richtigen Dinge *glauben;* wir müssen uns von ihm helfen lassen, die richtigen Dinge auch zu *tun.*

An einem gewissen Punkt meines Lebens hörte ich auf, den Haufen zermatschter Torte auf dem Asphalt anzustarren, der mein Leben war, und beschloss, Nägel mit Köpfen zu machen. Mein

Leben war nicht aufgrund irgendeiner besonderen Katastrophe in viele Teile zerbrochen, lag aber dennoch in Scherben, als wäre eben dies geschehen. Ich traf einfach die Entscheidung, nicht zuzulassen, dass die Felsbrocken und Kiesstückchen meines Lebens mich daran hinderten, mich einzubringen und mich gebrauchen zu lassen. Und ich habe schon immer den Eindruck gehabt, dass zerbrochene Dinge, ebenso wie zerbrochene Menschen, öfter gebraucht werden als andere. Das liegt wahrscheinlich daran, dass Gott mehr Teile hat, mit denen er arbeiten kann.

Jesus hat auch viel über Gesetzeslehrer gesprochen. Allerdings war nichts von dem, was er über diese gesagt hat, besonders schmeichelhaft. Oft nannte er diese „Rechtsanwälte" in einem Atemzug mit Heuchlern und Lügnern. Jesus hat gesagt, sie würden die Menschen daran hindern, Gott wirklich kennenzulernen, was eine schlimme Sache ist. Er sagte dasselbe auch über religiöse Menschen, oft sogar im selben Satz. Aber er sprach auch über alle anderen Menschen, und was er zu ihnen sagte, war, dass er uns alle gebrauchen kann – auch dann, ja oft sogar *gerade dann*, wenn wir zerbrochen sind.

Ich habe im Laufe meines Lebens immer wieder versucht, Dinge zu schaffen und aufzubauen. Ich nahm ein paar großartige Ideen (oder was ich dafür hielt), stapelte sie sorgfältig auf irgendwelche Pfeiler, stellte sie auf meinen Teewagen und schob sie an. Dabei blieb ich an einer Reihe von Felsstückchen hängen, die dafür gesorgt haben, dass ein Teil meiner Träume auf den Asphalt gerutscht ist. Dennoch lädt Jesus immer wieder zerbrochene, mit Dreck bespritzte Menschen ein, nicht nur seine Nachfolger, sondern Teil seines Leibes zu sein. Er nannte Menschen wie mich, die noch nicht einmal wissen, an welcher Seite sie eine Plastiktüte aufmachen müssen, seine Hände. Er nannte Menschen, die jeden Tag stolpern und hinfallen, seine Füße. Und Menschen, die nicht wissen, in welche Richtung sie eine Schraube festziehen müssen oder wie man eine Torte richtig zusammensetzt, berief er dazu, sein Reich zu bauen. Und dann, wenn wir bereit sind, gebraucht er uns – mit Felsbrocken, Asphaltstückchen und allem, was noch dazugehört.

Kapitel 9

SAG EINFACH JA!

Früher dachte ich,
Gott würde nur ganz
besondere Menschen
gebrauchen.
Heute weiß ich, dass
es genügt, einfach Ja
zu ihm zu sagen.

Ich liebe es, meinen Freunden Streiche zu spielen. Mein Freund Doug beging den großen Fehler, mir zu erzählen, wo er seinen zehnten Hochzeitstag feiern würde. Er hatte das Penthouse eines Luxushotels reserviert und wollte seine Frau mit einer Übernachtung dort überraschen. Das war für mich eine unwiderstehliche Gelegenheit, ihm einen Streich zu spielen.

Ein paar Tage später fuhren meine Frau Maria und ich zu dem Hotel und taten so, als wären wir Doug und seine Frau. Ich ging zur Rezeption und sagte der Empfangsdame selbstbewusst, ich sei Doug und wolle wissen, ob das Zimmer schon bereit sei. Die Suite war im Voraus bezahlt worden, daher bekamen wir anstandslos den Schlüssel und wurden nach eventuellen Wünschen gefragt. Ich sagte, ich hätte eine Reihe von Wünschen und würde vom Zimmer aus anrufen. Und ich hatte wirklich eine ganze Liste vorbereitet. Maria und ich gingen beschwingt zum Fahrstuhl, der gleich darauf mit uns in die Höhe schnellte. Wir hielten auf der obersten Etage, wo wir eine riesige zweiflügelige Tür vorfanden. Nachdem wir gleichzeitig beide Türklinken heruntergedrückt hatten, erblickten wir ein prächtiges Zimmer, das aussah, als wäre es von einem professionellen Raumausstatter gestaltet worden. An der hinteren Wand befand sich eine Reihe von Fenstern, die einen herrlichen Panoramablick auf die Stadt und die Bucht bot. Die Aussicht war atemberaubend und das Zimmer riesig. Es hatte zweifellos seine eigene Postleitzahl.

Ich nahm den Telefonhörer ab und wurde direkt mit der Rezeption verbunden. Beim Zimmerservice bestellten wir als Vorspeise Hummer, als Hauptspeise leicht sautiertes Gemüse auf Reis und Lachs. Und zum Nachtisch gab es … ehrlich gesagt, weiß ich gar nicht so genau, was es war. Auf jeden Fall wurde es mit dem Flambierbrenner auf dem Beistelltisch angezündet. Das war so cool, dass wir Nachschlag bestellten. Wir stellten schöne Musik an und tanzten. Wir lachten. Wir ließen uns Eis aufs Zimmer bringen – nur so zum Spaß. Als wir uns zur Genüge an der Aussicht erfreut hatten und die letzten Teller abgeräumt worden waren, notierten wir, dass die Bedienung ein dickes Trinkgeld bekommen würde, räumten das Zimmer auf und machten uns davon.

Als Doug und seine Frau ein paar Stunden später im Hotel eincheckten, wurden sie von einem leicht verwirrten, aber zuvorkommenden Hotelpagen zu ihrem prächtigen Zimmer geführt. *Hatten sie denn nicht schon mal eingecheckt?* Ich hörte später, dass beide eine wundervolle Zeit hatten. Als Doug am nächsten Morgen auschecken wollte, schob ihm der Concierge die Rechnung über den Tresen. Doug fielen fast die Augen aus dem Kopf, als er die 400-Dollar-Rechnung für den Zimmerservice sah.

Ich stellte mir an diesem Morgen zu Hause immer wieder lebhaft vor, wie er vergeblich protestiert haben muss: „Hey, warten Sie mal! Ich habe überhaupt keinen Zimmerservice bestellt! Ich habe keinen Nachschlag bestellt! Dazu auch noch Eis? Und ich würde nie so ein hohes Trinkgeld geben!"

Dann fiel sicherlich der Groschen, und als ihm klar wurde, dass ich ihn reingelegt hatte, stöhnte er leise: „Bob!"

Seit Jahren versucht Doug nun schon, es mir heimzuzahlen. Aber das schafft er einfach nicht, denn ich bin schließlich Anwalt, und man kann nicht ohne eine gewisse Portion Gewieftheit ein Jurastudium absolvieren.

Nun, wie dem auch sei – jedenfalls erhielt ich ein paar Jahre später einen Anruf von jemandem, der mit einem starken Akzent sprach und sich mir als der Botschafter von Uganda vorstellte. Sofort dachte ich: *Ja, klar, und Sie haben meine Telefonnummer*. Ich wusste, dass Doug dahinterstecken musste oder zumindest jemand, den er engagiert hatte. Ich hörte dem Anrufer also aufmerksam zu und spielte mit.

„Also, Bob, es geht um Folgendes: Mir ist bewusst, was Sie während der vergangenen Jahre in Uganda für das Rechtswesen und für die Kinder in den Gefängnissen getan haben. Ich freue mich sehr darüber und möchte mich im Namen des Präsidenten bei Ihnen bedanken. Genau genommen bin ich so erfreut, dass ich Ihnen gern einen Vorschlag unterbreiten würde." Ich konnte kaum erwarten zu hören, was Doug sich da ausgedacht hatte.

„Wären Sie bereit, die Republik Uganda zu vertreten?“

Uganda vertreten?, wunderte ich mich. *Uganda braucht einen Rechtsanwalt? Wozu denn? Schuldet ihnen jemand Geld? Und warum sollten sie wollen, dass ausgerechnet ich ihr Anwalt werde?*

Dann ging mir ein Licht auf. Das alles war nur Dougs jämmerlicher Versuch, mir die Hotelgeschichte heimzuzahlen. Ich deckte die Sprechmuschel mit der Hand ab und flüsterte Maria zu: „Das ist Doug. Er spielt mir einen Streich. Ich erzähle dir gleich alles, aber jetzt wirst du mich erst mal sehr oft Ja sagen hören, okay?“

Ein Ja nach dem anderen ging mir über die Lippen, und schließlich erzählte mir Dougs Handlanger, dass er nach Uganda reisen und sich nach seiner Rückkehr in etwa zwei Monaten bei mir melden würde.

„Ja, natürlich“, antwortete ich. „Ich wünsche Ihnen eine gute Reise. Danke für das nette Gespräch und grüßen Sie alle von mir.“

In den nächsten zwei Monaten hatte ich sehr viel um die Ohren und die Zeit verging wie im Flug. Ich dachte nicht weiter über die Geschichte nach und ging davon aus, dass die Sache erledigt war. Aber dann klingelte das Telefon.

Der Anrufer stellte sich wieder als der ugandische Botschafter vor. Mit seinem starken Akzent, der haargenau so klang wie beim ersten Gespräch, sagte er: „Bob, ich habe nicht viel Zeit. Ich wollte Ihnen nur mitteilen, dass ich mich am Samstag in New York mit Ihnen treffen möchte.“ Mir fiel ein, dass ich beschlossen hatte, zu allem Ja zu sagen, wie ausgefallen sein Anliegen auch sein mochte.

„New York? Aber klar doch.“ Ein bisschen übermütig setzte ich hinzu: „Ich hatte gehofft, wir würden uns dort treffen. Bis dann!“ Die Person mit dem Akzent nannte mir die Adresse eines der gehobeneren Hotels in Manhattan.

Ich hatte mich auf ein Abenteuer eingelassen, so viel war sicher. Aber alles stehen und liegen zu lassen und einen Flieger nach New York zu nehmen, nur um meinem Freund das Gefühl zu geben, dass wir quitt waren – das war nun doch ein bisschen viel, sogar für mich. Aber wer A sagt, muss auch B sagen, also machte ich mich auf.

Als ich ein paar Tage später in New York aus dem Flugzeug stieg und mich auf den Weg zum Hotel machte, dachte ich mir: *Ich habe Doug zwar mit dem 400-Dollar-Hummer-Essen reingelegt, aber jetzt zahlt er es mir heim, und wie. Also wirklich. Jetzt bin ich tatsächlich den weiten Weg nach New York geflogen, um angeblich Anwalt von Uganda zu werden.* Ich schüttelte den Kopf und lachte in mich hinein, während mich der Taxifahrer in die Innenstadt fuhr. Als ich aus dem Taxi stieg und zum Hotel ging, war ich sicher, ich würde in der Eingangshalle eine Nachricht von Doug vorfinden: „Du hast einen weiten Weg hinter dir. Bestell dir ruhig einen Hummer – der geht auf mich!" Ich lief ein wenig unschlüssig im Empfangsbereich hin und her. Plötzlich sah ich, wie eine Auto-Eskorte mit kleinen ugandischen Flaggen über den Scheinwerfern vor dem Hotel hielt. Einige Mitglieder der ugandischen Regierung stiegen aus und kamen mit großen Schritten in die Eingangshalle. Da mir nicht einmal der Gedanke gekommen war, dass das alles Wirklichkeit sein könnte, war ich richtig schockiert. Ich war mir nicht einmal sicher, ob ich mich vorstellen oder doch lieber unbemerkt zurück zum Flughafen verdrücken sollte.

Botschafter Kamuninwire kam schwungvoll auf mich zu. „Ich bin Botschafter Kamuninwire."

„Aber natürlich!", antwortete ich und umarmte ihn. Der Botschafter war ein fröhlicher, geistreicher und freundlicher Mann, der Ende fünfzig sein musste. Wie die meisten Ugander hatte er einen starken, aber wunderbar britischen Akzent. Er gehört nicht zu den Menschen, die gehen. Er galoppiert. Er ist selbstsicher wie ein Highschool-Quarterback und lächelt wie ein Pastor. Er gehört zu den Leuten, die einem das Gefühl geben, dass man sie schon ewig kennt.

Der Botschafter versammelte die ugandischen Würdenträger um sich, legte mir einen Arm um die Schulter und stellte mich vor: „Das ist der neue Konsul der Republik Uganda."

„Konsul?" Ich musste laut lachen. „Sie wollten doch, dass ich Uganda *vertrete*, Sie wissen schon, gerichtlich vertrete, als Rechtsanwalt eben, erinnern Sie sich nicht?“ Der Botschafter ließ sich nicht aus der Ruhe bringen.

Er lachte ein weiteres Mal vergnügt. „Aber nein, Bob, ich habe doch nicht *gerichtlich vertreten* gemeint, sondern *diplomatisch vertreten*. Wir möchten, dass Sie Diplomat werden, der Uganda in den Vereinigten Staaten vertritt.“ Und er fuhr fort: „Ich habe schon alle notwendigen Formalitäten erledigt. Ich brauche nur ein paar Passbilder von Ihnen, die ich zur Genehmigung an das ugandische Parlament schicke.“

Ich reagierte so, wie ich es meiner Frau angekündigt hatte, und sagte wieder einmal Ja.

Vier Monate vergingen, ohne dass ich irgendeine Nachricht bekam. Aber dann erfuhr ich, dass das Parlament der Republik Uganda dem Antrag zugestimmt hatte. Kurz darauf erhielt ich einen Anruf von jemandem mit einer ernsten Stimme. Es war die Art Stimme, die zu Leuten passt, die nicht mit sich spaßen lassen und dunkelblaue Anzüge tragen. Der Anrufer war vom Außenministerium und berichtete, dass das FBI anhand meiner Akte meine Zuverlässigkeit überprüft hatte. „Ich habe eine eigene Akte? Wie cool ist das denn?!“ Offenbar waren alle meine Missetaten übersehen worden, denn das Außenministerium bewilligte meine Ernennung zum Konsul der Republik Uganda in den Vereinigten Staaten. Den diplomatischen Status sollte ich nach wenigen Wochen verliehen bekommen und gemeinsam mit meiner Familie traf ich Vorbereitungen für die feierliche Zeremonie.

Zu dieser Zeit erzählte mir jemand, welche Vorteile es hat, Diplomat zu sein. Erstens würde ich richtig coole Nummernschilder bekommen. Damit konnte man buchstäblich überall parken: auf dem Bürgersteig, auf dem Rasen, auf der zweiten Base in *Fenway Park*, in Ihrer Garage, egal, wo. Zweitens würde ich einen Satz ugandischer Flaggen für mein Auto erhalten. Ich stellte mir meinen Wagen mit Nummernschildern des Diplomatischen Corps und ugandischen Flaggen vor. Nicht schlecht! Drittens, und das war mit Abstand das Coolste, bekam man einen Ausweis vom Außenministerium, der einem diplomatische Immunität garantierte. Ich war mir nicht sicher, was „diplomatische Immunität" bedeutete, also hörte ich mich um, ob ich jetzt jemanden umbringen durfte. Natürlich niemand Wichtigen, sondern jemand Normalen – jemanden wie Doug. Ich bekam bis heute keine Antwort auf meinen Anruf, also lebe ich einfach mal in der Annahme, dass ich es darf.

Ich glaube, Gott gebraucht manchmal gerade die völlig unerklärlichen Dinge in unserem Leben, um uns auf sich aufmerksam zu machen. Wir können entscheiden, ob wir uns auf die Sache einlassen und Ja sagen oder ob wir einen Rückzieher machen. Die Leute, die Jesus in Galiläa nachfolgten, mussten diese Entscheidung jeden Tag treffen, denn es gab keinen Fahrplan, kein Programm und keine Sicherheiten. Das Einzige, was sie hatten, war dieser Mensch, eine Idee und eine Einladung, mitzukommen und sich das Ganze anzuschauen.

Mir gefällt die Bibelstelle, in der beschrieben wird, wie Gott Mose zum Anführer bestimmt. Mose wehrt sich mit Händen und Füßen und sagt, dass niemand ihm folgen wird. Gott zeigt ihm drei Wunder, die er vollbringen kann, um das Vertrauen seiner Zuhörer zu gewinnen, aber Mose protestiert wieder. Er meint, er sei kein guter Redner, und bittet Gott, jemand anderen auszuwählen. Nun wird Gott ein bisschen sauer und beauftragt Mose, Aaron mitzunehmen. Das passierte bestimmt nicht, weil Mose Aaron wirklich brauchte, sondern weil Mose fälschlicherweise dachte, er müsste jemand Besonderes sein, damit Gott durch ihn handeln könnte.

Ich kann das nachvollziehen. Erst bin ich der Typ, der sich als Freund ausgibt und seinem Kumpel dann eine hohe Rechnung für den Zimmerservice einbrockt. Dann bin ich der Typ, der denkt, dass er verschaukelt wird. Dann bin ich der Typ, der meint, er solle Uganda vor Gericht vertreten, als es in Wirklichkeit darum geht, Konsul zu werden. Dann bin ich der Typ, der ugandische Flaggen an seinem Auto anbringt. *Bin ich der Richtige?* Ich weiß es nicht, aber ich bin der Typ, der gefragt wird, und ich will mir auf keinen Fall irgendeine Gelegenheit entgehen lassen oder Gott gegen mich aufbringen. Deshalb sage ich einfach Ja. Vielleicht tut Gott ja gerade irgendwelche unerklärlichen Dinge in Ihrem Leben. Wir alle können uns jedes Mal entscheiden, ob wir mitmachen oder die Flucht ergreifen – ob wir Ja sagen, die Sache ignorieren oder Gott erklären, dass er die falsche Person erwischt hat.

In der Bibel gibt es eine wunderschöne Geschichte über einen Mann namens Josef, die mein Freund Don immer wieder erzählt. Die Geschichte von Josef hat mehr Wendungen als eine Gebirgsstraße in Colorado. Josef erlebt eine emotionale Achterbahnfahrt, aber zum Schluss ist er der zweitmächtigste Mann von Ägypten. Am Ende der Geschichte sagt Josef zweimal, dass Gott ihn in diese Position gebracht hat, damit er viele Leben retten kann. Und wenn man darüber nachdenkt, hat Gott auch Mose ausgewählt, um viele Leben zu retten. Dasselbe gilt für Jona und Petrus, für alle Apostel und für Jesus selbst. Es gilt übrigens auch für uns. Wir alle sind dazu bestimmt, viele Leben zu retten, und offenbar gebraucht Gott dazu besonders oft gerade die Menschen, die am wenigsten dazu geeignet erscheinen.

Darum rate ich Ihnen: Wenn Gott Sie das nächste Mal zu etwas auffordert, das völlig abwegig ist, etwas, das eigentlich nur ein Scherz sein kann, weil es Ihre Fähigkeiten bei Weitem übersteigt, etwas, bei dem Sie vielleicht sogar ein paar Menschenleben retten könnten – dann sagen Sie Ja. Man weiß ja nie: Vielleicht springen ein paar coole Flaggen für Sie raus.

Kapitel 10

EINFACH NUR FREUNDE SEIN

Früher dachte ich,
nur wichtige Leute
könnten etwas
erreichen.
Heute weiß ich,
dass Jesus in den
meisten Fällen
ganz gewöhnliche
Menschen gebraucht.

Als unsere Kinder noch klein waren, besaßen wir kein Fernsehgerät mit Kabel- oder Antennenanschluss. Ich wollte, dass die Kinder es von mir erfuhren, wenn auf der Welt etwas Schlimmes passiert war. Ob es nun die Nachricht war, dass unser Präsident eine Affäre hatte oder dass ein Flugzeug in ein Gebäude geflogen war – ich wollte, dass die Kinder es von ihren Eltern hörten. Am Morgen des 11. September 2001 eilte ich nach Hause, bevor die Kinder sich auf den Schulweg machten, versammelte sie um den Esszimmertisch und erzählte ihnen, was passiert war. Uns ging es wie allen anderen: Es fiel uns unglaublich schwer, Worte zu finden, die unseren Kindern hätten begreiflich machen können, warum so etwas geschehen konnte. Wir sprachen über die Existenz des Bösen und des Guten und darüber, dass das Gute letztlich siegen würde. Es fiel mir jedoch schwer, wirklich von Herzen daran zu glauben, während ich diese Worte formulierte.

Nachdem ich eine Weile mit ihnen gesprochen hatte, stellte ich den Kindern folgende Frage: „Stellt euch einmal vor, ihr hättet fünf Minuten Zeit, um mit einer Gruppe von einflussreichen Politikern zu sprechen. Gibt es etwas, das ihr sie fragen möchtet, um auf diese Weise besser zu verstehen, warum sich solche Dinge ereignen?" Ich gebe zu, dass das eine bescheuerte, typische Papa-Frage war, aber ich gab jedem von ihnen ein Blatt Papier und einen Stift und bat sie darum, ihre Gedanken dazu aufzuschreiben.

Adam, der damals sieben war, fand es toll, wenn Leute zu Besuch kommen. Darum überraschte es mich nicht, als er meinte, er würde die Politiker fragen, ob sie Lust hätten, uns zu besuchen. Wenn man sieben ist, gibt es nichts Schöneres, als wenn jemand vorbeikommt und mit einem spielt, damit man ihn besser kennenlernen kann. Vielleicht dachte Adam, wenn wir die Politiker einluden, würde das dazu beitragen, dass sie sich besser verstanden und Freunde wurden. Ich sagte ihm, dass ich seine Idee toll fand, und er schrieb sie auf seinen Zettel.

Richard war der Nächste. Er sagte, er würde jeden dieser mächtigen Politiker fragen, welche Hoffnungen er für die Zukunft hätte. Denn wenn die Politiker wüssten, worauf jeder Einzelne von ihnen hoffte, konnten sie vielleicht damit beginnen, ihre Hoffnungen zu verbinden. Seiner Meinung nach bestand das Problem darin, dass niemand wusste, welche Hoffnungen und Wünsche die anderen im Stillen hatten. Auch Richards Idee klang super und er schrieb sie auf.

Lindsey kam als Letzte dran. Sie hatte aufmerksam zugehört, was ihre Brüder gesagt hatten. Sie war die Älteste und ein wenig frühreif; daher hatte sie ihren Gedanken bereits aufgeschrieben, und ich las ihn vor: Wenn die Politiker nicht zu uns nach Hause kommen konnten, wie wäre es dann, wenn sie und ihre Brüder zu ihnen fuhren und sie nach ihren Hoffnungen fragten? Oder noch besser: Alle drei Kinder sollten ein Video-Interview mit jedem der Politiker machen und den anderen dann diese Interviews vorspielen. So würde jeder dieser Politiker erfahren, welche Hoffnungen und Wünsche die anderen hatten, und konnte vielleicht feststellen, dass sich seine eigenen gar nicht so sehr davon unterschieden. Ich staunte über die fantastischen Ideen meiner Kinder. Sie kamen überhaupt nicht auf den Gedanken, dass ihre Fragen absurd oder naiv sein könnten. Oder dass sie berühmt oder mächtig sein müssten, um zu den Politikern vorgelassen zu werden. Vielleicht waren die Politiker ja gern dazu bereit, die unschuldigen Fragen von ein paar unschuldigen Kindern zu beantworten.

Ich bat die Kinder, ihre Gedanken in einem gemeinsamen Brief zusammenzufassen. Dann luden wir von der Website der CIA die Namen jedes Präsidenten, Premierministers und Diktators eines jedes Landes der Erde herunter. Wir fühlten uns, als hätten wir uns in die geheimen Seiten des Nordamerikanischen Luft- und Weltraum-Verteidigungskommandos gehackt; es war unglaublich cool. Nun hatten wir die kompletten Informationen – wir mussten nur noch die Adressen herausfinden. Die Kinder beschlossen, dass sie nicht nur an ein paar dieser führenden Politiker schreiben wollten. Sie wollten an *alle* schreiben. *Okay, warum geben wir ihnen nicht allen dieselbe Chance, diese tollen Kinder kennenzulernen?*, dachte ich.

Als Nächstes mieteten wir uns ein Postfach. Vor allem, weil wir nicht wollten, dass Ahmadinedschad erfuhr, wo wir lebten. Maria und ich trafen eine Vereinbarung mit den Kindern. Wir sagten ihnen, dass wir alle ihre Briefe versenden würden, und wenn wir auch nur ein einziges Ja von einem der führenden Politiker erhielten, würden wir mit ihnen hinfliegen!

Wir versendeten die Briefe. Viele Briefe. Hunderte und Aberhunderte. Wir warteten eine oder zwei Wochen, und dann sahen wir jeden Tag im Postfach der Kinder nach, ob Post gekommen war. Es dauerte nicht lange, bis die ersten Antworten eintrafen. Zuerst ging es langsam voran, wir erhielten vielleicht eine oder zwei am Tag. Aber dann begannen jeden Tag Dutzende aus aller Welt einzutreffen. Wir kauften uns einen kleinen Globus und steckten eine Stecknadel in jedes Land, dessen Staatsoberhaupt geantwortet hatte. Es dauerte nicht lange, bis unsere kleine Erde mit Hunderten von Stecknadeln übersät war und aussah, als unterzöge sie sich einer gründlichen Akupunktur.

Beinahe jeder Brief, den die Kinder bekamen, enthielt die Antwort: Vielen Dank – aber nein danke. Die Formulierungen waren jedoch so wortgewandt, dass die Kinder sich trotzdem riesig darüber freuten. (Die Sekretariate der juristischen Fakultäten könnten sich von diesen Leuten eine Scheibe abschneiden, was Ablehnungsbescheide betrifft.) Tony Blair zum Beispiel, der damalige Premierminister von England, schickte einen handschriftlich verfassten Brief, in dem stand, dass „dieses Treffen wirklich eine supercharmante Idee" wäre. Er lehnte ab, aber es war cool zu wissen, dass er es zumindest für einen netten Einfall hielt. Keinem von uns war wirklich klar, was er mit *super charmant* meinte, aber die Kinder vermuteten, dass es eine nette Art war, Nein zu sagen. Wenn ich sie von da an bat, ihre Hausaufgaben zu machen oder den Tisch abzuräumen, antworteten sie immer: „Supercharmante Idee!"

Es war ein Dienstag wie jeder andere. Nach der Schule fuhren die Kinder und ich wieder einmal am Postamt vorbei, um ihre Briefe abzuholen. Wie immer kamen sie mit einem Stapel Briefe aus der Tür gehüpft, der von einem riesigen Gummiband zusammengehalten wurde. Sie sprangen ins Auto und teilten die Briefe auf der Rückbank zwischen sich auf. Es gab ein paar weitere Absagen, aber auch einen Brief vom bulgarischen Parlament. Sie öffneten ihn und begannen zu lesen. Dann ertönte ein Aufschrei, und von der Rückbank hörte ich die Worte, die alles verändern sollten.

„Sie haben uns in den Regierungspalast eingeladen!", riefen die Kinder einstimmig.

„Na klar!", antwortete ich.

Einen oder zwei Tage später kam ein Brief vom Schweizer Bundespräsidenten, der sie nach Bern einlud. Dann ein Brief des israelischen Präsidenten, der sie nach Jerusalem einlud. Im Laufe der folgenden Wochen bekamen sie nicht nur eine positive Antwort – sie bekamen *neunundzwanzig*. Maria und ich wussten nicht, was wir tun sollten; so taten wir das Beste, was uns einfiel: Wir starteten ein familiäres Trainingsprogramm, um unsere Manieren auf Vordermann zu bringen. Eine der Zusagen kam von einem echten Prinzen, also brachten wir den Kindern bei, wie man sich verbeugt und einen Hofknicks macht.

Maria und ich hatten nun ein Versprechen einzuhalten. Also sagten wir in der Schule Bescheid, dass wir sie für einige Zeit herausnehmen wollten, um mit ihnen auf große Fahrt zu gehen. Ein paar Lehrer bekamen einen Anfall, als wir ihnen mitteilten, wie lange wir weg sein würden, und einer von ihnen sandte mir einen empörten Brief. Ich öffnete ihn, schrieb „Pech gehabt!" darauf, schickte ihn zurück, und wir reisten ab.

Nun ist das so: Wenn führende Politiker mit Erwachsenen wie mir sprechen, reden sie über langweilige Dinge wie die Verringerung der Arbeitslosenzahlen, die Steigerung des Bruttosozialproduktes, bessere Schulen und den Ausbau des Straßennetzes. Wissen Sie, die Art von Themen, die auf die Öffentlichkeit zugeschnitten sind. Aber sie sprachen nicht mit mir, sie sprachen mit unseren Kindern. Maria und ich waren nur das Team, das die Kameras bediente.

Häufig liefen diese Treffen so ab, dass die Kinder in einen offiziellen Empfangsraum geführt wurden und den jeweiligen Politiker dort trafen. Doch dann wurden den Politikern klar, dass sie es mit Kindern zu tun hatten, die einfach nur als Freunde kamen, und daraufhin luden sie uns in ihr privates Büro ein, wo sie sich ganz privat mit ihnen unterhielten. Die Kinder stellten ihnen Fragen über ihre Familien, erkundigten sich, warum sie in die Politik gegangen waren und welche Hoffnungen sie für die Zukunft hegten. Die Politiker erzählten ihnen dann von ihren Kindern und Enkelkindern und von dem, was sie selbst getan hatten, als sie im Alter unserer Kinder gewesen waren. Viele sagten, dass sie sich wünschten, dass Menschen aus unseren beiden Ländern Freundschaften miteinander schlössen.

In einem Land wurden die Kinder an einen Platz bestellt, der sich gegenüber der ehemaligen kommunistischen Parteizentrale befand. Dann wurden sie an Wachen vorbeigeführt, unter deren Mänteln Holster mit beeindruckend aussehenden Waffen hervorblitzten. Schließlich öffneten sich die Türen eines großen Empfangssaales mit Dutzenden von Stühlen, die um einen riesigen, mindestens fünfzehn Meter langen Tisch herumstanden. In dem Raum befand sich ein Dolmetscher, der die Kinder freundlich begrüßte, und kurz darauf vernahmen wir schwere Schritte im Gang, die die Ankunft des Staatsmannes ankündigten.

Ein kräftiger Mann mit ernster Miene trat durch die Tür und kam auf uns zu, wobei er den gesamten Tisch der Länge nach abschritt. Der Raum war wie elektrisiert vor ehrfürchtiger Stille. Der Staatsmann schaute die Kinder an und sagte auf Russisch: „Kinder, bei diesem Treffen mit euch bin ich nervöser als bei einem Termin mit Präsident Bush.“ Es entstand eine lange Pause, nachdem der Dolmetscher den Satz ins Englische übersetzt hatte.

„Und wenn ich nervös bin“, fuhr er fort, „dann werde ich hungrig!“

Bei diesen Worten veränderte sich sein Verhalten völlig. Er klatschte in die Hände, und sofort strömten Scharen von Bediensteten in den Raum, die zahllose Tabletts mit Essen hereintrugen, wie es normalerweise bei Filmabenden und Pyjamapartys serviert wird. Genau die Art von Essen, das Kinder lieben. Bald darauf war unser Ende des Tisches bedeckt mit Erdbeertörtchen, Kuchen, den man kaum sah, weil er komplett mit Zuckerguss und Kirschen überzogen war, unbekannten Köstlichkeiten, die in Schlagsahne erstickten, und Bergen von Eiskrem. Der Staatsmann lehnte sich zurück und beobachtete mit einem breiten Grinsen, wie die Kinder vor Begeisterung strahlten. „Greift zu!“, rief er und hob beide Arme, um sie zu diesem Festessen einzuladen, das einer Schar von Königskindern würdig gewesen wäre.

Die Kinder versuchten, sich an die Manieren zu erinnern, die wir gemeinsam eingeübt hatten, aber sie waren völlig überwältigt von der Fülle dessen, was vor ihnen aufgebaut war. Als sie fertig waren – und zu dem Zeitpunkt wirkten die Platten kaum leerer –, waren ihre Gesichter mit Zucker und Glück verschmiert. Aber sie rissen sich wieder zusammen, wischten sich die Gesichter mit Stoffservietten ab und konzentrierten sich auf die Aufgabe, die nun vor ihnen lag.

Aber bevor sie auch nur daran denken konnten, ihre Fragen zu stellen, lehnte der Politiker sich zu ihnen hinüber und blickte mit Verschwörermiene von einer Seite zur anderen, als sei er drauf und dran, ihnen ein Geheimnis zu verraten. Er flüsterte ihnen zu: „Wisst ihr, als ich in eurem Alter war, tat mein Vater immer so, als hätte er seine Mütze im Wald vergessen, und dann schickte er mich los, um sie zu holen. Erzählt das meinen Soldaten nicht, aber ich hatte Angst, dass die Bären über mich herfallen würden. Darum habe ich immer dieses Lied gepfiffen …“ Nun begann er, eine Melodie zu pfeifen, und forderte sie auf, mit einzustimmen. Dann sagte er mit seinem starken russischen Akzent freundschaftlich: „Ich verspreche euch jetzt etwas: Ich werde nie zulassen, dass die Bären über euch herfallen.“

Und nach dieser Vorbemerkung teilte er uns mit feierlicher Miene seine Gedanken darüber mit, dass ein Freund weiß, was man braucht, schon bevor man ihn darum bittet. Er beendete seine Ansprache mit den Worten, die für unsere Familie inzwischen zu einem geflügelten Wort geworden sind:

„Wisst ihr, was einen Menschen zu einem Freund macht? Ein Freund macht nicht nur schöne Worte – ein Freund *handelt*.“

Am Ende jedes Interviews dankten die Kinder dem jeweiligen Politiker dafür, dass er sich Zeit für sie genommen hatte, und überreichten ihm eine kleine rote Schachtel. Jeder Politiker packte sein Geschenk vorsichtig aus, öffnete den Deckel und hielt dann den Schlüssel zu unserer Haustür in der Hand. Die Kinder teilten jedem Einzelnen von ihnen mit, dass sie ihre Einladung, uns zu besuchen, wirklich ernst meinten, und luden ihr Gegenüber ihrerseits dazu ein, bei seinem Besuch *seinen* Hausschlüssel mitzubringen – denn nun waren sie ja Freunde.

Der Prinz war begeistert von seinem Schlüssel, versprach, dass er gern Gebrauch davon machen würde, und lud seine neuen jungen Freunde zu sich nach Hause zum Abendessen ein. So etwas passierte oft, denn auch wenn die offiziellen Treffen vorbei waren, war nun ein neuer, persönlicher Kontakt entstanden. Wenn die Leute merken, dass es einem um nichts anderes als um Freundschaft und gegenseitiges Verständnis geht, ändert das alles. Die Politiker begriffen, dass wir nicht gekommen waren, um ihnen Vorschläge darüber zu machen, was sie tun oder lassen sollten, oder über Probleme und unterschiedliche Wertvorstellungen zu sprechen.

Ich möchte in einer neuen Normalität leben, in der ich Menschen, die anders sind als ich, einfach die Hand reichen und mit ihnen befreundet sein kann. In der Grundschule hat man uns damals erzählt, dass wir mit jemandem, der weit von uns entfernt wohnt, eine Brieffreundschaft beginnen können. Das war wirklich toll, aber es ist ein großer Unterschied zwischen bloßen Brieffreunden und wirklichen Freunden. Um eine echte Freundschaft zu knüpfen, muss man die Leute dort aufsuchen, wo sie sind, und sie persönlich kennenlernen. Und Freunde denken nicht nur über etwas nach – sie *handeln.*

Als die Kinder von einer dieser Reisen zurückkehrten, lasen sie, dass Tun Mahathir, der damalige Premierminister von Malaysia und dienstälteste Regierungschef Asiens, Gastgeber der Islamischen Weltkonferenz gewesen war. Mahathir wurde von der internationalen Gemeinschaft scharf kritisiert, weil er in seiner Eröffnungsrede die Worte „Tod für Amerika und Tod für Israel“ ausgesprochen hatte. Unser Außenministerium verurteilte diese Aussagen, aber unsere Kinder hatten eine bessere Idee. Sie hatten gerade den israelischen Staatspräsidenten getroffen und wollten Tun Mahathir bei einem persönlichen Treffen erzählen, welche Hoffnungen dieser für sein Land, die Welt und die Zukunft hegte. Sie schrieben Mahathir einen Brief und in der folgenden Woche luden seine Leute sie telegrafisch für den darauffolgenden Mittwoch zu einem Treffen am Stadtrand von Kuala Lumpur ein. In Anbetracht der Tatsache, dass wir um die halbe Welt fliegen mussten, war das ein ziemlich kurzfristig anberaumter Termin, aber wir dachten: *Was soll's?,* verkauften unser Auto und machten uns auf den Weg. Denn so ist das mit der Liebe: Sie *handelt.*

Es tut sich etwas, wenn man aktiv wird, ist es nicht so? Es ändert alles. Und die Freundschaften, die unsere Kinder damals schlossen, bestehen immer noch fort und haben sich dramatisch weiterentwickelt. Warum? Weil es echte Freundschaften waren; es war kein Haken dabei, unsere Kinder hatten keine anderen Absichten als die, einfach nur Freunde zu sein. Es ging nicht um raffinierte Methoden oder heimliche Hintergedanken – nur um die jeweiligen Gesprächspartner und uns selbst, um unsere Freundschaft. Natürlich war die Idee mit den Interviews ein bisschen verrückt – und gleichzeitig so clever, dass sie die eigentliche Weisheit ihres Alters überstieg.

Sie werden nie darauf kommen, was einige Monate später geschah. Lindsey öffnete ihr E-Mail-Postfach und fand darin eine kurze Nachricht von einem der Staatsmänner, die wir besucht hatten. Es stand nicht viel darin, nur Folgendes: „Liebe Lindsey, wir vermissen dich und deine Brüder. Dürfen wir unseren Schlüssel benutzen und euch besuchen kommen?“

Und das taten sie auch.

Kapitel 11

ES SIND NOCH PLÄTZE FREI

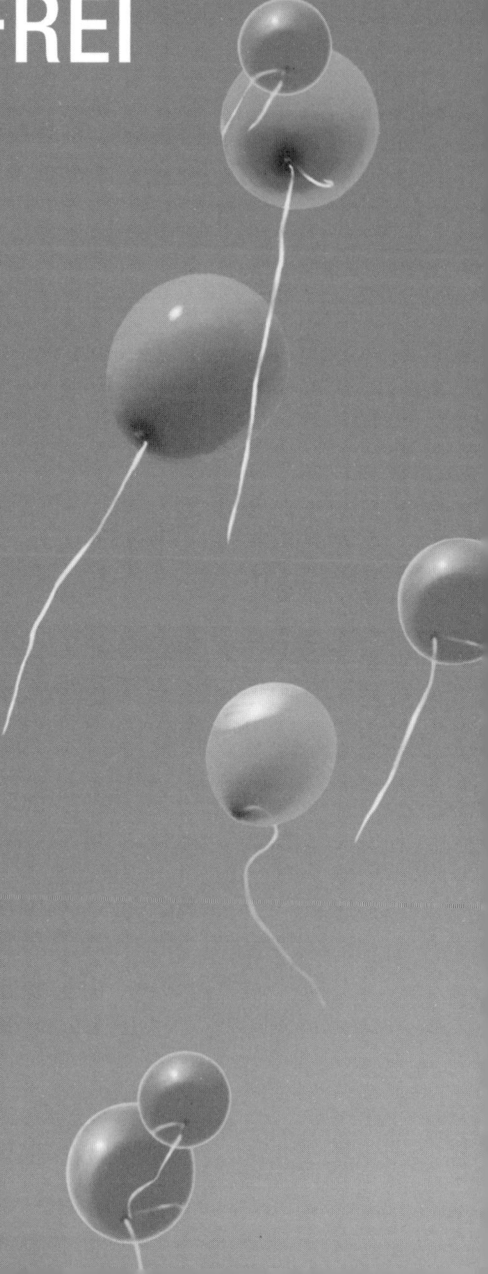

Früher dachte ich,
für die meisten Orte
bräuchte ich eine
besondere Einladung.
Heute weiß ich,
dass ich bereits
eingeladen bin.

Mein Freund Brandon und ich waren in Washington, D. C., um dort gemeinsam ein paar Dinge zu erledigen. Eines Abends hielten wir uns in der Nähe des Capitol Hill auf. Es war schon ziemlich spät – beinahe Mitternacht. Wir bemerkten ein paar Autos, die seltsam um die Kongressbibliothek herumgeparkt waren. Sie hätten bestimmt nachgeforscht, was da los war, oder nicht? Uns ging es genauso. Als wir näher kamen, bemerkten wir ein unscheinbares Schild auf dem Armaturenbrett eines der Wagen, die die Bibliothek verbarrikadierten. Darauf stand: „Das Vermächtnis des geheimen Buches".

Wir brauchten nicht lange, um zu begreifen, was da vor sich ging. Wir schauten uns an und riefen praktisch gleichzeitig: „Das kann doch nicht wahr sein! In der Kongressbibliothek wird gerade ‚Das Vermächtnis des geheimen Buches' gedreht." Wir wussten sofort, dass sich unsere Pläne für diese Nacht geändert hatten – wir würden uns auf das Filmset schleichen.

Wir fuhren schnell zu unserer Unterkunft zurück, zogen unsere Anzüge aus und stattdessen Jeans und T-Shirts an, um so auszusehen wie die Leute von der Filmcrew. Dann eilten wir zurück zur Bibliothek. Wir mussten uns an ein paar Sicherheitsleuten vorbeischleichen, über einige Grünflächen sprinten und uns durch ein paar Büsche kämpfen. Aber schon nach wenigen Minuten waren wir an dem Ort, an dem gerade die Kabel und die Kameraausrüstung ausgepackt wurden. Für die Mitglieder der Filmcrew gab es einen speziellen Seiteneingang. Wie zwei Filmleute bei der Arbeit gingen wir auf die entsprechende Tür zu. Niemand bemerkte uns. Rechts und links gingen Leute an uns vorüber, aber niemand fand uns verdächtig. Wir taten einfach weiter so, als gehörten wir dazu, und drangen immer weiter ins Innere der Bibliothek vor. Am Ende jedes Korridors hing ein Schild mit einem Pfeil und dem Wort „Filmset". Langsam begannen wir, uns Sorgen zu machen, weil das alles so einfach war.

Wir bogen um eine Ecke und standen direkt vor einem Metalldetektor und einem Wachmann. Das Adrenalin, das mir durch die Adern schoss, verriet mir, dass wir erledigt waren – die ganze

Aktion würde ein böses Ende nehmen, und wir würden garantiert eine Menge Ärger bekommen, weil wir mitten in der Nacht in der Kongressbibliothek herumgeisterten.

„Wo sind eure Crew-Ausweise?“, fuhr uns der Wachmann an, während er mit seiner Freundin telefonierte.

„Haben wir nicht dabei“, sagten wir in einem ziemlich jämmerlichen Ton.

Er nuschelte seiner Freundin etwas über „diese blöden Typen von der Filmcrew“ zu und schüttelte den Kopf. Genervt winkte er uns durch den Metalldetektor. Wir gingen hindurch und sprinteten den Gang hinunter, während der Wachmann uns so etwas wie „Nächstes Mal … Ausweise dabei …“ nachrief.

Wir bogen um die letzte Ecke und erreichten das Set. Es war zwei Uhr nachts und wir standen in der Kongressbibliothek. Das Gebäude ist überaus kunstvoll gestaltet und imposant und beherbergt Hunderttausende von Büchern. Millionen von Büchern. Vermutlich alle Bücher, die es gibt. Ich fragte mich, woher die Mitglieder des Kongresses wohl die Zeit nahmen, alle diese Bücher zu lesen.

Unter der eindrucksvollen Kuppel herrschte eine andächtige Stille. Es war heiß. Die Scheinwerfer waren an. Inzwischen habe ich den Film gesehen und vermute, dass sie gerade die Szene drehten, in der die Schauspieler nach dem geheimen Buch suchen. Das ist eine richtig coole Szene. Wir waren so nervös und energiegeladen, wir hätten die gesamte Beleuchtung mit Strom versorgen können. Vor allem waren wir wegen der Polizisten und der Wachmänner nervös, die um das Set herumstanden. Es ist eine Sache, sich auf ein Filmset zu schleichen, als sei dies das Normalste auf der Welt. Aber wenn man erst mal da ist, dann hat jeder dort eine Aufgabe und sieht beschäftigt aus. Wir konnten uns ja nicht einfach eine Kamera schnappen und anfangen zu filmen. Als wir sicher waren, dass wir am nächsten Tag eine tolle Geschichte zu erzählen hatten, begannen wir uns zu fragen, wie wir uns unbemerkt davonschleichen konnten. Das wäre der richtige Zeitpunkt für eine dramatische Musikeinlage gewesen.

Als Brandon und ich gerade kehrtmachen wollten, kamen Nicolas Cage im Smoking und die Hauptdarstellerin Diane Kruger im Abendkleid um die Ecke. Wir machten ihnen Platz, als sie vorbeiliefen, und ohne uns abzusprechen, folgten wir ihnen, als gehörten wir zu ihrer Eskorte. Im Ernst! Wir gingen an der Besetzung, der Filmcrew, den Wachmännern und sogar den Polizisten vorüber und wurden nicht ein einziges Mal angehalten. Wir folgten den Schauspielern bis zum Haupteingang, und als sie nach rechts zu ihren mit Sternen verzierten Wohnwagen abbogen, schlugen wir uns nach links in die Büsche.

Mein Gastauftritt bei „Das Vermächtnis des geheimen Buches“ war nicht das erste Mal, dass ich in Washington, D. C., war. Als Familie sind wir schon oft im Weißen Haus gewesen. Nicht aus irgendeinem offiziellen Anlass; wir kamen einfach zu Besuch, um uns die schönen Gemälde anzuschauen und die Leute mit den Pistolen unter der Jacke zu betrachten, die in ihre Funkgeräte sprachen. Meist kamen wir um Ostern herum, weil dann immer eine eindrucksvolle Ostereiersuche im Garten stattfindet. Wir wurden nie dazu eingeladen, aber Maria und ich hatten eine Idee, wie wir uns trotzdem zusammen mit unseren Kindern amüsieren könnten. Entlang des schwarzen Metallzauns, der die Leute im Inneren von denen draußen abgrenzt, versteckten wir am Ostermorgen Eier. Wir machten uns richtig schick, um uns den Anschein zu geben, als gehörten wir zu der feinen Gesellschaft. Ich war jedes Mal versucht, eines unserer Eier unter dem Zaun hindurchzurollen, sodass die Typen mit den Anzügen und den Headsets uns ergreifen und dann in ihre Funkgeräte sprechen würden.

Der kleine Rasenstreifen an der Pennsylvania Avenue ist äußerst bescheiden im Vergleich zu dem wunderschönen, gepflegten Rosengarten. Da uns nur so wenig Platz zur Verfügung stand, konnte man unsere Eier superschnell finden. Die Kinder waren aber noch so klein, dass ihnen gar nicht auffiel, wie schlecht die Eier versteckt waren. Sie dachten wohl, sie seien einfach sehr gut im Ostereierfinden. Ich wollte meinen Kindern immer das Gefühl vermitteln, dass sie an wichtigen Dingen teilhatten, dass sie dazugehörten, dass sie eingeladen waren.

Es gibt allerdings viele Dinge im Leben, zu denen weder Sie noch ich jemals eine Einladung erhalten werden. Ich wurde noch nie zu einer Oscarverleihung, zu Paul McCartneys Geburtstagsparty oder zum Start eines Spaceshuttles eingeladen. Und ich warte schon ewig auf eine Einladung zur Fortsetzung von „Das Vermächtnis des geheimen Buches“. Wenn ich eine Einladung zu irgendeinem dieser Ereignisse oder auch zur echten Ostereiersuche im Weißen Haus bekommen würde, würde ich auf jeden Fall hingehen. Es gibt nichts Tolleres als das Gefühl dazuzugehören.

Es gibt nur eine einzige Einladung, die so wichtig ist, dass ich sie mir nicht entgehen lassen *darf*. Dennoch bin ich dauernd versucht, sie auszuschlagen. Jeden Morgen, wenn ich aufwache, werde ich zu einem engagierten, leidenschaftlichen Leben eingeladen, das von tätiger Liebe geprägt ist. Die Einladung bekomme ich nicht in einem Briefumschlag. Sie wird mir von einem Sonnenaufgang, dem Zwitschern der Vögel oder dem Duft von Kaffee überbracht, der langsam von der Küche durchs Haus zieht. Es ist eine Einladung, wirklich zu leben, mich für einen weiteren Tag in dieses großartige Leben hineinzustürzen. Niemand kommt auf die Idee, eine Einladung ins Weiße Haus abzulehnen, aber ich habe viele Menschen getroffen, die die Einladung zu einem erfüllten Leben ausschlagen.

Man kann diese Einladung auf ganz verschiedene Weise ablehnen. Man kann innerlich abstumpfen, sich ablenken oder etwas Wunderschönes als etwas Gewöhnliches abtun. Man kann sich weigern, jemandem zu vergeben, undankbar sein oder sich in Angst oder Neid verstricken. Ich glaube, Gott schickt uns jeden Tag eine Einladung zum Leben, aber manchmal ignorieren wir sie einfach, oder wir lassen uns einreden, dass wir gar nicht wirklich gemeint sind. Aber wir sind tatsächlich eingeladen – jeden Tag, immer wieder von Neuem.

Es besteht kein Zweifel daran, dass Jesus uns einlädt, ein paar richtig coole Erfahrungen in unserem Leben hier auf der Erde zu machen – und darüber hinaus auch im Leben nach dem Tod. In der Bibel erzählt Jesus eine Geschichte von einem reichen Mann, der ein Festmahl veranstaltete. Er lud eine Menge Leute ein, aber die meisten machten Ausflüchte und erschienen nicht. Also sandte der Mann seine Diener los, um andere Leute einzuladen. Doch dieses Mal lud er diejenigen ein, die normalerweise nie zu irgendetwas eingeladen werden – Leute wie mich. Die Botschaft, die er für diese neuen Gäste hatte, war ganz simpel: „Es sind noch Plätze frei." Das war alles. Er schickte ihnen keine tiefsinnige geistliche Abhandlung. Und doch war seine Einladung im Grunde genau das: tiefsinnig und geistlich.

Ich denke, das Leben ist wie dieses Festmahl, von dem Jesus erzählt hat. Ich glaube, Gott sendet seine Boten aus, um allen mitzuteilen, dass es noch viele freie Plätze, kostenloses Essen, Unterhaltung und Abenteuer gibt und dass er selbst der großzügige Gastgeber ist, der uns ganz persönlich einlädt.

Das ist so, als würde der Präsident ausgewählte Gäste zur Ostereiersuche im Weißen Haus einladen und diese Gäste würden sich nicht die Mühe machen aufzutauchen. Und dann schickt er seine Männer in ihren schicken Anzügen los, um zu schauen, ob jemand anders kommen möchte. Vielleicht ja Leute wie wir, die gerade auf der anderen Seite des Zauns stehen. Die Angestellten kommen zu jedem Einzelnen von uns, beugen sich nach vorn und flüstern uns ins Ohr: „Es sind noch Plätze frei." Das ist alles. Mehr muss auch gar nicht gesagt werden. Es gibt keine Zauberformel, mit der man antworten muss. Wir müssen weder eine Rede halten noch uns ein Armband, einen Autoaufkleber oder ein Tattoo zulegen. Wir müssen nur die Entscheidung treffen, uns voll und ganz auf das Leben einzulassen.

Ich glaube nicht, dass Gott sich irgendjemandem aufdrängt. Wenn jemand nicht zu seinem Festmahl kommen möchte, nimmt er es dem Betreffenden nicht übel. Er wird nicht aufhören, ihn zu lieben, aber er wird ihn zu nichts zwingen. Stattdessen sucht er einfach weiter und sagt denen, die wirklich zu ihm kommen wollen, dass es noch freie Plätze gibt. Ich glaube, in dieser Hinsicht ist Gott genau wie wir. Er schaut in unser Herz und freut sich, wenn wir ihn kennenlernen wollen. Er sieht unsere Trauer und Zerbrochenheit, die wir vor ihm verbergen wollen, und sendet Leute los, die nach uns suchen.

Als ich jung war und mir Gedanken über Gott und die Gemeinde machte, schreckte ich davor zurück, auf ihn zuzugehen, weil ich dachte, sich Gott zu nähern sei so ähnlich, wie sich auf das Filmset von „Das Vermächtnis des geheimen Buches“ zu schleichen. Ich dachte, man müsste viele Korridore entlanglaufen, überall würden Pfeile in alle möglichen Richtungen zeigen und die religiösen Leute wären wie die Wachmänner, die überprüfen, ob man auch wirklich eine Einladung hat. Aber Jesus hat sich nie so verhalten. In der Bibel kann man nachlesen, dass Jesus Leute wie mich einlud, Leute, die normalerweise nie eingeladen werden. Aber Jesus lud sie trotzdem ein. Er erklärte ihnen außerdem, dass die Frommen nicht darüber entscheiden, wer in den Himmel kommt und wer nicht. Er sagte, dass sich seine Nachfolger nicht als Türsteher, sondern eher als Platzanweiser verstehen sollten und dass Gott entscheidet, wer hereindarf. Wir zeigen den Leuten nur ihre Plätze, für die jemand anders bezahlt hat.

Können Sie sich überhaupt vorstellen, dass Jesus jemanden zu einem Festmahl einlädt und der Betreffende nicht auftaucht? Wenn wir die Einladung annehmen, uns gemeinsam mit Jesus auf das Abenteuer des Lebens einzulassen, dann hilft er uns dabei, unser Leben zu gestalten, und er ist so viel mächtiger als der Präsident der Vereinigten Staaten. Oder Nicolas Cage.

Es geschehen aber noch ein paar andere Dinge, wenn wir die Einladung annehmen, unser Leben mit Jesus zu leben. Hindernisse, die unüberwindlich schienen, lassen sich plötzlich bewältigen, und Unzulänglichkeiten, die uns von diesem Leben auszuschließen schienen, können uns nicht länger behindern. Wenn wir zu Jesus kommen, um uns gemeinsam mit ihm auf dieses Leben einzulassen, dann kommen wir zum Schöpfer des Lebens selbst. Er fragt uns höflich, wie es uns geht, und lädt uns ein, uns mit seiner Hilfe positiv zu verändern.

Die Einladung zum Leben anzunehmen bedeutet, von der Zuschauertribüne aufs Spielfeld zu wechseln. Wir haben nicht länger nur eine Meinung zu bestimmten Dingen, sondern die Möglichkeit zum Handeln. Viele Dinge werden uns so wichtig, dass wir aufhören, nur über sie nachzudenken. Wir beginnen stattdessen, tatsächlich etwas zu verändern. Kurz gesagt, möchte Jesus, dass wir mitmachen. Es ist, als rufe der Präsident an und wir müssen nur ans Telefon gehen. Wir müssen einfach nur auftauchen.

Wenn wir die Einladung zum Leben annehmen, werden wir auch anderen Lust darauf machen. Unsere Mitmenschen werden uns beobachten und sehen, dass das Leben viel spannender und leidenschaftlicher sein kann, als sie gedacht hatten. Wenn Menschen, die sich normalerweise nicht eingeladen fühlen, anfangen, am richtigen Leben teilzunehmen, beginnen sie überall Einladungen zu sehen, so reichlich und farbenprächtig wie buntes Herbstlaub. Sie beschäftigen sich nicht länger mit ihrem Schmerz und ihrer Schwäche. Stattdessen denken sie darüber nach, wie großartig das wahre Leben ist und wie mächtig der Gastgeber, der sie dazu einlädt.

Jesus möchte, dass wir zu ihm kommen. Er sendet seine Diener, um den Menschen an den Zäunen und in den Bibliotheken zu sagen, dass sie zur Party eingeladen sind. Er schickt auch Ihnen eine Einladung – durch den Sonnenaufgang, das Zwitschern der Vögel oder den Kaffeeduft, der von der Küche aus durchs Haus zieht. Derjenige, der Sie eingeladen hat, ist viel stärker als alle möglichen Hindernisse, die wir sehen, und er hat nur eine Botschaft für uns. Er lehnt sich nach vorn und flüstert jedem von uns leise zu: „Es sind noch Plätze frei."

Kapitel 12

WAS FÜR EIN SCHLAG!

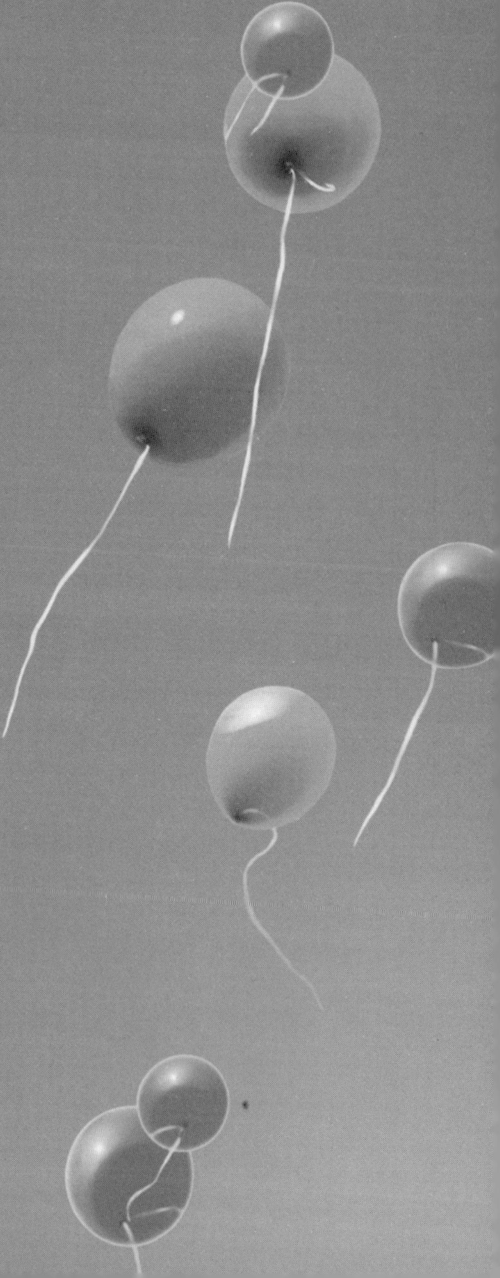

**Früher dachte ich,
die Worte, die andere
über uns sagen,
würden beschreiben,
wie wir sind.
Heute weiß ich, dass
ihre Worte dazu
beitragen, uns zu
dem zu machen,
was wir werden.**

Während meiner Grundschulzeit spielte ich in einer Schüler-Baseballmannschaft. Ich war nicht gerade eine Sportskanone. Wahrscheinlich war ich im Großen und Ganzen ganz gut – wenn man mal vom Fangen, Werfen und Schlagen absieht. Ich hatte ein Trikot und eine Hose, eine Kappe, einen Handschuh und Baseballkarten in den Speichen meines Fahrrades. Darum nahm der Trainer mich in die Mannschaft auf und steckte mich nach außen ins rechte Feld, wo sehr wenig passiert. Wenn man so jung ist, schlägt niemand den Ball ins rechte Feld.

Ich war größer als die anderen Jungs im Team, darum gingen alle davon aus, dass ich den Ball mit dem Schläger gut treffen würde. Die Wahrheit war, ich konnte es nicht. Weil ich so ein großer Typ war, bedeckte ich das Schlagmal fast vollständig. Ich hatte keine Angst vor dem Ball, und die Werfer konnten nicht allzu gut zielen; darum bestand die Strategie unserer Mannschaft zum Teil darin, mich auf die Plate zu schicken, damit ich bei jeder Runde ein oder zwei Mal getroffen wurde. Beim Baseball wird man, wenn man getroffen wird, auf die First Base geschickt, ohne den Schläger auch nur bewegen zu müssen. Ich glaube, Baseball ist das einzige Spiel, bei dem es genügt, sich den Ball ins Gesicht werfen zu lassen, um zu gewinnen.

Mein überaus mäßiger Erfolg als Schlagmann war auf die bedauerliche Tatsache zurückzuführen, dass ich jedes Mal die Augen schloss, wenn ich den Schläger führte. Es war, als bestünde zwischen meinen Augen und meinen Armen irgendeine mysteriöse Verbindung. Während der gesamten Saison kam ich nur auf eine Weise auf die First Base: indem ich getroffen wurde. Bis zum Ende der Saison hatte ich mir siebzehn schwere Blutergüsse und eine Gehirnerschütterung zugezogen.

Irgendwie schaffte unsere Mannschaft es dennoch in die Endrunde. Ich hatte dazu nur sehr wenig beigetragen, abgesehen vielleicht von den Blutergüssen und ein paar lockeren Zähnen. Aber wie dem auch sei, wir waren dabei. Im ersten Endrundenspiel stand es in der ersten Hälfte des fünften Innings unentschieden, und ich war an der Reihe, den Ball zu schlagen. Ich hörte, wie die Leute auf der Tribüne aufstöhnten, als sie den großen Kerl, der nie den Ball traf, auf das Schlagmal zugehen sahen. Ich hörte, wie unsere eigenen Fans zu skandieren begannen: „Triff ihn … triff ihn … triff ihn", und hoffte, dass mich wieder der Werfer erwischen und ich so auf die First Base kommen würde. Und ich versuchte, die Möglichkeit zu ignorieren, dass mein Dad die Anfeuerungsrufe angestimmt hatte.

Der Werfer warf die ersten beiden Male daneben und auch ich hatte dann zwei Strikes gegen mich. Ich wollte aber meine Saison ruhmreich beenden – darum biss ich die Zähne zusammen, packte den Schläger mit festem Griff und ging locker in die Knie. (Fühlen Sie sich frei, die nächsten Sätze in Zeitlupe zu lesen.) Als der letzte Wurf auf mich zugeflogen kam, schloss ich die Augen und schwang meinen Schläger mit aller Kraft. Ich hörte ein dumpfes *Wumms* und spürte ein ganz neues Gefühl in meinen Händen. Irgendwie – es muss wohl ein Wunder gewesen sein – hatte ich Ballkontakt gehabt. Ich war so verblüfft, dass ich im ersten Moment einfach stehen blieb. Dann rief jemand von der Bank: „Lauf!" – und so machte ich es wie Forrest Gump und lief los.

Ich trampelte um die First Base und sah, wie der Ball durch das Mittelfeld segelte, den oberen Rand des Zaunes touchierte und auf der anderen Seite herunterfiel. Homerun. Als ich die Third Base umrundet hatte, badete ich in meinem Erfolg, während ich mit hocherhobenen Armen auf die Home Plate zurannte und dabei das Schiedsrichterzeichen für einen Touchdown machte, weil ich den Unterschied nicht kannte.

Während der nächsten Innings erzielte die andere Mannschaft etwa ein Dutzend weitere Punkte und wir verloren mit Pauken und Trompeten. Aber das registrierte ich kaum, weil mein Homerun wieder und wieder vor meinem inneren Auge ablief. Es war eine sich ständig wiederholende Zeitlupenaufnahme mit verschiedenen Kameraeinstellungen und jeder Menge Scheinwerfern, jubelnden Zuschauern, die nach oben zum Ball zeigten oder ihr Popcorn und ihre Getränkedosen fallen ließen, als sie aufsprangen, um besser sehen zu können. Alle waren verblüfft, am allermeisten ich selbst.

Etwa eine Woche später – ich war in meinem Zimmer – teilte meine Mutter mir mit, dass Post für mich gekommen wäre. *Post? Für mich?* Ich öffnete den großen Briefumschlag und in ihm befand sich eine Karte. Ich glaube, das war die erste Karte, die ich jemals mit der Post erhalten hatte, und sie hatte die Form eines Apfels. Als ich sie öffnete, las ich die Worte „Du bist mein Augapfel", die auf die Innenseite gedruckt waren. Handschriftlich hatte jemand darunter die Worte geschrieben: „Wow … was für ein Schlag, Bob! Du bist ein echter Baseballspieler. Alles Liebe, Dein Trainer."

Ich las die Worte wieder und wieder. „Wow … was für ein Schlag!" Ich dachte: *So ein toller Schlag war das doch gar nicht. Ob er wusste, dass ich die Augen zugemacht hatte?* Ich las sie noch einmal. „Wow … was für ein Schlag!" Ich dachte an die vielen Dutzend Male, als ich danebengeschlagen oder einfach in die Flugbahn des Balles getreten war und gehofft hatte, dass mein blaues Auge heilen würde, bevor ich ein neues bekam. Dann las ich die Worte noch einmal: „Wow … was für ein Schlag!" Was war mit all den Malen, als ich den Ball fallen gelassen oder versehentlich in die Tribüne geschlagen hatte? Das zählte nicht mehr. „Wow … was für ein Schlag! Ich bin ein echter Baseballspieler", las ich mir selbst vor. Und nicht nur das – ich war sein Augapfel!

Ich habe mal so einen Selbsthilfetypen sagen hören, dass man in den Spiegel schauen und zu sich selbst nette Dinge sagen solle – er bezeichnete das als „positive Affirmationen" –, zum Beispiel, dass man clever oder begabt wäre. Ehrlich gesagt, weiß ich nicht, ob das funktioniert. Vielleicht ist das ja so. Aber ich kenne etwas, das jedes Mal funktioniert: wenn ein anderer etwas Gutes über uns sagt. Ich glaube, Gott hat uns so geschaffen, dass uns das Lob unserer Mitmenschen aufbaut. Und auch er selbst spricht bedeutsame Dinge in unser Leben hinein, die uns erfüllen und uns helfen, die Welt zu verändern, obwohl wir nur schwache Menschen sind und alle möglichen Fehler haben. Er nennt uns seine geliebten Kinder. Er hofft, dass wir ihm glauben, so wie ich dem geglaubt habe, was mein Trainer über mich sagte. Er hofft, dass wir anfangen, uns als seine geliebten Kinder zu sehen, und uns nicht länger alle möglichen Gründe vor Augen führen, warum wir das nicht sein können.

Manchmal glauben wir nicht, dass die Bezeichnung, die jemand für uns gewählt hat, stimmt. Wie konnte mein Trainer glauben, ich wäre ein richtiger Baseballspieler? Und warum sollte Gott mich als sein geliebtes Kind betrachten? Aber dann denke ich daran, dass Jesus zu einem der Typen, die mit ihm herumzogen, gesagt hat, er wäre ein Fels, obwohl er genau wusste, dass derselbe Typ bald darauf behaupten würde, er hätte ihn noch nie getroffen. Ich glaube nicht, dass Jesus Petrus Honig um den Bart schmieren wollte. Nein, er hat dadurch etwas in Petrus wachgerufen. Und wir Menschen können so etwas auch heute noch füreinander tun.

Das Ganze ist über vierzig Jahre her, und ich habe mir seitdem ein paar Baseballspiele angeschaut, wenn auch nicht viele. Ich habe wenig Veranlassung, an meine Grundschulzeit und meine damalige Schülermannschaft zurückzudenken. Aber wenn ich es tue, denke ich immer noch an diese Karte meines Trainers. Und in Gedanken sehe ich vor mir, wie ich sie aus dem Umschlag ziehe. Ich sehe, dass sie die Form eines Apfels hat, und lese auf der Innenseite die Worte eines liebevollen Menschen: „Du bist mein Augapfel. Wow … was für ein Schlag, Bob! Du bist ein echter Baseballspieler. Alles Liebe, Dein Trainer."

So ist das mit ermutigenden Worten. Sie haben Kraft. Und wenn sie von den richtigen Leuten ausgesprochen werden, können sie alles verändern. Wissen Sie, was ich im Laufe meines Lebens als Nachfolger von Jesus herausgefunden habe? Wenn es darum geht, Worte der Ermutigung auszusprechen, sind wir genau die Richtigen. Und ich habe noch etwas entdeckt: dass die Worte, die andere Menschen zu uns sagen, kein „Mindesthaltbarkeitsdatum" haben – sie können uns jahrzehntelang begleiten und unser gesamtes Leben prägen.

Kapitel 13

GRÖSSER UND BESSER

Früher dachte ich, ich müsste für Gott Opfer bringen.
Heute weiß ich, dass der Glaube das beste Tauschgeschäft überhaupt ist.

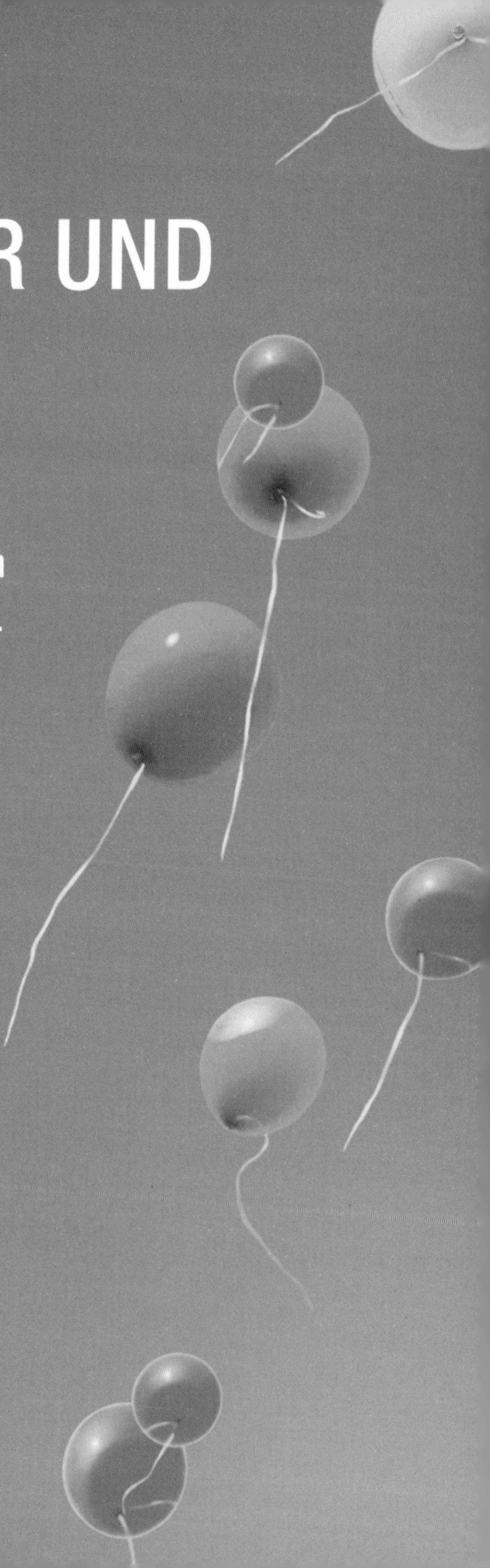

In meiner Kindheit spielten wir oft ein Spiel namens „Größer und besser". Falls Sie es nicht kennen: Bei diesem Spiel bekommt jeder etwas von geringem Wert, zum Beispiel ein Zehncentstück. Dann zieht man los und versucht, seinen Gegenstand gegen etwas anderes einzutauschen. Man klingelt bei jemandem in der Nachbarschaft, tauscht seinen Gegenstand ein und zieht mit dem neuen weiter zum nächsten Haus. Ziel ist es, am Ende einen größeren und besseren Gegenstand zu haben als am Anfang. Je größer er ist, desto besser.

Mein Sohn Richard ging vor einiger Zeit ebenfalls mit einem Zehncentstück los. Er klingelte an der ersten Tür und sagte: „Hallo, wir spielen gerade ‚Größer und besser'. Ich habe zehn Cent und würde gern etwas Größeres dafür bekommen. Haben Sie vielleicht was zum Tauschen?" Der Mann an der Tür hatte noch nie etwas von diesem Spiel gehört. Trotzdem war er sofort Feuer und Flamme und rief seiner Frau über die Schulter zu: „Hey, Marge, hier ist ein Kind. Wir spielen gerade ‚Größer und besser'." (Ich finde es toll, dass er gleich von „wir" sprach.) „Was haben wir, das größer und besser ist als zehn Cent?" Richard zog mit einer Matratze von dannen.

Dann ging er mit seinen Kumpels zum nächsten Haus, und während er mit seiner Matratze auf der Veranda stand, klingelten seine Freunde. Die Tür wurde geöffnet, und man konnte Richard kaum hören, als er dem Nachbarn mit seiner Luxusmatratze vor dem Gesicht zurief, er würde die Matratze gerne gegen etwas Größeres und Besseres eintauschen. Eine Weile später zog er mit einer Tischtennisplatte weiter.

Richard rollte die Tischtennisplatte zum nächsten Haus und tauschte sie gegen einen Elchkopf. Wie cool ist das denn? Ich hätte es dabei belassen, aber Rich hörte nicht auf. Er machte immer mehr gute Tauschgeschäfte. Als Rich am Abend nach Hause kam, hatte er weder ein Zehncentstück noch eine Matratze, eine Tischtennisplatte, einen Elchkopf noch die anderen fünf Sachen, die er sich ertauscht hatte. Richard fuhr in einem Pick-up nach Hause. Im Ernst. Er zog mit zehn Cent los und kam mit einem Auto zurück.

Ich erinnere mich an ein Zitat von C. S. Lewis, in dem er meint: „Der Herr empfindet unsere Sehnsüchte nicht als zu stark, sondern als zu schwach. Wir halbherzigen Geschöpfe spielen mit Alkohol und Sex und Ehrgeiz herum, wo uns doch unendliche Freude angeboten wird. Dabei verhalten wir uns wie ein unwissendes Kind in einem Slum, das Matschkuchen backt, weil es sich nicht vorstellen kann, was es bedeutet, Ferien am Meer angeboten zu bekommen. Wir sind viel zu leicht zufriedenzustellen."

Dieses Zitat erinnert mich an die biblische Geschichte über den jungen Mann, der viel Geld besaß. Er war ein guter Kerl und sehr religiös. Er hielt die Gebote und achtete peinlich genau auf die Einhaltung aller Vorschriften. Jesus sagte diesem vorbildlichen Burschen, wenn er Gott wirklich kennenlernen wolle, dann müsse er alle seine Besitztümer verkaufen und ihm nachfolgen. Den jungen Mann machte dieses Tauschangebot traurig. Genau wie ich mochte er seine Sachen. Aber Jesus mochte er auch. Schließlich kam er zu dem Ergebnis, dass er einfach zu hart für sein Hab und Gut gearbeitet hatte, um es aufzugeben. Das, was er hergeben musste, um mit Jesus zu gehen, war ihm zu wichtig, und das, was Jesus anzubieten hatte, zu nebulös und wenig greifbar. Also entschloss er sich, seine Sachen zu behalten und Jesus nicht nachzufolgen.

Jesus unterhält sich nicht mit dem jungen Mann, um ihn zu beschämen. Wir alle stehen vor der herausfordernden Entscheidung, ob wir bereit sind, alles aufzugeben, um Jesus nachzufolgen und Gott kennenzulernen. Sind wir bereit, uns auf ein gutes Tauschgeschäft einzulassen? Es lohnt sich, sich diese Frage zu stellen, denn die Antwort darauf wird Ihr Leben auf die eine oder andere Art prägen.

Wir haben alle schon einmal etwas aufgegeben. Am Anfang kommt es uns wie ein großes Opfer vor, etwas von dem, was wir besitzen, aufzugeben. Aber in den Augen von Jesus ist es überhaupt kein Opfer. Betrachten Sie das Ganze einmal aus seiner Perspektive: Er kommt vom Himmel herab, wo er eine wunderbare, vertraute Beziehung mit dem Vater hat. Das ist einfach das schönste Leben, das überhaupt vorstellbar ist. Dieses Leben bietet er jedem an, der bereit ist loszulassen, was ein falsches Gefühl von Sicherheit vermittelt. Warum sollte jemand diesen Handel ausschlagen? Jesus sagt im Grunde: „Nichts von dem, was du hast, wird Bestand haben. Du auch nicht. Dein Leben ist ungefähr zehn Cent wert. Komm und lass dich auf den Tausch ein. Folge mir nach, dann kannst du Gott kennenlernen.“ In diesem Sinn verlangt Jesus überhaupt kein Opfer. Er fordert uns nur dazu auf, mit ihm „Größer und besser“ zu spielen: Er lädt uns ein, uns selbst aufzugeben und stattdessen ihn zu bekommen.

Übrigens hat Jesus natürlich nicht von allen Leuten verlangt, ihren gesamten Besitz wegzugeben. Den jungen reichen Mann hat er vielleicht dazu aufgefordert, um ihm zu zeigen, dass er doch nicht so heilig war, wie er dachte. Jesus wollte dem Mann klarmachen, dass er nach wie vor Gottes Hilfe brauchte. Er lud ihn ein, seinen eigenen Besitz aus einer anderen Perspektive zu betrachten und zu entscheiden, ob er ihn behalten oder ob er ihn gegen etwas Besseres eintauschen wollte, und zwar gegen das, was Jesus ihm anbot: ein Leben mit ihm.

Im Grunde geht es bei dem realen Größer-und-besser-Spiel, das Jesus mit uns spielt, meist nicht um unser Geld, unseren Besitz oder unsere Träume. Es geht um unseren Stolz. Jesus möchte, dass wir das, worauf wir so stolz sind und wofür wir unserer Meinung nach von unseren Mitmenschen geachtet werden, aufgeben und ihm nachfolgen. Er fragt uns: „Willst du das, worauf du dein Selbstbild gründest, aufgeben und mir erlauben, dir stattdessen eine ganz neue Identität zu schenken?“

Wenn wir sein Angebot annehmen, werden die Dinge, die uns vorher beherrscht haben, ihre Macht verlieren. Menschen, die früher versessen darauf waren, berühmt zu werden, ist es plötzlich egal, ob irgendjemand ihren Namen kennt. Leute, die nach Macht gegiert haben, sind nun bereit, anderen zu dienen. Personen, die dem Geld nachgejagt haben, verschenken es nun großzügig. Menschen, die um Anerkennung bettelten, sind auf einmal stark genug, um Liebe zu schenken.

Wenn wir unser Vertrauen auf Jesus setzen, müssen wir nicht

länger in dieser Welt nach Sicherheit suchen, und das ist ein ziemlich guter Tausch.

Wissen Sie, was Rich mit dem Auto gemacht hat? Er hat es verschenkt. Er brachte es zu einer Gemeinde in unserer Nähe und übergab den Verantwortlichen die Schlüssel. Er brauchte und wollte den Wagen nicht. Was er im Gegenzug erhielt, war besser und größer. Er bekam Zufriedenheit, Zuversicht und die Gewissheit, dass Gegenstände keine Macht über ihn haben. Dass er es bei seinen Tauschgeschäften bis zu einem Truck brachte, war schon eine gute Geschichte. Aber dass er ihn am Ende weggab, war eine noch bessere, coolere Geschichte. Er konnte Gott dienen, und das nicht, indem er ein Opfer brachte, sondern indem er das Größer-und-besser-Spiel zu seinem persönlichen Lebensmotto machte. Obwohl er mit nur zehn Cent anfing, bekam er zum Schluss ein tolles Beispiel dafür, wie Jesus die Welt sieht. Religiöse Leute sagen, dass Jesus vor unserer Tür steht und anklopft. Das glaube ich auch. Aber die Geschichte geht noch weiter: Jesus möchte, dass wir an *seine* Tür kommen und ebenfalls anklopfen. Er will, dass wir ihm unseren ganzen Glauben bringen, auch wenn der nur zehn Cent wert ist. Und er verspricht uns einen guten Tausch. Er bietet uns nämlich die Chance, dafür *ihn selbst* zu gewinnen. Um ihn kennenzulernen, müssen wir alles hergeben, was wir unser Leben lang angesammelt haben und so fest umklammern.

Kapitel 14

SCHLUSS MIT DEN FÄLSCHUNGEN!

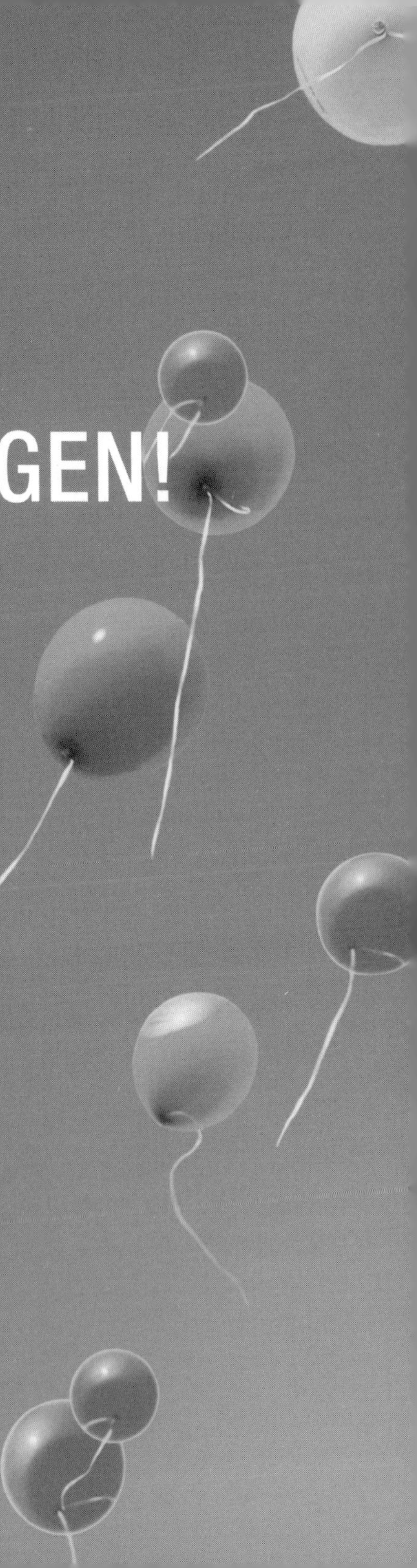

Früher dachte ich,
Religion würde
schrecklich schmecken.
Heute weiß ich,
es lag nur daran,
dass ich gefälschte
Produkte gegessen habe.

In diesem Jahr habe ich gemeinsam mit ein paar Freunden beschlossen, ein paar Kilos abzunehmen. Da sie zu der Sorte Mensch gehören, die einem einen Haufen Stress machen, wenn man das Handtuch wirft, wollte ich auf keinen Fall derjenige sein, der am wenigsten abnimmt. Darum habe ich ein paar meiner Gewohnheiten geändert.

Am ersten Morgen riss ich die Kühlschranktür weit auf, so wie es meine Teenager-Söhne machen – ganz so, als würden sie einen Film anschauen, einen sehr kalten, teuren Film. Ich streckte die Hand nach einem Bagel und dem Philadelphia-Frischkäse aus – Sie wissen schon, dem in der bekannten silbernen Verpackung. Das ist zwar nicht das ideale Frühstück für einen zukünftigen Abspeck-Champion, aber ich schmierte mir den Käse ein wenig dünner als sonst auf den Bagel und dachte, so würde ich bestimmt schon mal ein paar Gramm verlieren.

Unser Freund Ashley war gerade für ein paar Tage zu Besuch, und er war wohl derjenige, der diesen fettarmen Frischkäse gekauft hatte, dachte ich, als ich mir mit dem Messer eine Portion aus der Verpackung holte und dünn auf dem Bagel verstrich. Ich nahm einen Bissen und es schmeckte schrecklich. Ich konnte einfach nicht glauben, dass irgendjemand diesen fettarmen Mist aß. *Vielleicht schmeckt es besser, wenn ich ein bisschen mehr von diesem Pseudo-Käse nehme,* dachte ich. Also nahm ich eine weitere Portion aus der Verpackung und strich sie großzügig auf meinen Bagel. Ich nahm noch einen Bissen, aber es war nicht besser geworden. Im Gegenteil – es schmeckte schlechter als vorher.

Ich nahm die zweite Hälfte des Bagels und beschloss, die Zähne zusammenzubeißen. *Was soll's. Wenn das Zeug nur halb so viele Kalorien hat, kann ich doppelt so viel nehmen,* dachte ich. Ich schnitt mir eine weitere große Portion aus der Packung und ließ nur so viel darin, dass ich sie zurück in den Kühlschrank legen konnte, ohne mich zu schämen. Ich konnte diesem gesunden Ersatzprodukt wirklich nichts abgewinnen – jeder Bissen schmeckte so schrecklich wie der vorherige.

Als ich mein freudloses Frühstück gerade beendet hatte, kam Maria in die Küche.

„Hey“, sagte ich, „könntest du Ashley bitte sagen, dass er dieses fettarme Mistzeug nicht mehr kaufen soll? Es ist *furchtbar!*“

„Klar“, sagte sie mit einem fragenden Ausdruck auf dem Gesicht. Dann ging sie zum Kühlschrank, inspizierte die beinahe leere Packung und lachte schallend.

„Was denn?“, fragte ich verwirrt.

Mit einer Genugtuung, die für Momente wie diesen typisch ist, erklärte sie mir, dass ich gerade beinahe eine ganze Packung Bratfett vertilgt hatte.

Bei uns zu Hause sagen wir dann, dass wir „hinters Licht geführt“ wurden – wenn wir der Meinung sind, dass etwas sich auf eine bestimmte Weise verhält, und dann herausfinden, dass es in Wirklichkeit ganz anders ist. Leider passiert mir so etwas im Alltag ständig, und zwar auch in Bezug auf den Glauben. Immer wieder falle ich auf Dinge herein, die den Eindruck erwecken, echt zu sein, es aber nicht sind. Das Verwirrende dabei ist, dass wir oft die Imitation nicht ablehnen, sondern eine umso größere Portion davon nehmen oder beschließen, uns mit ihr abzufinden, obwohl sie längst nicht so gut ist wie das Original.

Wenn Sie tausend Menschen fragen, die nichts mit Religion am Hut haben, warum das so ist, werden sie Ihnen all die Gründe nennen, warum sie Religion nicht mögen, aber ich bezweifle, dass sie damit den echten Glauben meinen. Sie werden Ihnen einen Fernsehprediger nennen, der ihnen gesagt hat, wenn sie Geld spenden würden, würden sie reich werden. Sie werden über die verrückte Frisur oder das übertriebene Make-up einer Fernsehevangelistin sprechen und die absurden Dinge aufzählen, die sie gesagt und getan hat. Sie werden Ihnen von jemandem erzählen, der sehr religiös war und dennoch ihr Herz oder sein Versprechen gebrochen hat, bei einer Lüge oder einem Betrug ertappt wurde oder ins Gefängnis kam oder vor laufender Kamera Tränen vergossen hat, denen man auf den ersten Blick ansah, dass sie nur geheuchelt waren. Oder sie erzählen Ihnen von jemandem, der ihnen gesagt hat, Gott würde sie hassen und könnte ihnen nie vergeben, wie sie leben und was sie getan oder wen sie geheiratet hätten.

Das ist eine ganz, ganz traurige Geschichte. Es gibt nur einen Weg, wie sie diesen Täuschungsmanövern nicht länger zum Opfer fallen: Jemand muss ihnen helfen, den wahren Gott kennenzulernen und zu begreifen, wie er wirklich zu ihnen steht. Und das Großartige dabei ist, dass jeder von uns die Möglichkeit hat, gerade dieser Mensch zu sein.

In der Bibel gibt es einen gewissen Timotheus, der einen Brief von einem Mann namens Paulus bekommt. Paulus ist für Timotheus wie ein älterer Bruder. Paulus schreibt ihm, er solle sich vor Leuten in Acht nehmen, die heilig zu sein behaupten, dabei jedoch ihre Heiligkeit nicht auf Jesus zurückführen, sondern auf die Dinge, die sie getan haben – was nichts anderes ist als Selbstbetrug. Paulus bezeichnet diese religiöse Haltung als eine Form von Gottlosigkeit und bringt dadurch zum Ausdruck, dass sie genau das Gegenteil dessen ist, was sie zu sein vorgibt. Er warnt Timotheus vor Leuten, die ihren Glauben nur vortäuschen. Mit anderen Worten: Manche Formen von Religion geben sich den Anschein, echt zu sein – und in Wirklichkeit sind sie nur Bratfett.

Es gibt in der Bibel eine ganze Reihe von Beispielen für Personen, die ihren Glauben nur vorgetäuscht haben. Jesus gebrauchte normalerweise Schriftgelehrte und Pharisäer als Beispiele für Heuchelei, und damit trifft er meiner Ansicht nach den Nagel so ziemlich auf den Kopf. Im Neuen Testament wird von einem Hohepriester namens Skevas berichtet, der sieben Söhne hatte. Sie behaupteten zwar, im Namen von Jesus zu sprechen, aber dann stellte sich heraus, dass sie voller Bratfett waren, und einer der schlimmen Typen, mit dem sie zu tun hatten, sagte ihnen das auf den Kopf zu: „Jesus kenne ich, und von Paulus habe ich gehört. Aber wer seid ihr?“[2]

Es gibt viele Leute wie die Söhne von Skevas, die behaupten, dass sie Jesus kennen, und die so reden und sich so benehmen, als wäre das tatsächlich der Fall, aber in Wirklichkeit sind sie nicht ehrlich und nicht echt. Sie machen viel Tamtam und große Worte, um ein paar ganz einfache, grundlegende Dinge über Gott und den Glauben zu sagen. Aber in Wirklichkeit tun sie nie irgendetwas. Es ist, als würde sich jemand, der einen Cowboyhut, ein Huhn, eine Kuh und einen Traktor hat, als Rancher bezeichnen. Wir wollen aber keine „Viel Lärm um nichts"-Leute sein, wenn es um den Glauben geht.

Die Geschichte von den Söhnen von Skevas endet damit, dass sie ein paar ordentliche Tritte in den Hintern bekommen. Das sind nicht meine Worte, das steht so in der Bibel. Gott mag keine Heuchelei. Sie ist in gewisser Hinsicht so etwas wie Identitätsraub, nur dass die Heuchler Gottes Identität stehlen und sie gebrauchen, um anderen Schuldgefühle einzureden oder sie zu zwingen, sich zu ändern, damit sie in eine bestimmte Religionsgemeinschaft hineinpassen. Man kann normalerweise erkennen, wenn jemand so etwas tut, weil derjenige den Namen Jesus oft gebraucht, aber offensichtlich nicht die Vollmacht hat, die Jesus den Menschen versprochen hat, die ihn kennen. Diese Vollmacht ist leicht zu erkennen, denn sie geht normalerweise mit Barmherzigkeit und Annahme, mit echter Liebe und Respekt einher. Es ist die Art von Vollmacht, die tatsächlich Dinge *tut*, statt nur über sie zu *reden*.

Leider ertappe ich mich selbst ziemlich oft dabei, dass ich bei dem, was ich sage oder tue, genau darauf achte, wie es auf andere wirkt. Ich sage zum Beispiel, dass ich keine Zeit habe, etwas Bestimmtes zu tun, obwohl ich in Wirklichkeit keine Lust dazu habe. Jesus möchte, dass Sie und ich nicht länger heucheln. Er will, dass wir uns nicht länger damit zufriedengeben, nur ein christliches Kostüm zu tragen – er möchte, dass wir uns stattdessen so geben, wie wir wirklich sind und wie er uns geschaffen hat.

Niemand von uns möchte, dass Gott unseretwegen in den Augen unserer Mitmenschen schlecht wegkommt. Aber dadurch, dass wir anderen etwas vorheucheln, werfen wir erst recht ein schlechtes Licht auf Gott. Denn dann denken die Leute, er würde wie Bratfett schmecken.

Und nicht nur das. Wenn wir Menschen treffen, die man mit irgendwelchen falschen Informationen über Gott und sein Wesen gefüttert hat, ist es nicht weiter verwunderlich, dass sie ein paar Verdauungsschwierigkeiten haben. Wir können dann entweder unsere

Zeit damit verbringen, über die richtige Verpackung zu reden, oder wir können ihnen zeigen, wie Gott wirklich ist. Wir können ihnen zeigen, dass Gott voller Liebe und die Quelle aller Hoffnung und jeder kreativen Idee ist. Die Menschen wollen nicht hören, dass ihre Erfahrungen falsch waren oder dass ihre Verpackung oder die von irgendjemand anderem aus dem falschen Material besteht. Lassen Sie uns stattdessen diejenigen sein, die ihnen die wahre Liebe des wahren Gottes zeigen.

Wenn ich mir jetzt etwas aus dem Kühlschrank hole, passe ich etwas besser auf. Ich habe ein bisschen Angst, dass ich wieder einen Bagel mit Bratfett zum Frühstück esse – oder etwas Schlimmeres. Aber wenn es doch passiert, werde ich nicht so tun, als wäre das okay, und ich werde keinen zweiten Bissen nehmen. Ich werde das Bratfett auch nicht wieder in die Verpackung zurückstecken, damit der Nächste ebenfalls darauf hereinfällt. Ich werde es aus der Hand legen, mich gemächlich davonmachen und mir etwas nehmen, das besser für mich ist. Vielleicht einen Apfel – selbst wenn damit früher auch schon mal Leute ein Problem gehabt haben sollen.

Kapitel 15

WÖRTER, DIE WIR LIEBER NICHT BENUTZEN SOLLTEN

Früher dachte ich,
alle Wörter wären
gleich.
Heute weiß ich,
es gibt Wörter, die
ich besser nicht
benutzen sollte.

Mein Freund Don hat schon eine ganze Reihe Bücher geschrieben. Er ist sehr bekannt und hat bestimmt ein paar Millionen Exemplare verkauft, vielleicht sogar mehr. Er redet mit mir nicht darüber, und ich würde mir blöd vorkommen, ihn danach zu fragen. Don ist einer von diesen unglaublichen Typen, die nicht über ihre Pläne reden. Er handelt einfach – nicht, um die Aufmerksamkeit auf sich zu ziehen, sondern um auf einen Gott hinzuweisen, der sich finden lässt. Don hat bei der Entstehung dieses Buches eine große Rolle gespielt. Er hat meine Texte gelesen und mir gesagt, woran ich noch arbeiten und was ich lieber streichen sollte. Manchmal hat er mir geraten, etwas völlig zu überarbeiten, oder mich darauf hingewiesen, wie ich etwas verbessern könnte.

Don meinte häufig: „Hey, Bob, ich denke, wir könnten *unseren* Schreibstil verbessern, indem *wir* …"

Und dann sagte er mir, was ich ändern sollte. Ich machte mich immer ein bisschen über ihn lustig und sagte ihm, wie froh ich sei, dass ich dem *New York Times*-Bestsellerautor mit „unserem" Schreibstil helfen konnte.

Eines Tages sagte Don, ich solle das Wort „dass" nicht benutzen.

„Wirklich? Was ist denn so verkehrt an dem Wort ‚dass'?", fragte ich.

Er erklärte es nicht, sagte nur, ich solle es nicht benutzen.

Dabei machte er den Eindruck, als wisse er, wovon er sprach. Er sagte, ich solle das Wort „dass" so behandeln, als sei es ein Schimpfwort.

„Ein Schimpfwort? Wirklich? Wieso denn?"

Ich kenne ein paar Schimpfwörter und „dass" gehört ganz bestimmt nicht dazu. Ich bekam nie wirklich eine Antwort auf meine Frage. Ich schätze, es ist stilistisch korrekt, das Wort hier und da zu benutzen, aber nicht allzu oft. Aber das ist mir egal. Ich weiß nur, Don ist ein toller Schriftsteller, und er hat gesagt, wir könnten *unseren* Stil verbessern, indem *wir* das Wort „dass" nicht benutzen. Ich bin mir immer noch nicht hundertprozentig sicher, warum, aber ich vertraue Don, und das genügt.

Ich denke, mit dem Glauben ist es ähnlich. Jesus hat auch nicht immer alles ganz ausführlich erklärt. Wenn jemand, dem ich vertraue, mir etwas sagt, und ich weiß, er meint es gut mit mir, dann glaube ich ihm einfach. Natürlich können sich Leute auch einmal irren, aber das nehme ich in Kauf. Wenn sie nämlich richtig liegen und ich ihrem Rat folge, wird mein Leben dadurch besser. Allerdings bin ich Anwalt von Beruf und habe im Rahmen meiner Tätigkeit regelmäßig mit hinterlistigen Leuten zu tun. Ich bin niemand, der sich einfach so herumschubsen lässt. Ich habe gelernt, genau darauf zu achten, warum mir jemand etwas rät. Worauf man vor allem achten muss, ist, ob die Person selbst einen Nutzen davon hat, wenn man ihren Rat befolgt.

Es ist nämlich so: Viele Menschen haben bei ihrem Umgang mit ihren Mitmenschen Hintergedanken. Sie sagen oder tun etwas, und später findet man heraus, es ging ihnen in Wirklichkeit darum, etwas ganz anderes zu erreichen. Wir alle haben das schon erlebt. Viele Christen tun das in Bezug auf ihren Glauben ebenfalls und merken es gar nicht. Sie meinen es gar nicht böse. Sie haben sich schlicht einreden lassen, der christliche Glaube sei wie die Mitgliedschaft in einem exklusiven Club. Statt echte Freundschaften zu pflegen, nutzen sie ihre Kontakte dazu, sich wichtig zu machen und ihr Ego aufzupolieren. Was wir anderen einfach „gute Taten" nennen, bezeichnen sie als einen „geistlichen Dienst". Sie machen eine spannende Reise, um ein fremdes Land kennenzulernen, und bezeichnen das als einen „Missionseinsatz". Sie werfen mit frommen Schlagwörtern um sich, um andere zu manipulieren und sich so an den Türstehern vorbei in den Club zu schleichen. Aber gleichzeitig riskieren sie es, einen echten, aufrichtigen Glauben für einen Werbespot für Gott oder ihre eigene Wichtigkeit einzutauschen.

An Jesus gefällt mir, dass er nicht versucht hat, Leute anzuwerben oder zu manipulieren. Weder er noch seine Jünger haben jemals gesagt, sie gingen auf einen Missionseinsatz, weil es auch nicht gestimmt hätte. Jesus hat einfach alle eingeladen und ihnen gesagt, sie könnten ihm nachfolgen. Er machte keine großen Worte und verwendete auch keine christlichen Floskeln – weder um anderen zu verstehen zu geben, dass er Clubmitglied ist, noch um in ihren Augen gut dazustehen. Er sprach auch nicht von all den tollen Dingen, die er tun würde, oder darüber, wie viele Menschen er dazu bringen würde, ihn als „Herrn und Erlöser anzunehmen“. Er propagierte Gottes Plan nicht als ein rentables Geschäft, in das es sich zu investieren lohnt. Er forderte die Menschen einfach auf, sich einem ganz bestimmten Abenteuer anzuschließen. Ich habe fast den Eindruck, Jesus kam auf die Erde, um (neben ein paar anderen Dingen) klarzustellen, dass eine Beziehung zu Gott nicht vollkommen logisch sein muss und auch kein Rundum-sorglos-Paket ist. Der Glaube ist keine Gleichung, keine Formel und kein genialer Deal, bei dem man auf seine Kosten kommt. Kurz gesagt, wird einem, wenn man sich für Jesus entscheidet, nichts garantiert außer Jesus selbst.

Jesus hat den Leuten nicht in erster Linie vorgeschrieben, was sie sagen oder lieber nicht sagen sollten. Stattdessen redete er ziemlich viel über ihre Herzen. Er sagte, es würde ihnen besser gehen, wenn sie sich von bestimmten Dingen fernhielten. Das ist so ähnlich, als hätte er ihnen geraten, das Wort „dass“ in ihrer Lebensgeschichte lieber nicht zu verwenden. Nicht, weil er Kontrolle über sie ausüben wollte, sondern weil er ihnen helfen wollte, ein glücklicheres Leben zu führen. Ich vertraue Don, weil er ein guter Autor ist. Ich vertraue Gott, weil er der beste Autor ist. Ich glaube, Gott buchstabiert uns nicht Wort für Wort alles vor, aber er sagt uns, wie wir die Geschichte unseres Lebens besser schreiben können. Wenn wir ihm vertrauen, ist das immer ein guter Ausgangspunkt.

Mein Lieblingsbuch ist weder „Krieg und Frieden“ noch „Huckleberry Finn“, obwohl „Huckleberry Finn“ schon ziemlich dicht dran ist. Mein Lieblingsbuch ist ein Nachschlagewerk mit sinn- und sachverwandten Wörtern. Das hat einen einfachen Grund: So ein Buch enthält Hunderte, wahrscheinlich Tausende von Wörtern, die für eine Idee oder einen Gedanken stehen, und macht Vorschläge, wie man diese Gedanken und Ideen präziser ausdrücken kann. Das hilft mir dabei, mich klarer auszudrücken. Ich versuche, bei der Beschreibung meines Glaubens ähnlich vorzugehen: Ich überlege, ob ich vielleicht ein zu häufig gebrauchtes Wort gegen ein anderes austauschen kann, das mehr Bedeutung, mehr Leben vermittelt. Ich weiß immer noch nicht, warum Don mir gesagt hat, ich solle das Wort „dass" nicht benutzen. Aber ich vermute, er wollte mir helfen, bewusster auf meine Worte zu achten und mich darum zu bemühen, mich besser und klarer auszudrücken, als ich das bis dahin getan hatte. Ich könnte mir vorstellen, Gott sieht das ebenso wie er.

Kapitel 16

BÄRENJAGD

Früher dachte ich, Gott würde mich verurteilen, wenn ich danebenschieße. Heute weiß ich, dass Gott ganz andere Prioritäten hat.

Als Kind hatte ich eine tolle Beziehung zu meinem Vater und mein Vater war ein großer Waffennarr. Meine Schwester und ich kamen nicht so gut miteinander aus – sie war älter als ich und verprügelte mich regelmäßig –, und so kam es, dass ich meist mit meiner Mom oder meinem Dad zusammen war. Damals verbrachte mein Vater seine Zeit entweder mit Gartenarbeit, oder er ging irgendetwas nach, das mit Jagen zu tun hatte. Er besaß ein riesiges Gewehr und polierte es mit weichen Tüchern und Öl, als sei es ein wertvoller Oldtimer. Wenn er an seinem Gewehr herumputzte, durfte ich es manchmal halten, und dann taten wir so, als wäre ich draußen im Wald und würde einen Grizzly verfolgen. Ich war zu dem Zeitpunkt etwa acht Jahre alt und hatte noch nie einen Grizzly gesehen, aber ich konnte mir sehr gut vorstellen, wie er sich hinter dem Sofa oder unterm Esszimmertisch versteckte.

Mein Dad brachte mir geduldig bei, wie man mit einem Gewehr umging und damit schoss. Er lehrte mich einen gesunden Respekt vor Waffen und erklärte mir, wie gefährlich sie waren und dass man sorgfältig damit umgehen musste. Ich war ein eifriger junger Schüler.

„Du musst durch das Zielfernrohr schauen, um die Dinge zu sehen, die weit entfernt sind, mein Junge“, erklärte er. „Aber du musst den Blick auch immer wieder von ihnen abwenden, damit du wahrnehmen kannst, was in der Nähe ist.“ Dass sich hinter dieser Aussage auch eine Lektion für das tägliche Leben verbarg, entging mir damals, aber wenn ich mich später auf eine schwierige Aufgabe, ein wichtiges Geschäft oder ein riskantes Unterfangen einließ, fiel mir dieser Grundsatz wieder ein.

„Und dann“, fuhr er mit feierlichem Ernst fort, „ist es sehr wichtig, wie du den Abzug betätigst.“ Die nächsten Worte sagte er beinahe flüsternd. „Wenn du zu heftig ziehst, lenkst du das Gewehr vom Ziel ab. Darum musst du den Abzug ganz langsam betätigen.“

Gebannt starrte ich ihm in die Augen. „Ich hab's kapiert, Dad. Ganz langsam.“

„Wenn du das tust“ – er beugte sich vor und schlang seine Arme um mich, während ich das Gewehr hielt –, „nimmst du zuerst einen tiefen Atemzug.“ Er holte tief Luft. „Dann lässt du die Luft zur Hälfte wieder heraus … und schließlich betätigst du ganz langsam den Abzug.“ Er rezitierte dies beinahe wie ein Gedicht. „Nimm einen tiefen Atemzug … lass die Luft zur Hälfte wieder heraus … und dann betätige ganz langsam den Abzug.“ Er wiederholte es wieder und wieder und ich tat es ihm nach. Ich wollte es nicht vergessen. Wo doch Grizzlys frei im Haus herumliefen.

Meine Mom hielt nicht viel von Waffen, aber mein Vater beharrte darauf, dass keine Gefahr von ihnen ausging, wenn man sie mit dem nötigen Respekt behandelte. Manchmal holte er ziemlich weit aus, indem er beispielsweise darüber sprach, dass Waffen auch in unserer Verfassung erwähnt wurden. Soweit ich mich erinnere, waren wir als Amerikaner quasi dazu verpflichtet, welche zu besitzen, und amerikanische Bürger hatten die Aufgabe, ihren Kindern beizubringen, wie man sie gebrauchte, damit sie auf die Engländer schießen konnten, falls die mal wieder versuchen sollten, in unser Land einzufallen. Also ließ meine Mom zu, dass mein Dad ein paar Waffen im Haus aufbewahrte, obwohl das ihrer eigenen Auffassung widersprach.

Mein Dad nahm die ganze Sache mit den Waffen so ernst, dass er sogar seine eigene Munition herstellte. Keine Musketenkugeln wie im Unabhängigkeitskrieg, sondern moderne Hohlspitzgeschosse, mit denen man durchaus einen Grizzlybären erschießen könnte. Wenn er in seinem Sessel am Fenster saß und sie mit Schießpulver füllte, das er einer kleinen Tüte zu seinen Füßen entnahm, lagen die polierten Metallhülsen wie glänzende Goldstücke in seiner Hand. Jetzt dürfen Sie aber nicht denken, dass wir im Dschungelcamp lebten oder so etwas. Mein Dad liebte es einfach, Munition herzustellen – so wie manche Menschen es lieben, Brot zu backen.

Um sicherzustellen, dass die Kugel nicht im Lauf stecken blieb, ließ er nach einem langen, liebevollen Herstellungsprozess die Hülse durch das Gewehr gleiten. Dazu lehnte er das Gewehr an den Tisch, und nachdem die Kugel hindurchgeglitten war, legte er sie zu den anderen in eine Schachtel. Dort lagen sie aneinandergereiht wie eine Schar Soldaten, die darauf warteten, das Feld zu erobern.

Was mir an seinem Gewehr am besten gefiel, war das große, dunkle Zielfernrohr. Es war gigantisch und sah aus, als sei es einem Sniper-Film entsprungen. Es hatte sogar ein Fadenkreuz. Echte Männer lieben alles, was mit Fadenkreuzen zu tun hat. Darum mögen sie auch keine Liebesfilme, denn da kommen keine Fadenkreuze vor. Wenn sie aber eine Neuverfilmung von „Stolz und Vorurteil" herausbringen würden, in der ein paar Personen ins Fadenkreuz geraten, würden die Jungs Schlange stehen, um den Film mit ihren Freundinnen anzuschauen.

Eines Tages, als ich ein bisschen älter geworden war und meinem Dad wieder einmal beim Herstellen seiner Munition zusah, fragte ich ihn, ob ich den Grizzly jagen gehen dürfte. Er erwog meine Bitte ruhig und nachdenklich und prüfte dann die Gewehrkammer, um sich zu vergewissern, dass sie keine Munition enthielt.

Dann hielt er mir das Gewehr hin, und ich nahm es so langsam und andächtig entgegen, als würde ich in den Geheimdienst aufgenommen. Ich hob es hoch, nahm es vorsichtig in Anschlag und hielt mein Auge ans Zielfernrohr, um im Fadenkreuz den Grizzly zu fixieren. Vor unserem Kamin lag ein alter Läufer, der dringend einmal erneuert werden musste, und das war nun unsere Chance.

Während ich durch das Zielfernrohr schaute, stand ich nicht länger mit meinem Dad im Hobbyraum. Ich trug einen Tarnanzug, kauerte im tiefen Wald und wartete darauf, dass der Grizzly mir vor die Flinte spazierte. Und dann kam er.

Das Auge an die Glaslinse des Zielfernrohrs gedrückt, rezitierte ich im Stillen die Worte, die mein Dad mir beigebracht hatte. Ich nahm einen tiefen Atemzug, ließ die Luft zur Hälfte wieder entweichen und betätigte dann langsam den Abzug.

In diesem Moment stellte sich heraus, dass doch eine Kugel im Gewehr war.

Der ohrenbetäubende Lärm, der durch unser Haus hallte, erinnerte an einen Kanonendonner.

Die Kugel flog mit einer Geschwindigkeit von 600 Metern pro

Sekunde durch die Luft, bohrte sich durch die Rigipsverkleidung und durchschlug die dahinter liegenden Verstrebungen wie ein Stück Butter. Sie schwirrte durch den Flur und in den nächsten Raum, wo sie direkt oberhalb des Bettes meiner Schwester in der Wand stecken blieb.

Wegen der Art und Weise, wie ich das Gewehr hielt – mit dem Lauf unter meiner rechten Schulter, das Zielfernrohr aber am Auge –, traf mich der volle Rückschlag um mein rechtes Auge herum. Nach ein paar Minuten kam ich wieder zu mir und stellte fest, dass mein Lieblings-T-Shirt voller Blut war. Mein erster Gedanke war, dass ich etwas falsch gemacht hatte und gleich Prügel beziehen würde. Mein zweiter Gedanke war, ob ich den Grizzly wohl erwischt hatte. Ein Nachbarsjunge, der bei uns gespielt hatte, rannte auf die Straße und erzählte allen, dass ich mir gerade in den Kopf geschossen hätte. Meine Schwester rannte ins Haus und erkundigte sich, ob sie jetzt mein Fahrrad bekommen könnte.

Mit meinem blutunterlaufenen Auge konnte ich sehen, dass mein Dad sich über mich gebeugt hatte und verwirrt, aber entschlossen wirkte. Er nahm mich in die Arme und im nächsten Moment war auch sein Hemd voller Blut. Er brachte mich ins Krankenhaus und die Ärzte flickten mich wieder zusammen. Ich war grün und blau im Gesicht, als sie mich nach Hause schickten, aber ich sah sehr männlich aus. Meine Schwester schaute mich enttäuscht an, als sie begriff, dass ich noch lebte und dass sie mein Fahrrad nicht bekommen würde. Ich ging in ihr Zimmer, starrte auf das Einschussloch und rechnete aus, wie weit es von ihrem Kopfkissen entfernt war. „Zehn Zentimeter tiefer und ein Stück nach rechts“, sagte ich. Danach hat sie sich nie mehr mit mir angelegt.

Ich erzähle Ihnen diese Geschichte, weil ich viele Jahre später Christen kennengelernt habe, die Gleichnisse über Gewehre, Ziele und Fehlschüsse gebrauchten. Vielleicht ging es aber auch ums Bogenschießen. Auf jeden Fall wurde diese Analogie herangezogen, um uns vor Augen zu führen, dass wir alle Versager sind und am Ziel vorbeischießen. Sie sprachen auch darüber, dass Gott auf bestimmte Leute wirklich wütend ist, weil sie die verkehrten Dinge glauben oder tun. Ehrlich gesagt, klangen diese Christen in meinen Ohren ziemlich selbstgerecht. Und im Nachhinein denke ich, diese Personen waren erpichter darauf, den Abzug zu drücken, als jeder andere, dem ich jemals begegnet war. Sie machten jeden ausfindig, der Mist gebaut oder eine falsche Entscheidung getroffen hatte, und nahmen ihn ins Visier.

Mir gefällt das nicht, denn ich baue eine Menge Mist, und irgendwie ist es ein gruseliges Gefühl, in jemandes Fadenkreuz zu geraten. Vielleicht ist das eine jener Situationen, in denen die Leute, wie mein Vater sagte, nicht durchs Zielfernrohr schauen, sondern den Blick auf ihre nähere Umgebung richten sollten – zum Beispiel, indem sie sich mit ihren eigenen Fehlern und Verletzungen beschäftigen. Ich denke, wir brauchen das alle von Zeit zu Zeit – ich brauche es jedenfalls ganz bestimmt.

Ich habe im Laufe der Jahre gelernt, dass die meisten Menschen nicht im eigentlichen Sinne schlecht sind. Ich meine, sie sind nicht wirklich bösartig, sie planen keine Banküberfälle und hecken keine Betrügereien aus. Die meisten Leute, die ich kenne, nehmen harmlose Dinge ins Fadenkreuz: geliebt zu werden, nicht allein zu sein, irgendwo Sicherheit zu finden und einen Haufen anderer Dinge, die absolut normal und lohnenswert sind. Ich glaube, Gott selbst hat uns das Verlangen ins Herz gelegt, nach diesen Dingen zu streben, und es ist schön, wenn wir sie tatsächlich erreichen.

Aber manchmal können wir unglaublichen Mist bauen, und das endet dann damit, dass wir uns auf dem Boden wiederfinden und unser T-Shirt blutgetränkt ist. Ich glaube nicht, dass Gott wütend auf uns ist, wenn das passiert. Als er die Welt geschaffen hat, wusste er, dass die Menschen sich selbst oder einander immer wieder Not und Schmerzen zufügen würden. Er wusste, dass die Menschen einander betrügen und manipulieren würden und dass sie falsche Mittel und Wege wählen würden, um Liebe und Respekt zu finden. Trotzdem kann ich mir nicht vorstellen, dass es ihm Vergnügen bereitet, uns leiden zu sehen.

Heute habe ich ein anderes Bild von Gott. Er ist nicht wütend auf uns, weil wir das Ziel verfehlt haben. Ich sehe stattdessen das Bild eines Vaters vor mir, dem ich mit blutunterlaufenen Augen dabei zusehe, wie er mich in die Arme nimmt und mit blutverschmiertem Hemd ins Krankenhaus bringt, damit ich wieder gesund werde.

Kapitel 17

BLANKE PENNYS ZÄHLEN DOPPELT

Früher dachte ich,
Regeln würden von
anderen aufgestellt.
Heute weiß ich,
dass wir ein paar von
ihnen selbst machen.

In meiner Kindheit ging ich immer in den kleinen Laden an der Ecke und kaufte dort Süßigkeiten. Oberhalb des Eingangs hing eine Glocke mit einer Federmechanik, die jedes Mal bimmelte, wenn die Tür geöffnet wurde. Drinnen stand ein wunderbarer alter Mann an der Kasse, der ganz graue Haare hatte. Er sah aus wie der Opa aus dem Film „Oben". Er hatte weiße, stoppelige Haare an den Schläfen, und wann immer jemand eintrat und die Glocke ertönte, hielt er inne und begrüßte den Ankömmling mit einem freundlichen Kopfnicken. In meiner kindlichen Vorstellung war er der Hüter der Süßigkeiten, der beneidenswerteste Mensch auf der ganzen Welt. Ich stellte mir vor, dass er sich etwas Süßes nehmen konnte, wann immer er wollte, und nicht einmal dafür zu zahlen brauchte. Ich dagegen musste zahlen, und wenn mein Vater von der Arbeit nach Hause kam, durchforstete ich seine Hosentaschen nach Kleingeld. Sobald ich den Eindruck hatte, dass ich genug besaß, ging ich in den Laden. Die Glocke bimmelte, der alte Mann nickte mir freundlich zu, und ich lief mit prüfenden Blicken an den Regalreihen entlang und überlegte, welche Süßigkeiten ich mit meinem Kleingeld erwerben wollte.

Wenn ich mich entschieden hatte, brachte ich meine Auswahl zur Kasse und breitete mein Kleingeld auf dem Ladentisch aus. Ich wusste nie, ob die Münzen, die ich mitgebracht hatte, genügen würden. Also versuchte ich, dem alten Mann von den Augen abzulesen, ob mein Geld reichte. Er lächelte und zählte mit tiefer, freundlicher Stimme langsam meinen Schatz. Ich erinnere mich, dass seine Weste immer nach Pfeifentabak roch, wenn er sich zwischen Gläsern und Stapeln von Papiertüten auf dem Tresen abstützte und wie ein Banker mein Geld hin und her schob. Sobald der Betrag stimmte, schubste er den Schokoriegel zu mir herüber, schob das Geld, das nun ihm gehörte, zusammen und gab mir den Rest zurück. Meist ging ich dann nicht nach Hause, um meine Errungenschaft zu verzehren, sondern futterte die begehrte Süßigkeit gleich an Ort und Stelle auf. Ich leistete dem Ladenbesitzer Gesellschaft und sah ihm zu, wie er die Lebensmittel der nachfolgenden Kunden einpackte. Ich lauschte, wie die Leute darüber plauderten, wie das Wetter wohl werden würde und was in unserer Stadt passiert war. Das Gesprächsthema war unwichtig – es war einfach einer jener Orte, an denen man gern verweilte. Der Ladenbesitzer erfuhr Tag für Tag immer wieder von Neuem den gleichen Kleinstadtklatsch, aber stets hörte er höflich zu und antwortete, als hätte er von seinem Kunden die Nachricht gerade zum ersten Mal gehört.

Eines Morgens schlenderte ich, nachdem ich genügend Kleingeld von meinem Papa eingesammelt hatte, wieder zum Laden, suchte mir meine Süßigkeit aus und breitete mein Kleingeld vor dem Ladenbesitzer aus, als wäre es ein Piratenschatz. Er begann mit seiner üblichen Prozedur und ordnete wie immer die Münzen in Reihen. Er zählte mit seiner freundlichen Stimme und machte Pausen, um mich daran zu erinnern, wie viel jede einzelne Münze wert war. Er forderte mich auf, laut mitzuzählen. Meistens hörte ich bei elf oder zwölf auf zu zählen, und er zählte für uns beide zu Ende, ohne mir dabei ein schlechtes Gewissen zu machen. Irgendwie klang es bei ihm dann so, als ob wir immer noch beide zählten. Wenn er fertig war, versuchte ich, ihm an den Augen abzulesen, ob ich genug hatte. Gewöhnlich ließ er mich mit einem angedeuteten Nicken und einem leichten Grinsen wissen, dass es reichte. Aber an diesem Morgen war alles anders.

Als er fertig war, schüttelte er seinen backenbärtigen Kopf und kniff die Augen zusammen. Das hatte er noch nie getan, und ich vermutete, das hieß, ich hatte nicht genug Geld. „Wir haben einen Penny zu wenig“, sagte er bedauernd. Für ein Kind ist ein fehlender Penny eine unüberbrückbare Kluft, und wenn ausgerechnet man selbst dieses Kind ist, fühlt man sich furchtbar allein. Aber er sagte „wir“, und das löste in mir das Gefühl aus, dass wir im selben Boot saßen und beide dasselbe Ziel verfolgten. „Ich habe eine Idee“, meinte der Ladenbesitzer nach einigen Augenblicken, die mir wie eine Ewigkeit vorkamen. Er schnappte sich einen Penny und kramte hinter dem Tresen einen alten Lappen und eine Flasche Essig hervor. Er goss ein wenig Essig auf den Lappen und streute eine Prise Salz darüber. „Ich weiß genau, wie du dich fühlst." Grinsend begann er, den Penny zu polieren. „Ich weiß, wie man sich fühlt, wenn man etwas unbedingt haben will, und das Geld reicht nicht." Das war der längste Satz, den er je zu mir gesagt hatte.

„Ich führe diesen Laden sehr gern", fuhr er fort, während ich die Münze beobachtete, als sei sie Bestandteil eines Zaubertricks. „Und ich freue mich, dass du mich so oft besuchst." Ich fühlte mich, als würde ich in diesem Moment in die Welt der Erwachsenen aufgenommen – jetzt war ich derjenige, der mit dem Ladenbesitzer plauderte. Ich überlegte, ob ich andere Gespräche nachplappern und vom Wetter anfangen sollte, aber er unterbrach mich mit einem Satz, der alles veränderte.

Denn als er den Penny blank poliert hatte und dieser in einem hellen Kupferton erstrahlte, als sei er frisch geprägt worden, sagte er, während er ihn zu den anderen auf den Tresen fallen ließ: „In meinem Laden zählen blanke Pennys doppelt."

„Ehrlich?", fragte ich und mein Herz machte einen Sprung.

„Allerdings – blanke Pennys sind doppelt so viel wert."

Und wissen Sie was? Ich glaubte ihm. Ich glaubte ihm nicht einfach deshalb, weil ich ein Kind war und er erwachsen. Ich glaubte ihm, weil er so ein netter, freundlicher Mensch war. Worte, die von freundlichen Menschen ausgesprochen werden, haben die Fähigkeit, in unserem Leben fortzubestehen. Mehr als vierzig Jahre sind seit damals vergangen, und jedes Mal, wenn ich einen glänzenden Penny sehe, denke ich immer noch unwillkürlich: *Blanke Pennys sind doppelt so viel wert.*

Ich weiß, was Sie jetzt denken: Es stimmt gar nicht, dass blanke Pennys doppelt so viel wert sind, und der Ladenbesitzer hat nur auf hinterlistige Weise versucht, meine Mathenoten zu ruinieren. Aber das trifft nicht zu. Für ihn waren blanke Pennys tatsächlich doppelt so viel wert, vor allem, wenn es *meine* Pennys waren. Sicher waren sie im nächsten Laden nicht doppelt so viel wert, aber in seinem Laden stellte er die Regeln auf, und diese eine Regel machte er eigens für mich.

Auch Jesus stellte die gängigen Wirtschaftsprinzipien regelmäßig auf den Kopf. Er sprach davon, dass man geben müsse, um empfangen zu können. Dass man nachfolgen müsse, um führen zu können. Dass die Armen reich seien und dass man manchmal sein Leben verlieren müsse, um es zu finden. Wenn ich heute zurückdenke, kommt mir das, was ich damals von jenem Ladenbesitzer gelernt habe, seltsam vertraut vor. Es zeigt mir, dass wir öfter, als wir denken, die Möglichkeit haben, unsere eigenen Regeln aufzustellen und so die Prinzipien umzusetzen, die Jesus uns beigebracht hat.

In gewissem Sinne sind wir alle wie dieser Ladenbesitzer – wir bestimmen, wer was bekommt und was die Dinge wert sind. Wir werden zu denjenigen, die entscheiden, dass ein Mensch (und das gilt auch für uns selbst) mehr wert ist, als andere denken, und dass Jesus nachzufolgen manchmal bedeuten kann, ein paar neue Rechenregeln aufzustellen. In Wirklichkeit stehen wir nämlich alle auf derselben Seite der Ladentheke, wenn es darum geht, dass wir gelegentlich ein bisschen Hilfe und Gnade und einen blanken Penny brauchen. Denn wir sind beides – das Kind und der Ladenbesitzer.

Kapitel 18

TRAMPEN FÜR FORTGE-SCHRITTENE

Früher dachte
ich, es wäre egal,
mit wem man seine
Zeit verbringt.
Heute weiß ich,
dass man sich diese
Personen gut
aussuchen muss.

Warum besteht die automatische Rechtschreibprüfung darauf, dass man „Satan“ auf Englisch mit einem großen Anfangsbuchstaben schreiben muss? Ich will das nicht – ich finde, dadurch erweist man ihm zu viel Ehre.

Ich glaube, dass es den Teufel gibt, aber ich mache mir nicht allzu viele Gedanken über ihn. Und die Bibel tut das, ehrlich gesagt, auch nicht. Wir sprechen viel mehr über ihn, als die Bibel es tut. Ich habe schon mal gehört, wie religiöse Menschen kleinen Kindern Angst machten, indem sie Dinge sagten wie: „Wenn du Heavy-Metal-Musik hörst, begibst du dich in den Machtbereich Satans.“ Oder: „Wenn du Bier trinkst oder rauchst, gerätst du in den Einflussbereich des Teufels.“ Ich würde so etwas nie zu meinen Kindern sagen. Erstens deshalb, weil es in ihnen den Wunsch wecken würde, Heavy-Metal-Musik zu hören, zu rauchen und zu trinken. Und zweitens würde es ihnen schwerer fallen, damit aufzuhören, weil sie überzeugt davon wären, dass der Teufel Macht über sie hat.

Wenn ich an Satan denke, erinnere ich mich als Erstes daran, wie Jesus in der Wüste mit ihm umgegangen ist. Jesus hat nur ein paar Sekunden lang mit ihm gesprochen und ihn dann weggeschickt. Satan wollte ihn manipulieren und Kontrolle über Gott ausüben, aber Jesus hatte eine Beziehung zu Gott, von der Satan nichts wusste, und Jesus hatte kein Problem damit, ihn zurechtzuweisen und loszuwerden. Ich glaube, wir sollten es genauso machen.

Das ist alles, was ich über den Teufel zu sagen habe. Er bekommt ohnehin schon zu viel Sendezeit.

Während meiner Collegezeit beschloss ich einmal, mir ein bisschen freizunehmen und per Anhalter durchs Land zu fahren. Es war eine andere Zeit und damals machten das viele Leute so. Allerdings wurden auch viele Leute umgebracht und darum machen das heute nicht mehr so viele.

Einmal beschloss ich, von San Diego zur Bucht von San Francisco zu trampen. An der *San Diego State University*, wo ich das College besuchte, streckte ich den Daumen heraus. Während der ersten Teilstrecken entlang der Küste hielten immer wieder Autofahrer an; ich musste nie länger als ein paar Minuten auf die nächste Mitfahrgelegenheit warten. Ich hatte Segelohren und sah völlig harmlos aus, was zweifellos förderlich war.

Es gibt beim Trampen ein ungeschriebenes Gesetz, das vermutlich dem gesunden Menschenverstand entspringt: Wenn ein Auto anhält, um Sie mitzunehmen, sagen Sie dem Fahrer nicht, wohin Sie möchten – Sie fragen ihn immer, wohin er fährt. Das gibt Ihnen ein paar Sekunden Zeit, um einen ersten Eindruck davon zu bekommen, was für ein Mensch er ist. Wenn er Ihnen zum Beispiel sagt, er sei auf dem Weg zu einem Reptilienzüchtertreffen oder einer Sturmgewehr-Ausstellung, können Sie ihm sagen, dass Sie da schon gewesen sind, und mit jemand anderem fahren.

In der Gegend von Santa Barbara verließ mich das Glück. Ich stand beinahe einen Tag lang an der Autobahn, weil ich niemanden fand, der mich mitnahm. Nach vierundzwanzig Stunden hatte ich nur noch den verzweifelten Wunsch, endlich weiterzukommen. Schließlich reagierte ein Lieferwagenfahrer auf meinen ausgestreckten Daumen und fuhr auf den Seitenstreifen. Ich hatte nur noch den einen Gedanken: weiter nach Norden zu kommen. So kletterte ich hinein, noch ehe die Räder völlig zum Stillstand gekommen waren, und warf meinen Rucksack in den freien Raum zwischen den beiden Vordersitzen.

Der Typ, der den Wagen fuhr, schien etwa vierzig Jahre alt zu sein und hatte einen enormen Bart. Ich war, ehrlich gesagt, ein bisschen neidisch auf seinen Bart und stellte mir vor, dass ich eines Tages auch so verwegen aussehen würde. Die Fenster waren geschlossen, und es dauerte nicht lange, bis ich einen widerlichen Körpergeruch wahrnahm. Ich schnupperte kurz an meiner Achselhöhle, um sicherzugehen, dass nicht ich die Ursache dafür war. Dieser Kerl stank fünfzig Meter gegen den Wind und hätte mit seinem Geruch einen Wasserbüffel umhauen können. Aber das war mir egal. Ich war wieder unterwegs, und das war das Einzige, was für mich zählte.

Während wir Geschwindigkeit aufnahmen, bemerkte ich, dass

das Armaturenbrett mit Rosenblüten bedeckt war. *Seltsam,* dachte ich. Hatte der Typ ein Blumengeschäft? Ich konnte es mir kaum vorstellen. Jedenfalls wäre sein Geschäft – falls er eines gehabt hätte – schlecht gegangen, denn es befanden sich keine weiteren Blumen in dem leeren, gruseligen, fensterlosen Lieferwagen. Auf der linken Seite des Armaturenbrettes stand auf einer weiteren Schicht von Blütenblättern ein Bild in einem Goldrahmen, das die Füße eines Mannes zeigte. Wenn Sie wie ich sind, denken Sie jetzt wahrscheinlich, die Geschichte beginnt komisch zu werden. *Warum stellt sich jemand ein gerahmtes Foto von Männerfüßen auf eine Schicht Blütenblätter?,* fragte ich mich. Ich konnte es mir höchstens so erklären, dass der bärtige, stinkende Kerl ein Fußfetischist war. Der Typ hatte definitiv ein Rad ab.

Nachdem ich ein bisschen an meinem Rucksack herumgefummelt und aus dem Fenster geschaut hatte, fragte ich den Mann: „Wo fahren Sie eigentlich hin?“ Keine Antwort.

Das ist genau der Grund, warum ich mich all die Jahre an die Regel gehalten hatte, die Leute zu fragen, wo sie hinfahren, bevor ich bei ihnen einsteige. Aber diesmal hatte ich so lange festgesessen, dass ich Wurzeln zu schlagen begann, und darum hatte ich meinen Grundsatz irgendwie vergessen. Ich ließ ein paar Augenblicke verstreichen, um ihm die Chance zu geben, doch noch zu antworten; vielleicht brauchte er ja einfach ein bisschen länger. Nach einer Weile dachte ich, dass er meine Frage beim ersten Mal nicht gehört hatte, und so startete ich einen zweiten Versuch. In meinem fröhlichsten Tonfall fragte ich: „Sind Sie heute schon lange unterwegs? Ist das nicht ein wunderschöner Tag? Ich liebe diese Jahreszeit einfach – geht es Ihnen auch so?“ Wieder kam keine Antwort. Kein gutes Zeichen.

Ich starrte weiter aus dem Fenster und versuchte eine „Ich bin überhaupt nicht beunruhigt“-Miene aufzusetzen. Dann wandte der Fahrer mir auf einmal ganz langsam das Gesicht zu, wie die bösen Kerle in den Horrorfilmen.

„Willst du wirklich wissen, wer ich bin?“, fragte er mit heiserer, bösartiger Stimme.

„Klar“, erwiderte ich munter. Wir würden eine Weile zusammen in seinem Lastwagen sitzen. Also konnten wir uns ruhig kennenlernen, ein paar gemeinsame Interessen entdecken ... Sie wissen schon ...

„Ich bin der Teufel.“

„Oh“, sagte ich und wünschte mir auf der Stelle, ich hätte Weihwasser in meiner Thermoskanne.

Ich weiß, dass das nicht unbedingt die intelligenteste Antwort war, aber es war alles, was mir in diesem Moment einfiel. Es schien immerhin ein bisschen prägnanter als: „Das würde mir aber stinken, wenn ich Sie wäre. Wie weit sind Sie denn mit Ihrem Plan, die Welt zu zerstören?“, oder: „Wie geht's Ihrer Großmutter? Ach so – haben Sie überhaupt eine?“

In Wirklichkeit war ich hochgradig alarmiert. Ich war drauf und dran, mir vor Angst in die Hose zu machen. Ich sagte Satan, der zu meiner Überraschung kleiner war als ich, dass er an den Straßenrand fahren und mich aussteigen lassen solle. Es war zwar schön, wieder unterwegs zu sein, aber ich wurde den Verdacht nicht los, dass er nicht dorthin fuhr, wo ich hinwollte.

Der Teufel tat, als hätte ich nichts gesagt, und fuhr einfach weiter.

Ich ließ mir nichts anmerken und sagte ihm noch einmal, diesmal mit mehr Nachdruck, dass er anhalten und mich aussteigen lassen sollte – sonst würde ich ihm einen Arschtritt verpassen. Ich glaube, es ist gut, mit Satan Klartext zu reden, und vermutlich hatte er ohnehin schon alle Schimpfworte gehört, die ich kannte, und noch einige mehr. Satan hielt an und ich stieg aus.

Der Staub, den sein gruseliger, blütenblatt-geschmückter, fußfetischistischer Lieferwagen aufwirbelte, als er weiterfuhr, legte sich auf mein Gesicht. Ich nahm einen flachen Atemzug und versuchte, das ungute Gefühl abzuschütteln, das das seltsame Erlebnis bei mir hinterlassen hatte. Um ehrlich zu sein, war ich dankbar, in Sicherheit zu sein. Mir tat der Nächste, dem dieser Mann begegnen würde, jetzt schon leid.

Als ich meinen Daumen wieder ausstreckte, war ich ein bisschen nervös. Schließlich zog ein Kombiwagen mit abblätternder Holzimitat-Verkleidung auf den Seitenstreifen. Er fuhr noch hundert Meter an mir vorbei, dann erstrahlten die Rücklichter. Mit im Kies knirschenden Reifen kam der Wagen im Rückwärtsgang auf mich zugeschossen.

Am Steuer saß eine Frau, und während ich auf das Auto zuging, suchte ich die Wagenrückwand nach Forken oder ähnlichen Merkmalen der Unterwelt ab. Das einzig Ungewöhnliche war eine wirklich große schwarze Kiste hinter dem Rücksitz. Ich verdrängte den Gedanken, dass sich darin die Überbleibsel des letzten Trampers verbargen, den sie mitgenommen hatte, und fragte die Frau, wohin sie fuhr. Sie sage, sie sei auf dem Weg zu einer Hochzeit in San Francisco. Das klang ziemlich ungefährlich. Darum stieg ich ein und bald darauf waren wir wieder auf dem Highway.

Nach einer Weile beschloss ich, nur das Beste von meiner neuen Reisegefährtin anzunehmen, und begann ein Gespräch. Ich bemühte mich um einen lockeren Tonfall, aber wahrscheinlich klang meine Stimme trotzdem ziemlich piepsig. „Hey, was haben Sie denn da hinten auf der Ladefläche?“ Ich muss zugeben, dass ich ein bisschen Angst vor ihrer Antwort hatte.

„Das ist meine Harfe“, strahlte sie und wandte mir das Gesicht zu. „Ich mache auf der Hochzeit Musik.“

„Tatsächlich?“, lachte ich. „Ihre Harfe. Das hätte ich mir ja gleich denken können.“

Ich schmiegte mich an die Rückenlehne meines Sitzes in ihrem Kombiwagen mit Holzimitat-Verkleidung, spürte die Wärme der Nachmittagssonne und schlief lächelnd ein.

An jenem Tag habe ich etwas gelernt: Auch wenn ich dringend jemanden brauche, der mich irgendwohin mitnimmt, habe ich sehr viel Einfluss darauf, mit wem ich fahre. Ich weiß, das klingt simpel, aber so ist das Leben. Sie werden wie die Leute, mit denen Sie Ihre Zeit verbringen, und die Wahrscheinlichkeit ist groß, dass Sie dort landen, wohin diese Leute unterwegs sind. Wenn jemand anderes am Steuer sitzt, dann muss es jemand sein, dem Sie wirklich vertrauen können, denn Sie haben dem Betreffenden viel Macht über Ihr Leben eingeräumt.

Psychologen versuchen gerade, den Unterschied zwischen Gehirn und Verstand zu erklären. Das Gehirn ist das Ding in Ihrem Schädel. Der Verstand hingegen, sagen sie, funktioniert ganz ähnlich wie das Internet: Er ist ein Sammelsurium von Informationen, die Sie durch alle Ihre Erfahrungen und Ihre Interaktionen mit anderen Menschen angehäuft haben. Mit anderen Worten: Wir sind miteinander verbunden und werden mehr voneinander beeinflusst, als wir denken. Wenn es da einen schrägen Typen gibt – ich meine, jemanden, der wirklich böse ist –, dann sollten wir ihn unbedingt so schnell wie möglich aus unserem Kopf verbannen. Vielleicht ist das der Grund, warum Jesus Satan nicht viel Sendezeit gegeben und ihn lieber gleich in die Wüste geschickt hat.

Was ich mit all dem sagen will, ist, dass wir viel mehr Einfluss darauf haben, mit wem wir unser Leben verbringen, als manche Leute denken. Und wenn Sie mal an den Falschen geraten, so wie ich damals, dann tun Sie, was erforderlich ist, um wieder aus dem Auto auszusteigen.

Ich möchte nicht herzlos klingen, denn die schlechten Kerle brauchen auch Freunde. Aber das müssen ja nicht unbedingt *Sie* sein. Jesus jedenfalls machte kurzen Prozess mit dem Teufel. Er nannte ihm die Tatsachen und befahl ihm abzuhauen. Wenn Satan zurückgekommen wäre und gesagt hätte, dass es ihm leidtut, wäre das etwas anderes gewesen. Aber das hat er nicht getan und das wird er auch nicht tun.

Manche Menschen lernen, selbstlos und liebevoll zu sein, und andere lernen es nicht. Sie werden das den Personen, mit denen Sie zu tun haben, nicht immer sofort ansehen. Aber ich habe herausgefunden, dass es eine ziemlich gute Idee ist, die Leute zu fragen, wohin sie unterwegs sind, bevor Sie bei ihnen einsteigen. Wenn sie nicht dorthin fahren, wo Sie landen möchten, dann bleiben Sie einfach ein bisschen länger auf dem Seitenstreifen stehen.

Kapitel 19

ZUSAMMENSTOSS MIT FOLGEN

Früher dachte ich, die besten Lehrer würden Tweedjacken tragen und Pfeife rauchen. Heute weiß ich, dass sie Stürze drehen und nicht ganz dicht sind.

Ich habe im Laufe meines Lebens von vielen klugen Menschen viel gelernt. Einer meiner Lieblingslehrer war jedoch jemand, der weder Professor noch Schriftsteller oder Pastor war. Es war ein Auto, das ich einmal besaß. Genau genommen war es ein Jeep, der so rot war wie ein Feuerwehrauto und dessen Fahrersitz so hoch oben war, dass man sich beim Einsteigen durchaus eine Leistenzerrung holen konnte. Er besaß einen Überrollbügel, an dem ein Feuerlöscher befestigt war. Dieser Jeep war ein typisches *Männerauto*, er strotzte geradezu vor Technik und Testosteron. Wenn es möglich gewesen wäre, Sitze aus getrocknetem Büffelfleisch einzubauen, hätte ich es getan.

Vor etwa ein oder zwei Jahren, als ich gerade auf dem Rückweg vom Gottesdienst war, kam plötzlich ein Auto aus einer Seitenstraße geschossen. Es raste mir in die Seite und erwischte mich vor dem linken Vorderrad. Ich hatte keinerlei Zeit zu reagieren. Ich konnte weder ausweichen noch nach dem Feuerlöscher greifen. Ich hatte noch nicht einmal Zeit zum Beten. Der Jeep überschlug sich und ich wurde in hohem Bogen hinauskatapultiert. Gern würde ich behaupten, dass ich angeschnallt war, aber das war ich nicht. (Du hast ja recht, Mom.) Ich schoss wie eine Kanonenkugel durchs Wagendach.

Als ich wieder zu mir kam, saß ich aufrecht auf dem Asphaltboden und stützte mich hinter dem Rücken mit den Armen ab; ganz so, als sähe ich mir gerade an einem schönen Sommertag im Park ein Fußballspiel an. Der Jeep lag etwa zehn Meter entfernt mit den Rädern nach oben am Straßenrand, und der Motor heulte so laut, als hielte irgendein Phantomfuß das Gaspedal durchgedrückt. Überall waren Öl- und Benzinlachen. Da ich ein Mann bin, hatte ich nur einen Gedanken: *Gleich geht er hoch!* So denken wir Männer halt, nehme ich mal an. Vielleicht wollte ich auch bloß einmal den Feuerlöscher benutzen. Aber leider explodierte der Jeep nicht. Vielleicht nächstes Mal.

In den nächsten Minuten kamen viele andere rote Fahrzeuge angerast. Ein Feuerwehrauto, ein Krankenwagen und zwei Kinder auf roten Fahrrädern. Ich konzentrierte mich auf meinen Körper und überprüfte, ob noch alles dran war. Da alles gut zu funktionieren schien, stand ich auf, wischte mir den Staub von den Kleidern und lief zu dem anderen Auto hinüber. Die Fahrerin saß wie gelähmt auf ihrem Sitz und ließ langsam das Fenster herunter. Es war eine kleine, gebrechliche Frau, die immer noch das Steuer umklammert hielt und regungslos ins Leere starrte. Sie war schon älter, das sah man gleich.

Ich stellte mich vor. „Hi, ich bin Bob. Wie heißen Sie?" Die benommene Frau starrte weiter vor sich hin und klammerte sich ans Steuer.

„Ich … ich bin Lynn …", stammelte sie.

„Lynn, ist alles in Ordnung mit Ihnen?", fragte ich und beugte mich dabei ein wenig vor. Lynn war unglaublich dünn. Ich schätze, sie wog keine fünfzig Kilo.

„Ich glaube, es geht mir gut", flüsterte sie. Es war nicht verwunderlich, dass dieser Unfall Lynn ziemlich mitgenommen hatte. Sie war nämlich schon siebenundachtzig Jahre alt, gerade mal einen Meter fünfzig groß und befand sich auf dem Heimweg von ihrer Seniorengymnastik. Ich versuchte, Blickkontakt mit ihr herzustellen, hatte aber keinen Erfolg.

„Ich habe wohl vergessen anzuhalten", meinte Lynn, die immer noch das Steuer umklammerte und vor sich hin starrte. Das stimmte natürlich. Aber wer konnte schon jemandem wie Lynn böse sein? Sie wandte mir zum ersten Mal seit Beginn unseres Gesprächs den Kopf zu und sagte dann mit dem Ernst einer Großmutter und der Überraschung einer zufällig vorbeikommenden Passantin: „Junger Mann, wissen Sie, dass Sie durch Ihr Autodach geschleudert wurden?" Ach ja, das. Ich antwortete ihr, dass ich immer so auszusteigen pflege, wenn ich in Eile bin. Es spart Zeit, wenn man die Tür nicht aufzumachen braucht oder die Beine heraushieven muss. Ich bin schließlich ein vielbeschäftigter Mann, müssen Sie wissen …

Ich glaube, Lynn hatte erwartet, dass ich sie tadeln oder ihr Vorhaltungen machen würde, dass sie vorsichtiger hätte sein sollen, aber stattdessen legte ich ihr die Hand auf die Schulter. „Lynn", sagte ich so munter, wie ich nur konnte, „soll ich Ihnen mal was sagen? Das war das *Coolste*, was mir *je* passiert ist!" Sie blickte auf und lächelte zum ersten Mal. Von dem Wunsch beseelt, ihre Stimmung zu heben, fuhr ich fort: „Wenn es in ‚Disneyland' eine solche Attraktion gäbe, wäre die Schlange zwei Kilometer lang. Können wir das nächste Woche noch mal machen? Wir treffen uns einfach wieder hier an der Kreuzung."

Ich fragte sie noch einmal, ob ihr auch nichts fehlte, und sie sagte, es ginge ihr gut. Die Polizei sammelte gerade Teile meines Jeeps auf, die auf einer Grasfläche auf der anderen Straßenseite, hinter einem Zaun und in einer nahe gelegenen Einfahrt verstreut waren. Einer der Feuerwehrmänner half uns beim Austausch unserer Kontaktdaten. Da es mir gut ging, beschloss ich, nach Hause zu laufen. Vorher rief ich jedoch noch einmal zu Lynn hinüber, dass sie sich keine Sorgen zu machen brauchte, und winkte zum Abschied. Sie war immer noch durcheinander und schien mir ein wenig nachdenklich. Darum ging ich noch einmal zu ihr zurück und erkundigte mich, woran sie gerade dachte.

„Wissen Sie, was mir am meisten Sorgen bereitet?", sagte sie und starrte dabei durch mich hindurch. „Ich glaube nicht, dass ich meinen Führerschein behalten darf."

Ich versuchte, mir vorzustellen, wie ihr zumute war, und sie mit ein paar freundlichen Worten aufzumuntern. Lynn fuhr fort: „Wissen Sie, wo das Problem liegt? Ich will einfach nicht von anderen abhängig sein." Ich wusste, was sie meinte. Mir hat es auch nie gefallen, mich auf andere verlassen zu müssen, ich konnte also verstehen, was sie empfand. Und dann wurde mir schlagartig klar, dass ich jetzt genauso von anderen abhängig war wie Lynn. Der Jeep war völlig hinüber, nachdem die Einsatzkräfte ihn wieder auf die Räder gestellt hatten. Die Straße war mit Glassplittern übersät, Metallteile wurden zu Haufen zusammengefegt, und der Jeep war auf dem Weg zum Schrottplatz. Es würde Wochen oder Monate dauern, bis ich wieder ein Auto hatte. Irgendjemand würde mich jetzt ebenfalls von A nach B fahren müssen. Der Abschleppwagen, der Krankenwagen und die Feuerwehrautos fuhren davon, also verabschiedete ich mich von Lynn und lief nach Hause.

Wenige Tage später klingelte mein Handy. „Hallo?"

Zuerst kam nichts, nur Stille. Dann erklang eine zarte, reumütige Stimme aus dem Telefon.

„Es tut mir ja *so* leid!" Es war Lynn.

„Lynn? Sind Sie das? Hey, es geht mir gut. Wirklich. Ich habe kaum einen Kratzer abbekommen. Na gut, um ehrlich zu sein, könnte das Auto eine neue Lackschicht vertragen, aber wirklich, vergessen Sie das Ganze. Sie hätten nicht anrufen müssen. Ehrlich." Ich bemühte mich – leider mit mäßigem Erfolg –, sie davon zu überzeugen, dass alles in Ordnung war, und wir legten wieder auf.

Einige Tage später, als ich gerade eine eidesstattliche Aussage aufnahm, klingelte mein Handy erneut. Wieder dieselbe Stille, gefolgt von einem schwachen „Es tut mir ja *so* leid!".

„Lynn?", fragte ich. „Es ist alles in Ordnung. Es geht mir gut. Ganz ehrlich! Sie brauchen sich keine Sorgen um mich zu machen. Wie geht es denn Ihren Enkelkindern? Sie brauchen mich wirklich nicht anzurufen." Ich war nett zu ihr, und wir verabschiedeten uns und legten auf, aber mir war klar, dass das so weitergehen würde. Lynn konnte einfach nicht glauben, dass ich ihr vergeben hatte und mein Leben weiterging.

Ich überlegte, was ich tun sollte. Ich wollte weder meine Handynummer ändern lassen noch alle paar Tage einen Anruf von Lynn erhalten. Also dachte ich mir etwas aus. Da ich Lynns Adresse hatte, rief ich im Blumenladen an, bestellte einen riesigen Strauß und ließ ihn an Lynns Adresse liefern. Ich diktierte noch den Text für eine Karte, die in den Blumenstrauß gesteckt wurde, und bat den Boten darum, ein bisschen vor Lynns Tür stehen zu bleiben und mir dann zu berichten, wie sie reagiert hatte.

Als Lynn die Tür aufmachte, erwartete sie ein riesiger Blumenstrauß. Sie stand da wie angewurzelt, noch regungsloser als bei unserem Unfall. Der Blumenstrauß war fast größer als sie selbst, und als sie die Karte öffnete, kamen ihr die Tränen. Auf der Karte stand: „Liebe Lynn, es war sehr schön für mich, mit Ihnen zusammenzutreffen … Bitte rufen Sie mich nicht mehr an! Bob."

Ich denke, Lynn hatte verstanden. Für mich war die Sache erledigt, und ich wollte, dass sie ebenfalls einen Schlussstrich zog. Ich wollte, dass sie sich selbst vergab und erkannte, dass wir alle Fehler machen. Ich bin froh, dass Lynn und ich diesen Zusammenstoß hatten, und ich bin auch froh, dass sie mich immer wieder anrief. Denn dadurch habe ich etwas Neues über den Glauben gelernt: Wenn Gott so groß ist und mich so sehr liebt, um mir zu sagen, dass er mir vergibt, darf ich ihm das ruhig glauben. Was ich damit sagen will, ist: Ich sollte mir nicht ständig Vorwürfe machen wegen all der Fehler, die ich begangen habe, denn damit ignoriere ich, was Gott gesagt hat – so wie Lynn ignorierte, was ich ihr sagte. Wenn ich nicht darauf vertraue, dass Gott mir vergeben hat, dann sage ich damit im Prinzip, dass ich nicht glaube, dass er wirklich so gut ist. Durch Lynn habe ich gelernt, Gott nicht immer wieder neu um Vergebung zu bitten, wenn er bereits klargestellt hat, dass er mir schon vergeben hat.

Obwohl mein Jeep einen Totalschaden hatte, kaufte ich ihn mir für ein paar Tausend Dollar von der Versicherung zurück und überstrich ihn neu mit roter Farbe. Er hatte auf jeden Fall ein paar Macken abbekommen – zum einen zog er nämlich nach links. Und damit meine ich nicht, dass die Spur ein bisschen verstellt war, ich spreche hier von einem richtig starken Linksdrall. Wenn ich von der Straße aus scharf nach links in unsere Einfahrt abbiegen wollte, musste ich nun nur noch auf die Bremse treten. Zum anderen hinterließ der Jeep an jeder Stelle, an der ich ihn abstellte, eine Öllache. Ich bin kein Mechaniker, aber ich verstehe das. Dieses Auto war zuschanden geritten und klatschnass in den Stall gestellt worden. Es hatte einen furchtbaren Unfall hinter sich. Kein Wunder, dass Öl auslief. Und es hatte noch andere Schwachstellen, kleine Probleme, die nur der Besitzer bemerken konnte. Um ehrlich zu sein, das alles störte mich nicht wirklich. Der Jeep war trotz seiner neuen Gebrechen *viel* cooler, tougher und reizvoller als zuvor. Nun hatte er eine besondere Geschichte. Davor hatte er nur so ausgesehen, als hätte er eine, aber jetzt war er wirklich etwas Besonderes. Und wegen dieser Geschichte floss jetzt Öl aus ihm heraus.

Ich weiß, das klingt ein bisschen albern, aber ich möchte so sein wie dieser Jeep. Ich will, dass Jesus aus mir herausfließt, weil ich mit ihm zusammengestoßen bin, so wie aus meinem Jeep nach dem Unfall Öl geflossen ist. Weil mir etwas Unglaubliches passiert ist, etwas, das mein Leben auf den Kopf gestellt hat. Ich bin schon solchen Menschen begegnet, Menschen, die Jesus ausstrahlen, als flösse Öl aus ihnen heraus. Jedes Mal, wenn man mit ihnen zusammen ist, kommt Jesus in ihren Worten und Taten zum Vorschein. Ich nehme mal an, dass nicht jeder mit Jesus zusammenstößt, aber wir, denen das passiert ist, reden anders über ihn. Wir beginnen, Rechts- und Linksdralls zu entwickeln; wir fangen an, Öl zu verlieren, wo wir gehen und stehen. Und das liegt daran, dass wir einen herrlichen Zusammenstoß erlebt haben, der uns aus der Bahn geworfen hat.

Als ich eines Ostermorgens das Haus verließ – so wie Maria Magdalena, die zum Grab ging –, war mein Jeep plötzlich weg. Er stand weder in der Garage noch in der Einfahrt. Keines der Kinder hatte ihn für eine Spritztour ausgeliehen und auch Maria nicht. Immer wieder überprüfte ich die Einfahrt, die nur sechs Meter lang ist, weil ich dachte, ich hätte ihn vielleicht übersehen. Ich sah sogar nach, ob er vielleicht auf der Straße stand. Aber er war nicht da. Wie sich herausstellte, war er in der vergangenen Nacht gestohlen worden. Ich war nicht wütend darüber, nur traurig. Wirklich traurig, weil mein Jeep und ich schon so einiges miteinander erlebt hatten.

Als ich da so in der Einfahrt stand, wurde mir klar, dass es an der Zeit war, mich von anderen abhängig zu machen. Ich dachte an Lynn und fragte mich, wie es ihr damit erging. Natürlich hätte ich auch losgehen und mir ein anderes Auto kaufen können. Ich hatte an dem Nachmittag, nachdem Lynn und ich diesen Unfall hatten, daran gedacht, mir ein neues Auto zuzulegen, aber irgendetwas hatte mich davon abgehalten. Als ich nun liebevoll auf den

Ölfleck in der Einfahrt blickte, hatte ich wieder dasselbe Gefühl. Zugegeben: Ich mag es nicht, irgendjemanden wegen irgendeiner Sache um Hilfe zu bitten, das mochte ich noch nie. Ich bin Anwalt und habe meine eigene Kanzlei, und normalerweise bin ich derjenige, der anderen hilft, und selten derjenige, dem geholfen wird. Und das ist mir auch ganz recht so. Aber an dem Morgen, nachdem mein Jeep gestohlen worden war, beschloss ich, dass ich das zum Anlass nehmen wollte, um eine neue Lektion zu lernen. Ich beschloss zu lernen, auf andere angewiesen zu sein.

Es ist jetzt fast ein Jahr her, dass mein Jeep gestohlen wurde, und ich habe noch immer kein neues Auto gekauft. Ich hatte nicht vor, ein Öko-Fanatiker zu werden; ich wollte nur lernen, wie es ist, von anderen abhängig zu sein. Also ging ich zum Skateboard-Laden. Ich holte mir ein Longboard, um damit zur Arbeit und wieder zurück zu fahren. Am ersten Tag schaffte ich es nicht einmal aus der Einfahrt, bevor ich hinfiel. Im gleichen Augenblick schoss mir durch den Kopf, dass Lynn jetzt vorbeikommen würde und denken müsste, es wäre ihre Schuld. Aber inzwischen fahre ich schon ziemlich gut. Ich kann zwar noch keine „Grinds" auf dem Bordstein, aber ich kann „Wheelies". Abgesehen davon, dass ich selbstständig mit dem Skateboard zur Arbeit gefahren bin, brauchte ich im letzten Jahr die Hilfe anderer, um von A nach B zu kommen. Wenn ich zu einer Besprechung oder zum Flughaufen musste oder ein paar Kleinigkeiten einkaufen wollte. Wenn ich irgendwo hinfahren wollte, musste ich mir Marias Auto leihen oder eines der Kinder bitten, mich zu fahren. Das gab Maria noch mehr das Gefühl, dass sie gebraucht wird, und führte dazu, dass wir beinahe alles zusammen erledigen. Für alles, was ich tun wollte, musste ich mir Dinge ausleihen, die jemand anderem gehören. Für einen Mann, der nicht gerne Hilfe in Anspruch nimmt, ist das ziemlich demütigend. „Aber vergiss nicht zu tanken", sagten meine Kinder, wenn ich mir ihr Auto ausborgen wollte. „Und überschlag dich nicht, Dad!", setzten sie augenzwinkernd hinzu, wenn sie mir die Schlüssel zuwarfen.

Durch diese Abhängigkeit von anderen habe ich gelernt, die Welt in einem ganz neuen Licht zu sehen. Ich bin nicht mehr so gestresst wie früher. Inzwischen habe ich ein breites Lächeln auf dem Gesicht, wenn ich zur Arbeit fahre oder von der Arbeit komme, weil ich der einzige Anwalt in unserem Viertel bin, der mit einem Laptop unter dem Arm auf einem Skateboard zur Arbeit fährt und dabei elegante Schwünge macht.

Den Jeep vermisse ich immer noch. Wenn mein Handy klingelt, hoffe ich manchmal insgeheim, dass es die Polizei ist, die mir mitteilen will, dass sie ihn gefunden hat. Aber die Wahrscheinlichkeit ist in etwa so groß wie die Wahrscheinlichkeit, dass es Lynn ist, die mir wieder einmal sagen möchte, wie leid es ihr tut.

Ich bezweifle, dass ich meinen Jeep jemals wieder zu Gesicht bekommen werde, aber das macht nichts; was ich von ihm gelernt habe, bleibt mir erhalten, auch wenn er selbst nicht mehr da ist. Heute fällt es mir leichter, Vergebung anzunehmen, und mein Wunsch, im Alltag etwas von Jesus auszustrahlen, ist stärker geworden. Auf jeden Fall bin ich meiner Familie ein ganzes Stück nähergekommen. Ehrlich gesagt, sollte ich mir aber wahrscheinlich bald ein neues Auto zulegen. Wenn ich in die Küche komme, springen alle auf, schnappen sich ihre Autoschlüssel, schieben sich ihren Toast in den Mund und rennen aus dem Haus oder in ihre Zimmer. Aber das macht nichts. Wenn mich kein Mitglied meiner Familie fahren kann, rufe ich einfach bei Lynn an und frage, ob sie mir ihr Auto leiht.

Kapitel 20

ABENTEUER MIT PAPA

Früher dachte ich,
Gott kennenzulernen
würde bedeuten, mit
ihm auf Geschäfts-
reise zu gehen.
Heute weiß ich, dass
er mich zu einem
Abenteuerurlaub
einlädt.

In den Anfangsjahren unserer Ehe schlossen Maria und ich einen Pakt: Jedes unserer Kinder sollte, wenn es zehn Jahre alt wurde, einen Ausflug mit seinem Dad machen. Wir nannten es „Das zehnjährige Abenteuer". Der Plan war einfach: Die Kinder durften sich irgendeinen Ort auf der Welt aussuchen, der ihre Fantasie beflügelte, ihre Begeisterung oder ihre Neugier weckte, und dann reisten wir miteinander dorthin. Wir schmiedeten im Vorfeld keine Pläne, trafen keine besonderen Vorbereitungen und dachten nicht über irgendwelche Detailfragen nach. Wir fuhren einfach hin.

Lindsey war die Erste, die zehn wurde, und sie liebte es, wenn wir zu Hause *Tea Parties* veranstalteten. Sie hatte davon gehört, dass gewisse Nobelhotels Events anbieten, die „High Tea" genannt werden. Dazu zieht man sich fein an und bekommt Tee und Fingersandwiches gereicht. Also erkundigte sie sich, ob ich mit ihr ein solches Event besuchen würde.

„Klar", erwiderte ich. „Wo möchtest du hin?"

„Ich weiß nicht. Wo trinkt man denn so richtig viel Tee?", fragte Lindsey.

„Wahrscheinlich in London", vermutete ich.

„Super, dann wünsche ich mir, dass wir für mein zehnjähriges Abenteuer nach London fliegen. Wann geht's los?"

Ich nahm das Telefon zur Hand und holte ein paar Angebote für Billigflüge nach London ein. Eine Woche später saßen wir im Flieger. Die meisten tollen Abenteuer funktionieren nach diesem Prinzip. Man plant sie nicht, man wartet nicht, bis man alle Einzelheiten durchorganisiert hat, man unternimmt sie einfach.

Bei einem zehnjährigen Abenteuer geht es darum, in der Zeit, die man hat, so viel wie möglich zu unternehmen. Man weiß nicht, wo man übernachtet, was man isst und wie man die gemeinsame Zeit genau gestalten wird. Drei Tage lang lassen die Kinder und ich uns darauf ein, einander und die Welt kennenzulernen, indem wir gemeinsam etwas erleben, statt uns zuvor Dinge anzulesen und detaillierte Pläne zu machen. Darüber hinaus gibt es keine Regeln. Dadurch erleben wir ein Abenteuer und spulen kein Programm ab.

Die Beziehung zwischen einem Vater und seiner Tochter ist

etwas ganz Besonderes – etwas, das Gott sorgfältig und voller Liebe geplant hat. Mir ist aufgefallen, dass wir von all den Namen, mit denen wir Gott ansprechen können, am häufigsten das Wort „Vater“ gebrauchen. Ich glaube, das liegt daran, dass er sich zu uns dieselbe Art von Beziehung wünscht, die ich mit meinen Kindern haben möchte. Ich glaube, ein Vater wird seiner Aufgabe am besten gerecht, wenn er sich hinkniet, seine Kinder in die Arme nimmt und ihnen ins Ohr flüstert: „Wohin willst du gehen?“

Tag für Tag lädt Gott uns zu ebendieser Art von Abenteuer ein. Er drückt uns keinen festen Reiseplan in die Hand, er lädt uns einfach ein. Er fragt uns, was die Leidenschaft in unserem Herzen entfacht, was unsere Aufmerksamkeit erregt, was das tiefe Bedürfnis unserer Seele stillt, den Reichtum und die Schönheit der Welt zu genießen, die er geschaffen hat. Und dann beugt er sich zu uns hinunter, nimmt uns in die Arme und flüstert: „Lass uns *das* zusammen tun.“

Lindsey und ich landeten in London und verschwendeten keine Minute – wir nahmen uns nicht die Zeit, uns vom Jetlag zu erholen, und wir brauchten kein Gepäck in Empfang zu nehmen. Wir schauten uns alles an, was wir in diese drei Tage hineinpacken konnten. Wir sahen den Buckingham Palace, die Themse, den Tower und das London Eye – das höchste Riesenrad Europas. Wir liefen barfuß durch den Hyde Park, wir versuchten, einen Wachposten mit Bärenfellmütze zum Lachen zu bringen, wir besuchten ein Schauspiel im *West End Theatre*, wir aßen Fish and Chips und stießen mit Limodosen, die wir wie kostbare Porzellantassen mit abgespreiztem kleinen Finger in die Höhe hielten, auf die Queen an. Wir machten keine Pausen, wir schliefen nicht, und wir wussten nicht, wo wir die Nacht verbringen würden, aber das war uns egal. Und das Letzte, was wir taten, bevor wir uns wieder auf den Weg zum Flughafen machten: Wir nahmen einen *Afternoon Tea* im Ritz ein.

Völlig übernächtigt saßen wir an einem kleinen, hübsch gedeckten und vollkommen britisch aussehenden Tisch. Ein stoisch ruhiger Keller brachte uns unsere Leckereien, und nachdem ich mein erstes Fingersandwich gegessen hatte, sah ich plötzlich anstelle des zehnjährigen Mädchens, das mir gegenübersaß, eine fünfunddreißigjährige Frau vor mir, die mit ihren eigenen Kindern eines Tages ähnliche Abenteuer unternehmen würde. Und ich dachte darüber nach, was Gott wohl sieht, wenn er uns anschaut. Ich könnte mir vorstellen, dass er – ebenso wie meine zehnjährige Tochter sich vor meinen Augen in eine Fünfundreißigjährige verwandelte – sieht, was einmal aus uns wird, wenn wir uns auf seine Einladung einlassen und den tiefsten Sehnsüchten folgen, die er uns ins Herz gelegt hat. Auch das Abenteuer unseres Lebens ist nicht in allen Einzelheiten vorausgeplant, und darum haben die meisten Leute Angst davor, den nächsten Schritt zu tun. Aber eines ist sicher: Wenn Jesus uns zu einem Abenteuer einlädt, gebraucht er die Dinge, die er uns unterwegs erleben lässt, um uns zu den Menschen umzugestalten, die wir nach seinem liebevollen Plan werden sollen.

Als Richard zehn wurde, hatte er kaum die Kerzen auf seinem Geburtstagskuchen ausgeblasen, als er sich zu mir umdrehte und mit der eisernen Entschlossenheit eines Mannes, der soeben den Mount Everest bestiegen hatte, zwei schlichte Worte aussprach: „Half Dome."

Rich wünschte sich für sein zehnjähriges Abenteuer, die Rückwand des Half Dome hinaufzusteigen, den ich ja schon mal in Kapitel 1 erwähnt habe. Und er wollte das nicht zu irgendeiner beliebigen Zeit tun – er wollte mitten im Winter in einem Schneesturm dorthin. Ich bewunderte seinen Mumm. Wir gingen noch am selben Nachmittag in einen Outdoorladen und kauften einen Rucksack, ein Zelt, zwei Schlafsäcke und Stiefel. Am Abend stellten wir den Rasensprenger aus und schlugen ein Basislager in unserem Garten auf, kochten gefriergetrocknete Pfirsiche auf unserem Campingkocher, erzählten uns Männergeschichten und versuchten, unsere Route auf den Half Dome anhand einer topografischen Karte zu erstellen, die keiner von uns beiden lesen konnte.

Für sein Abenteuer galten die bekannten Regeln: Wir würden keine Pausen einlegen, nicht schlafen und nichts im Voraus planen. Es gab nur eine großartige Idee, die Bereitschaft, sie in die Tat umzusetzen, und einen Vater, der ihn bei diesem Abenteuer begleiten wollte.

Wir behielten das Wetter im Auge. Eines Abends, als es den Anschein hatte, dass der erste große Wintersturm über den Yosemite Park hereinbrechen würde, packten wir in aller Eile das Auto, sprangen hinein und fuhren die ganze Nacht hindurch. Wir hatten sämtliche Grundnahrungsmittel bei uns – Schokoriegel und Hamburger – und vertrieben uns während der Fahrt die Zeit damit, darüber zu reden, wie es sein würde, miteinander im Schnee den Half Dome zu bezwingen.

Wir erreichten den Fuß des mächtigen Granitfelsens genau in dem Moment, als die Morgendämmerung über das Yosemite Valley hereinbrach. Innerhalb weniger Minuten hatten wir unsere Rucksäcke aufgesetzt und wanderten los. Am späten Nachmittag näherte sich der Sturm, den wir vorausgesehen hatten. Als er uns erreicht hatte, schlugen wir am Fuß eines Steilhanges unser Lager auf. Wir beschlossen, dass wir die Nacht über dortbleiben und am nächsten Morgen zum Gipfel aufbrechen würden.

In jener Nacht schliefen wir nur sporadisch, denn es schlichen ein paar Bären um unser Zelt herum, die Ausschau nach Futter hielten, das nicht ordnungsgemäß in den Bäumen aufgehängt war. Zum Glück waren sie aber nicht an Schlafsack-Wraps mit Menschenfüllung interessiert. Die Bären strichen manchmal an unserem Nylonzelt entlang, aber wir taten beide so, als wäre das keine große Sache für uns (obwohl es das in Wirklichkeit sehr wohl war). Genau das tun nämlich Männer, die miteinander ein Abenteuer unternehmen – sie machen keine große Sache aus irgendetwas. Die große Sache ist, dass sie zusammen sind.

Als Rich und ich am nächsten Morgen wach wurden, war die Landschaft in eine dichte Schneedecke gehüllt. Nachdem ich mir einen Kaffee aufgebrüht und Rich ein paar Schokoriegel gegessen hatte, stiegen wir weiter den Berg hinauf und hatten bald die Baumgrenze hinter uns gelassen. Der Half Dome hat seinen Namen daher, dass er wie eine riesige Marmorkuppel aussieht, die von oben nach unten durchgeschnitten wurde. Es ist auch nicht einfach, ihn zu erklettern, weil auf dem Granitgestein keine Bäume wachsen und es auch keine anderen Möglichkeiten gibt, sich festzuhalten oder abzustützen. Die über Nacht entstandene Schicht aus Eis und Schnee machte das Klettern noch schwieriger.

Auf dem Weg zum Gipfel war Rich mit einem leuchtend roten Kletterseil mit mir verbunden. Ich kletterte ein paar Schritte, machte Trittstufen in den Schnee, und dann trat Rich in meine Fußstapfen und fügte noch ein paar eigene hinzu, während wir uns den steilen Hang hinaufkämpften. Als wir den Gipfel erreichten, sahen wir, dass sich ein noch heftigerer Sturm zusammenbraute, und ich wusste, dass wir in absehbarer Zeit nichts mehr würden sehen können.

Beim Abstieg machten wir es ebenso wie beim Aufstieg: Ich ging ein paar Schritte und dann ging Rich ein paar Schritte. Jedes Mal nahm ich seine kleine Hand in meine Hände und half ihm dann von unten in die nächsten Trittstufen, die wir beim Aufstieg gemeinsam in den Schnee getreten hatten. Wir waren zu aufgeregt, um Angst zu haben, und lebten zu sehr im gegenwärtigen Moment, um an irgendetwas anderes zu denken. Acht Stunden später waren wir wieder im Tal und hielten auf der Rückfahrt nur an, um uns noch ein paar Hamburger zu holen.

Ich denke, Gott ist eher ein Bergsteiger als ein Billighotel-Tourist. Jesus lädt uns nicht zu einer Geschäftsreise ein. Er bietet uns an, gemeinsam mit ihm die Dinge zu erleben, die uns begeistern und inspirieren – auch wenn sie noch so verrückt sind. Wir brauchen diese Reise nicht in allen Einzelheiten zu planen und benötigen auch kein Gepäck und nicht viel Ausrüstung – nur die Bereitschaft, uns gemeinsam mit einem Vater, der Stufen in die Steilhänge unserer Probleme tritt und zuschaut, wie wir selbst noch ein paar hinzufügen, in den Sturm hinauswagen. Er hilft uns mit seinen starken Händen in diese Trittstufen hinein, während wir mit dem leuchtend roten Sicherheitsseil der Gnade fest mit ihm verbunden sind. Und irgendwie macht uns bei all dem das Terrain, durch das wir uns hindurchkämpfen, gar nicht so viel Angst. Denn wenn wir ein Abenteuer mit Gott erleben, sind wir viel zu aufgeregt, um Angst zu haben, und viel zu beschäftigt, um an irgendetwas anderes zu denken.

Als Adam zehn wurde, erklärte er, dass er eine Motorradtour in der Wüste machen wollte. Das klang ziemlich einfach und für Adams Verhältnisse war es sogar recht harmlos. Aber offenbar hatte ich mich verhört. Er hatte nämlich gesagt, dass er eine Motorradtour *durch* die Wüste machen wollte – ein himmelweiter Unterschied. Ich versuchte, die Bilder zu verdrängen, die mir daraufhin sofort einfielen – Bilder von in der Sonne gebleichten Knochen, Kuhschädeln und Männern, die mit leeren Wasserkanistern und zerfetzten T-Shirts um den Kopf durch die Wüste torkeln. Ehrlich gesagt, war ich mir nicht sicher, ob wir das schaffen würden, aber ich dachte mir, dass wir es bald herausfinden würden. Wir tankten die Motorräder auf und fuhren am nächsten Tag los.

Adams „Sprache der Liebe“ ist, dass man sich ihm zuliebe auf eine Aktivität einlässt, bei der man ein Auge oder einen anderen Körperteil verlieren könnte. Also begaben wir uns auf direktem Weg zu den Sanddünen, sobald wir in der Wüste angekommen waren. Diese Dünen waren ganz anders als die drei Meter hohen Sandhügel, die ich als Kind am Strand hinuntergerollt war. Diese hier waren zweihundert Meter hoch. Sobald man mit dem Motorrad eine dieser Monsterdünen hinaufzufahren beginnt, muss man nonstop bis ganz nach oben fahren. Wenn Sie zögern oder auf halbem Weg innehalten, führt das dazu, dass Sie sich mit dem Motorrad überschlagen und bis ganz nach unten zurückrutschen. Entweder schaffen Sie es oder Sie schaffen es nicht – dazwischen gibt es nichts.

Nachdem ich ein paar riesige Sanddünen mit Adam überquert und ihn dann für einen Moment aus den Augen verloren hatte, hörte ich ihn auf seinem Motorrad die nächste Düne hinaufrasen. Also fuhr ich in die Richtung, aus der das Geräusch kam, und erkannte auf einen Blick, dass er vorhatte, mit seinem Motorrad vom Gipfel der einen auf den Gipfel der nächsten Düne zu springen.

„Nein!!!", schrie ich über die zwischen uns liegende Sandschlucht hinweg und hatte das Gefühl, die Zeitlupeneinstellung einer Filmszene zu sehen, während Adam von einem Gang in den nächsten schaltete und mit einer Geschwindigkeit von mindestens 100 km/h auf dem Gipfel der Düne ankam. Beinahe im selben Augenblick flog er von seiner Maschine. Es war wirklich ein ziemlich beeindruckender Anblick. Adam sah aus wie eine Mischung aus Superman und einem angeschossenen Fasan. Er landete 40 Meter entfernt inmitten der metallenen Überreste seines Fahrzeugs. Als ich zu ihm stürzte und mich besorgt über ihn beugte, waren seine ersten Worte: „Das war toll!" Und wissen Sie was? *Das war es auch.* Selbst wenn die Dinge nicht so gelaufen waren, wie wir uns das vorgestellt hatten, und Adam gestürzt war und sein Motorrad Feuer gefangen hatte, gab ihm das Ganze ein Gefühl tiefer Befriedigung.

Ich glaube, Gott sieht unsere gescheiterten Höhenflüge genauso. Er sieht, wie wir in Zeitlupe über den Lenker fliegen, und auch wenn er niemals möchte, dass wir uns verletzen, weiß er, dass das von Zeit zu Zeit geschehen kann, wenn wir uns voll und ganz auf das Leben einlassen. Ich glaube, er sieht die Resultate dessen, was wir tun, im Voraus und ruft uns über den Lärm unseres Lebens hinweg eine Warnung zu, wenn etwas nicht gut gehen wird. Und ebenso wie Adam überhören wir seine Warnrufe oft, rasen in halsbrecherischem Tempo vorwärts und landen kurz darauf im Sand. Wenn wir dann wieder zu uns gekommen sind, klopft er uns den Staub ab, hilft uns wieder auf die Beine und hört uns im nächsten Moment sagen: „Das war toll!" Wenn ich in meinem Leben gestürzt bin und Feuer gefangen habe, habe ich schon mehr als einmal gespürt, wie er sich über mich gebeugt hat und mir, nachdem er die Bruchstücke meines Lebens eingesammelt hatte, zuflüsterte: „Weißt du was? *Das war es auch.*"

Eines Tages erfuhren die Kinder und ich von Jungen und Mädchen in Indien, die eine andere Art von „zehnjährigen Abenteuern" erlebten – der schlimmsten, die es gibt. Um eine angebliche

„Schuld" in Höhe von etwa zehn Dollar abzuarbeiten, verkaufen Bauernfamilien oft einen Sohn oder eine Tochter als Hilfsarbeiter an Sklavenhändler. Geschäfte dieser Art sind in Indien illegal, aber Zehntausende – wenn nicht gar Hunderttausende – von Kindern aus den unteren Kasten erleiden Jahr für Jahr dieses Schicksal. Im Rahmen der Arbeit, die ich in dem Land tat, erfuhr ich von vier Kindern, die in einer Höhle hinter dem Haus eines Sklavenhändlers namens Gopal gehalten wurden. Meine Kinder und ich flogen noch in derselben Woche nach Indien, weil wir versuchen wollten, sie zu befreien.

Wir reisten nach Madras im Süden Indiens und von dort in ein kleines, unscheinbares Dorf, das sich etwa 15 Meilen von jeder Zivilisation entfernt im Busch befand. Eine Kontaktperson vor Ort willigte ein, die Kinder nachts um eins mal aus der Höhle zu holen, da der Sklavenhändler um diese Zeit nicht merken würde, dass sie verschwunden waren. Wir kamen zum vereinbarten Treffpunkt, und ich schaute aus dem Fenster, während meine Kinder ihnen Fingerabdrücke abnahmen und ihre Geschichten festhielten, damit der Leiter der dortigen Provinzialverwaltung von ihrer unrechtmäßigen Gefangennahme in Kenntnis gesetzt werden konnte.

Zwei Wochen später erhielten wir Fotos, auf denen Soldaten zu sehen waren, die Gopals schmutzige Höhle stürmten, um die vier Kinder zu befreien. Die Soldaten befreiten auch dreißig andere Personen im Dorf, die sich in der Hand von Sklavenhändlern befanden. So funktioniert die Liebe – ihre Wirkung multipliziert sich, ganz ähnlich wie die Brote und Fische, die die Jünger Jesu an die hungrigen Menschen verteilt haben.

Obwohl die Jünger Jesu damals älter waren, müssen sie sich ganz ähnlich gefühlt haben wie meine Kinder bei ihren zehnjährigen Abenteuern. Sie erlebten Freud und Leid, Triumph und Tragödie, und zum Schluss gab es da einfach einen Mann, eine Idee und eine Einladung ohne große Planung. Die Jünger waren ungebildete, gewöhnliche Menschen wie meine Kinder, wie wir alle. Aber sie brauchten nicht alle Einzelheiten im Voraus zu wissen, weil sie ein Abenteuer mit einem Vater erlebten, der sie eingeladen hatte und bei ihnen war. Man braucht nicht alles zu wissen, wenn man mit jemandem unterwegs ist, dem man vertraut.

Das ist wahrscheinlich der Grund, warum die Jünger Jesu nie gesagt haben, sie wären auf einem Missionseinsatz. Ich glaube, sie wussten, dass die Liebe einen Namen hatte und dass sie kein Programm oder sonst irgendetwas brauchten, um sie zu definieren. Wir brauchen das auch nicht. Für das Abenteuer, zu dem Jesus uns eingeladen hat, müssen wir weder ein Bewerbungsschreiben verfassen noch besondere Voraussetzungen erfüllen. Es geht einfach nur darum, dass wir uns entscheiden, das Angebot eines Vaters anzunehmen, der möchte, dass wir mitkommen.

Kapitel 21

HÖRHILFEN

Früher dachte ich,
Gott würde nicht mit
mir reden.
Heute weiß ich,
dass ich manchmal
einfach nur nicht
hinhöre.

Während unseres ersten Ehejahres war meine bezaubernde Maria felsenfest davon überzeugt, dass ich ein Problem mit den Ohren hatte. Also beschlossen wir, der Sache auf den Grund zu gehen und mein Gehör überprüfen zu lassen. Eine Woche später hatte ich einen Termin beim Ohrenarzt und wurde dort in ein sehr wissenschaftlich wirkendes Testlabor geführt. Ich bekam ein Paar Hightech-Kopfhörer und einen Apparat mit einem roten Knopf, auf den ich drücken sollte, sobald ich einen Ton hörte. Die Ärztin wusste nicht, wie es um mein Hörvermögen bestellt war, und ich kam auf die Idee, mir einen Spaß mit ihr zu erlauben. Ich wollte auf meine Ohren deuten, den Kopf schütteln und so tun, als ob ich ihre Anweisungen nicht verstünde, um sie dazu zu bringen, in Zeichensprache mit mir zu kommunizieren. In letzter Sekunde entschied ich mich dann doch dagegen. Aber wenn ich noch einmal eine solche Gelegenheit bekomme, werde ich es auf jeden Fall ausprobieren.

Nachdem die Ärztin mir die Kopfhörer aufgesetzt hatte, ging sie zurück an ihren Platz, von dem aus sie mich durch ein Glasfenster beobachtete. Insgeheim hoffte ich, sie würde mir jetzt etwas von meiner Lieblingsrockband „Van Halen" vorspielen. Stattdessen schickte sie mir durch die Kopfhörer nur sehr langweilige einzelne Töne, um herauszufinden, welche davon ich hören konnte und welche nicht. So hörte ich mir also einen Ton nach dem anderen an. Es gab schreckliche Töne, die wie das Kratzen auf einer Kreidetafel klangen. Schrille Töne wie von einer Hundepfeife, bei denen ich am liebsten laut aufgeheult hätte. Tiefe Töne, bei denen selbst der berühmte Soulsänger Barry White neidisch geworden wäre. Zu Beginn des Tests konzentrierte ich mich und strengte mich an, all diese Töne zu hören, aber bald entdeckte ich eine Möglichkeit zu schummeln. Ich stellte fest, dass die Ärztin jedes Mal, wenn sie einen Ton abspielte, kurz hochschaute, um zu sehen, ob ich den Ton gehört hatte. Also drückte ich einfach jedes Mal auf meinen roten Knopf, sobald sie hochschaute. Aber auch ohne diesen kleinen Trick hätte ich es mit Leichtigkeit geschafft. Ich konnte die Töne immer gut hören. Ich war sogar richtig gut. *Wenn man bei den Olympischen Spielen im Rahmen eines Wettkampfs auch das Hörvermögen messen würde, würde ich bestimmt die Goldmedaille gewinnen,* dachte ich. Nachdem ich mir eine Unmenge von Tönen angehört hatte, die die gesamte Bandbreite der vom Menschen wahrnehmbaren Frequenzen abdeckten, bat uns die Ärztin in ein anderes Zimmer, um mit uns das Testergebnis zu besprechen. Sie versicherte mir, dass ich tatsächlich ein geradezu perfektes Gehör hatte und mein angebliches „Hörproblem" schlicht und ergreifend nicht vorhanden war. Ich konnte wunderbar hören. Ich war nur ein bisschen faul und selektiv, sodass ich das, was ich nicht hören wollte, einfach ausblendete. Während dieser Diagnose tippte meine bezaubernde Maria mit dem Fuß auf den Boden und warf mir vielsagende Blicke zu. Sie erzählte der Ärztin, sie sage mir schon seit längerer Zeit, dass mit meinen Ohren alles in Ordnung sei. Ich würde nur nicht richtig hinhören. Ich hatte leider keinerlei Erinnerung daran, dass sie mir das jemals gesagt hatte.

Jedenfalls wurde mir auf diese Weise klar, dass das, was meine bezaubernde Maria verständlicherweise so frustrierte, ein Problem widerspiegelte, das ich wiederum mit Gott habe. Was ich damit meine, ist, dass ich von dem, was Gott mir sagt, nur das höre, was ich hören will. Vielleicht denkt Gott ja ebenfalls, dass ich allmählich taub werde.

Gottes Stimme ist vielleicht nicht in einem Studio messbar, aber es gibt Situationen, in denen ich irgendetwas tief in meinem Inneren spüre, fast so, als würde eine Stimmgabel in meiner Seele vibrieren. Ich meine damit nicht solche Dinge, die uns ohnehin klar sind, weil wir bestimmte Fakten über sein Wesen und seinen Charakter kennen. Wir wissen beispielsweise, dass Gott uns liebt und dass es gut und richtig ist, unseren Mitmenschen zu vergeben. Wir bringen auch einiges an praktischer Lebenserfahrung mit – wir wissen, wie gut es uns tut, dass unsere Angehörigen uns lieben und immer für uns da sind und dass wir schon immer Regentage und Cheeseburger gemocht haben, solche Dinge halt. Aufgrund dieser Erfahrungen können wir ein Gespür dafür entwickeln, was Gott in uns hineingelegt hat, und wenn wir unsere Erfahrungen und die

Wahrheiten, die wir über ihn kennen, miteinander kombinieren, kann uns das helfen, Entscheidungen zu treffen.

Manche Menschen beschreiben ihr Verhältnis zu Gott als eine fortwährende innige Beziehung, die auch akustisch wahrnehmbare Gespräche beinhaltet. Ich lebte während meiner Studienzeit in Südkalifornien mit ein paar Surfern zusammen, die mir immer wieder versicherten, dass sie Gottes Stimme hörten. Ein Gespräch mit Gott verlief ihren Erzählungen zufolge etwa folgendermaßen: „Also, dann hab ich gesagt: ‚Hey, Gott, was sagst du dazu?', und dann hat Gott gesagt: ‚Hey, Alter, mach dir keine Sorgen deswegen. Das geht schon klar.'" (Offensichtlich sprach Gott Surfer üblicherweise mit „Kumpel" oder „Hey, Alter" an.) Und dann antworteten sie ihm: „Was?! Echt jetzt?!", und er antwortete: „Amen, wenn ich's doch sag!", oder etwas ähnlich Biblisches.

Diese Geschichten machten mir, ehrlich gesagt, eine Zeit lang ziemlich zu schaffen, denn wenn ich selbst versuchte, Gottes Stimme zu hören, hörte ich gar nichts. Kein kosmisches Flüstern. Keine Filmsequenz mit Untertiteln. Kein sanftes Säuseln, keine donnernde Stimme und erst recht keine, die mich mit „Kumpel" oder „Hey, Alter" angesprochen hätte. Ich fragte mich, ob diese Surfer vielleicht ein bisschen schummelten, so wie ich bei meinem Hörtest geschummelt hatte. Vielleicht taten sie so, als würden sie etwas hören, weil jemand wie ich sie beobachtete.

Es ist nicht so, dass ich Gott nicht darum gebeten hätte, mit mir zu sprechen. Ich bat ihn um einen Bibelabschnitt, einen Satz, ein paar Worte, ein einzelnes Wort. Einmal habe ich ihn sogar um einen einzelnen Buchstaben gebeten. Ich habe ihm sogar versichert, dass ich es niemandem weitersagen würde, solange er nur überhaupt irgendetwas Hörbares zu mir sagte. Es würde ganz unter uns beiden bleiben … und trotzdem vernahm ich kein Wort.

Also versuche ich heute einfach nicht länger, mich mit der Frage zu beschäftigen, warum ich keine akustisch wahrnehmbaren Stimmen höre, sondern versuche lieber, mit dem Herzen zu hören, und ich habe ein paar Dinge erkannt, die mir völlig offensichtlich erscheinen. Gott spricht nicht mit hörbarer Stimme zu mir, weil er kein menschliches Wesen ist; er ist Gott. Das finde ich logisch, denn wir Menschen sind begrenzt, und Gott ist in keiner Weise begrenzt. Er kann immer und überall mit uns in genau der Weise kommunizieren, die er für richtig hält. Durch Blumen, andere Menschen, ein ungutes Gefühl, Freude, Gänsehaut, eine neu entdeckte Begabung oder eine Vorliebe, die wir im Laufe der Zeit entwickeln. Es braucht keine mystische Offenbarung zu sein, so wie meine Surfer-Kumpels es dargestellt haben.

Ich habe noch nie eine Astgabel gesehen, die aussah wie Johannes der Täufer, oder eine Wolkenformation, die mich an Jesus erinnert hätte. Für mich sehen sie einfach nur wie Äste und Wolken aus. Aber ich erkenne die Schönheit in ihnen und die Schönheit, die überall um mich herum zu erkennen ist und die Gott für Sie und für mich erschaffen hat. Vor allem sehe ich Beweise für Gottes Wirken im Leben anderer Menschen. Das Schöne, das ich in ihnen sehe, ist Gott, der in ihnen lebt und in ihnen wirkt. Ich frage mich, ob Menschen, die auf akustisch wahrnehmbare Stimmen warten oder nach bestimmten Wolkenformationen Ausschau halten, das leise Flüstern von Gottes Schöpfung überhören. Vielleicht messen sie diesem Flüstern keine besondere Bedeutung bei, so wie eine SMS ihnen weniger wichtig erscheint als ein komplettes Hörbuch. Vielleicht ist das ja nur ein subjektiver Eindruck, aber selbst wenn ich es manchmal als Handicap empfinde, dass ich Gott nicht wirklich sprechen höre, kommt es mir oft so vor, als könnte ich ihm von den Lippen ablesen, wie er mir unhörbar „Ich liebe dich so sehr“ zuflüstert.

Je mehr ich auf Gottes Reden achte, desto mehr fällt mir auf, dass ich nicht immer auf Anhieb begreife, was Gott eigentlich vorhat. Manche Leute reden mit großer Bestimmtheit davon, was Gott *gerade jetzt im Moment* tut. Wenn ich so etwas höre, bin ich immer verblüfft, weil ich Gottes Handeln nie so schnell begreife. Meistens verstehe ich, was Gott getan hat, erst, wenn ich es quasi im Rückspiegel sehe. Erst im Nachhinein kann ich die einzelnen Punkte logisch verknüpfen und selbst dann ist mir manches noch ziemlich rätselhaft. Vielleicht vergleicht die Bibel deswegen unsere menschliche Sichtweise mit dem Blick in einen trüben Spiegel. In der Bibel steht, dass wir heute vieles nur „bruchstückhaft" verstehen und erst später, wenn wir bei Gott in der Ewigkeit sind, „alles klar erkennen" werden. Das finde ich auch ziemlich logisch, weil es bedeutet, dass unser Verständnis immer Lücken haben wird – und gerade diese Lücken sind gut, weil sie Gott die Möglichkeit geben, die Leerstellen zu füllen.

Aber solange noch nicht alle Lücken gefüllt sind, muss ich mich manchmal auch auf meine Vermutungen verlassen. Ich muss auf meine „innere Stimmgabel" hören. Manche schaudern vielleicht bei dem Gedanken, dass vieles von dem, was wir tun, nur auf Mutmaßungen darüber beruht, was Gott sich von uns wünscht oder für uns geplant hat. Aber lassen Sie uns einfach ehrlich sein. Ich mache es immer so: Ich gehe bei meinen Entscheidungen von dem aus, was ich über Gott und seinen Charakter weiß, und versuche das in Einklang zu bringen mit meinen eigenen Stärken und Neigungen. Und es gibt viele Fakten, an denen wir uns orientieren können: Es gibt Briefe, die aus Gefängniszellen geschrieben wurden, und Lebensberichte von Jesus, die uns zeigen, wie Gott die Welt und uns sieht. Wir können in der Bibel nachlesen, was Jesus gesagt hat, und manchmal auch, was er nicht gesagt hat. All das sind Wegweiser, an denen wir uns orientieren können, und eigentlich sollten sie uns genügen. Außerdem sollten wir uns davor hüten, wie Gottes PR-Agenten aufzutreten und so zu tun, als wüssten wir genau, was er will. Denn dann laufen wir Gefahr, den Gott des Universums, der die Macht hätte, uns in eine Salzsäule zu verwandeln, falsch zu zitieren. Wenn ich mir all das vor Augen halte, hilft es mir dabei, ein bisschen demütiger und respektvoller vorzugehen, wenn ich Gott eine bestimmte Denk- oder Handlungsweise zuschreibe.

Mit den meisten Personen in der Bibel hat Gott nicht mithilfe einer akustisch wahrnehmbaren Stimme kommuniziert. Dennoch hat Mose ihn einmal im Originalton gehört und zwei Steintafeln von ihm erhalten. Wie die Bibel Gottes Umgang mit Mose beschreibt, hat große Ähnlichkeit mit dem, was ich mit ihm erlebe. Gott gab Mose nicht das, worum er gebeten hatte. Mose wollte

Gottes Angesicht sehen, so wie ich seine Stimme hören will. Gott gab ihm zur Antwort, dass er sich in eine Felsspalte stellen sollte und dass er, Gott, dann an ihm vorübergehen würde. Aber als er es tat, hielt er seine Hand schützend über ihn, sodass Mose ihn nur von hinten sehen konnte. Ich fühle mich genauso.

Ich glaube, Gott ist oft an mir vorübergegangen, und das hilft mir, die Richtung zu erkennen, in die er sich bewegt. Wir wissen oft nicht, wohin genau Gott geht und was uns erwartet, während wir mit ihm unterwegs sind. Aber ich denke, die *Richtung* ist der springende Punkt, das, worauf es wirklich ankommt. Gott will Nachfolger, keine Zuschauer oder Mitschreiber. Und außerdem glaube ich, Gott kennt mich gut genug, um zu wissen: Wenn ich mehr in Erfahrung bringe als die Richtung, in die er sich bewegt, würde ich vermutlich versuchen, vor ihm am Ziel zu sein. Und wenn er mit akustisch wahrnehmbarer Stimme mit mir reden würde, würde ich ihn wahrscheinlich falsch verstehen und seinen Plan vermasseln.

Vor Kurzem war ich mit meiner Tochter Lindsey am Flughafen. Wir sprachen darüber, ob Gott einen Plan für unser Leben hat oder nicht – ein Thema, das viele Leute beschäftigt. Also schickte ich einer von Lindseys Freundinnen eine SMS. „Hi, ich sitze hier mit Lindsey“, begann ich. (Ich wollte ihr keine Angst machen.) „Ich möchte gern wissen, welchen Plan du für mein Leben hast.“ Ein paar Minuten später bekam ich ihre Antwort. Sie lautete schlicht: „???“ Ich sah förmlich vor mir, wie sie voller Verwunderung den Kopf schüttelte. *Mein Plan für Bobs Leben? Wie kommt er darauf, dass ich einen Plan für sein Leben habe?*

Lindsey und ich unterhielten uns noch ein paar Minuten, dann bekam ich eine weitere Nachricht von ihrer Freundin. Sie lautete: „Bob, mein Plan für dein Leben sieht vor, dass du Gott liebst.“ Wieder ein paar Minuten später schrieb sie: „Bob, mein Plan für dein Leben sieht vor, dass die Sachen, die du in Uganda machst, super laufen.“ Dann, nach einigen weiteren Minuten: „Mein Plan für dein Leben sieht vor, dass du deine Familie liebst.“ Alle ihre Nachrichten waren nach demselben Muster aufgebaut. Sie enthielten etwas, das diese Freundin von mir wusste, etwas, das sie von

Gott wusste, Dinge, von denen sie wusste, dass sie mir wichtig waren und mir guttaten, und dann formulierte sie anhand dieser Fakten einen Plan oder, anders ausgedrückt, eine Hoffnung und eine Richtung für mein Leben.

Es war, als würde sie sagen: „Denk an die Dinge, die dich ansprechen, Bob. Die besonderen Gaben, die du hast. Die Länder und die Menschen, die dir am wichtigsten sind. Den Gott, den du liebst. Folge einfach diesen Signalen, dann bist du auf dem richtigen Weg." Sie verwies mich nicht auf irgendwelche mystischen, spirituellen Dinge. Sie verwies mich einfach auf den Gott, dem ich nachzufolgen versuche, die Menschen und die Orte, die mich anziehen, und die Hoffnungen, die in mir gewachsen sind. Und das ist auch genau das, was Jesus tut: Er verweist uns auf sich selbst und auf das, was er in uns hineingelegt hat.

Ich glaube nicht, dass Gott sich in Schweigen hüllt, weil er wütend auf mich ist. Ich denke, wir können ziemlich leicht herausfinden, welche Hoffnungen und Pläne Gott für uns hat. Für diejenigen unter Ihnen, die Formeln lieben, hier ist sie: Nehmen Sie all das, was Ihr Leben ausmacht – die Menschen und Dinge, die Sie lieben, Ihre Leidenschaften, Ihre Interessen –, und addieren Sie das hinzu, was Sie von Gottes Gedanken über uns kennen, und Sie haben Ihre Antwort. Und wenn Sie die Antwort auf die größeren Fragen wissen möchten – was ist Gottes Plan für die ganze Welt? –, dann halten Sie sich fest: Das sind wir.

Wir sind Gottes Plan und wir sind es immer gewesen. Wir sollen nicht nur Beobachter und Zuhörer sein oder eine Meinung zu allen möglichen Dingen haben. Wir sind nicht hier, um unseren Mitmenschen zu erzählen, was wir gut finden und was nicht, denn – mal ehrlich, wer will das wissen? Erzählen Sie mir von dem Gott, den Sie lieben; erzählen Sie mir, welche besonderen Begabungen und Sehnsüchte er in Sie hineineingelegt hat und wie Sie damit umgehen wollen – dann wird sich daraus ziemlich leicht ein Plan für Ihr Leben ergeben. Ich schätze, was ich Ihnen sagen möchte, ist: Die meisten von uns bekommen den Plan für ihr Leben nicht durch eine hörbare Stimme mitgeteilt. Es ist viel besser. Wir dürfen

Teil von Gottes Plan für diese Welt sein, indem wir unsere Mitmenschen auf ihn hinweisen.

Weil Gott nicht mit hörbarer Stimme zu mir spricht, halte ich Ausschau nach Hinweisen, die er hinterlassen hat. Etwas Ähnliches empfahl Lukas in der Bibel auch einem jungen Mann namens Theophilus. Er riet seinem Freund, sich mit den vielen überzeugenden Beweisen dafür zu befassen, dass Jesus immer noch lebt. Für mich als Rechtsanwalt klingt das danach, als solle man heiße Spuren verfolgen, nach göttlichen Fingerabdrücken suchen. Darum halte ich seit Jahr und Tag Ausschau nach Fingerabdrücken von Jesus. Ich suche nach ihnen bei den Dingen, die ich verstehe, und bei den Dingen, die ich überhaupt nicht verstehe. Ich versuche herauszufinden, in welche Richtung mein unhörbarer Gott sich bewegt, und ich verwende dazu jedes noch so kleine Indiz, das er in der Bibel, in meinem Leben und um mich herum hinterlassen hat. Und wissen Sie was? Es funktioniert.

Ich habe einen Wecker, der mit mir redet, ich habe einen Computer, der mit mir redet, und auch Bücher auf CDs, die mit mir reden. Und bevor es mir gestohlen wurde, hatte ich in meinem Auto ein Navigationssystem, das mit mir geredet hat. Ich konnte sogar die Stimme auswählen. Ich mochte diejenige, die so klingt, als würde ein britischer Butler den Wagen lenken. Wenn ich Fahrgäste hatte, habe ich manchmal einfach zum Spaß die chinesische Stimme eingestellt. Und wissen Sie was? Wir haben das Ziel trotzdem erreicht. Ebenso wie bei meiner Kommunikation mit Gott brauche ich nicht unbedingt Worte, die ich verstehe, um zu begreifen, in welche Richtung ich gehen soll, denn es gibt alle möglichen anderen Hinweise, an denen ich mich orientieren kann.

Könnte Gott mit hörbarer Stimme zu mir sprechen, wenn er das wollte? Natürlich, und ich hoffe, dass er es eines Tages tut; wenn es so weit ist, erzähle ich es Ihnen. Wahrscheinlich in einem Buch mit dem Titel „Gott hat zu mir gesprochen“. Aber bis es so weit ist, scheint Gott eine andere Methode zu benutzen, wenn er uns etwas zu sagen hat: Er schickt uns keine Sprachnachrichten – er schickt uns andere Menschen.

Kapitel 22

DER PUPPEN-SPIELER

Früher fürchtete ich,
wenn ich authentisch
wäre, würde ich
vielleicht verletzt werden.
Heute weiß ich:
Wer echt sein will,
ist zwangsläufig
auch verletzlich.

Als unsere Kinder noch klein waren, kam ich regelmäßig an einer bestimmten Kunstgalerie vorbei. Ich warf dann immer einen Blick hinein und staunte über die tollen Dinge, die von den dort ausstellenden Künstlern und Kunsthandwerkern hergestellt worden waren. Als ich eines Tages vorbeiging, sah ich das schönste Bild, das ich jemals gesehen hatte. Es trug den Titel „Der Puppenspieler". Ich bin gewiss kein Kunstsammler, aber in meinen Augen war das ein richtig tolles Bild. Von da an drückte ich jedes Mal, wenn ich an der Galerie vorbeikam, meine Nase am Schaufenster platt und flüsterte: „Eines Tages wirst du mir gehören."

„Der Puppenspieler" ist ein Ölbild, das einen alten Mann im Kreise seiner Familie zeigt, der die Fäden einer Marionette in der Hand hält und alle zum Lachen bringt. Es sieht so aus, als würde er eine tolle Geschichte erzählen. Ich mochte das Bild, weil ich mir immer vorstellte, dass ich eines Tages wie dieser Puppenspieler sein würde, der seine Kinder und Enkelkinder um sich versammelt hat. Das Bild erinnert mich auch daran, dass Jesus uns einlädt, uns um ihn zu scharen und ihm zuzuhören, während er uns fesselnde Geschichten von einem besseren, mutigeren und liebevolleren Leben erzählt.

Ich fragte den Verkäufer, der in der Kunstgalerie arbeitete, was das Bild kosten sollte. Daraufhin begann er weit auszuholen, und es kostete mich einige Mühe, seinen in ziemlich undeutlichem Akzent vorgetragenen Gedankengängen zu folgen. Er erklärte mir, dass es nicht „Bild", sondern „Werk" hieße. Ich vermute, sie ändern die Bezeichnung, wenn etwas teuer ist. Wie auch immer.

Seinen Ausführungen zufolge war der Typ, der das Bild gemalt hatte, ein achtzigjähriger Meister aus Europa. Ich hatte Recherchen über ihn angestellt und wusste, dass zumindest das stimmte. Der Verkäufer sagte auch, dass der Künstler gerade sein Augenlicht verliere. (Ja, klar!) Er trug ziemlich dick auf und erzählte etwas darüber, dass der Künstler dieses Werk mit einem besonderen Pinsel gemalt hatte. Ich rechnete damit, dass er mir als Nächstes erzählen würde, der Pinsel sei aus einem einzelnen Schweifhaar eines Einhorns gemacht worden. Ich hatte verstanden. Es war ein ungewöhnlich schönes Bild, und das erklärte immerhin, dass es mehr kostete als meine ersten vier Autos. Mein Verlangen, dieses Bild zu besitzen, war aber stärker als mein Bedürfnis zu essen. Darum begann ich zu sparen.

Es dauerte etwa ein Jahr, bis ich das Geld zusammenhatte. Um den fehlenden Restbetrag aufzutreiben, war ich bereit, unseren Familienhund bei eBay zu verkaufen, aber der Familienrat lehnte diesen Vorschlag ab. Egal – ich schaffte es trotzdem. Eines Tages rief ich den Mann in der Galerie an und teilte ihm mit, dass ich diesen Nachmittag vorbeikommen und das Bild abholen würde.

Als ich die Galerie betrat, warteten dort *zwei* Bilder auf mich, zwei genau gleiche Versionen von „Der Puppenspieler". Ich konnte es nicht fassen.

„Warum haben Sie zwei Bilder?", fragte ich den Verkäufer mit dem undeutlichen Akzent.

„Nun", sagte er und schaffte es mühelos, dabei herablassend und routiniert zugleich zu klingen, „das linke ist das echte. Es hat Museumsqualität. Es ist sehr wertvoll, beinahe unbezahlbar. Natürlich hängen Sie das Original nicht dort auf, wo es Schaden nehmen könnte – Sie legen es in einen Tresor. Aber das andere hier …", fügte er hinzu, während er achtlos auf das identische Bild tippte, „… ist das gefälschte, und das hängen Sie an die Wand, wo alle es sehen können."

„Ich bekomme die Kopie zusammen mit dem Original?", fragte ich. So etwas hatte ich ja noch nie gehört.

„So ist es", bestätigte er milde.

Jetzt frage ich Sie: Welches der beiden Bilder hätten Sie an meiner Stelle aufgehängt? Sehen Sie – ich auch. Ich hängte das echte auf und stopfte die Kopie in irgendeinen Schrank.

Aber ich verstehe schon, warum der Typ von der Galerie vorschlug, dass ich die Kopie aufhängen und das Original irgendwo aufbewahren sollte, wo es sicher war. Wenn ich das Original aufhängte und es beschädigt würde, wäre das ein riesiger Verlust. Es war ein Originalgemälde aus der Hand eines Meisters, der nicht mehr lange auf dieser Erde weilen würde. Es war etwas Besonderes, ein Einzelstück, und es war unersetzlich.

Falls Sie meine Familie und mich einmal besuchen, dann sollten Sie bewaffnet kommen. Bei uns finden nämlich fantastische Gummiband-Schlachten statt. Ich spreche hier nicht von den harmlosen Scharmützeln, bei denen Kinder im Grundschulalter Papierschnipsel mit Gummibändern durch die Gegend schießen – bei uns wird richtig scharf geschossen, und keiner wird verschont. Wenn unsere Kinder einen Gummiring dreißig Zentimeter spannen, können sie Ihnen damit eine Beule verpassen, die so groß ist wie eine Erdbeere.

Ich habe mir angewöhnt, jeden Tag auf dieselbe Weise zu beginnen: Ich hole mir eine Tasse Kaffee, mache ein kleines Feuer im Kamin und setze mich dann in einen bestimmten Sessel, von dem aus ich das Bild mit dem Puppenspieler betrachten kann. Dann trinke ich meinen Kaffee, während ich im warmen Schein des Feuers sitze und meinen Freund, den Puppenspieler, anschaue, der die Nähe seiner Angehörigen genießt. Wenn ich durch die Fenster sehe, kann ich dabei zuschauen, wie die Sonne mit einer Farbenpracht, die manchmal überirdisch schön ist, über dem Wasser aufgeht. Und genau zwischen zwei Fenstern hängt das Bild des Puppenspielers, der den Betrachter gleichsam zu seiner nächsten Vorführung einlädt, die soeben begonnen hat.

Wenn ich den Puppenspieler anschaue, erinnert mich das daran, wie die Zukunft für mich aussieht. Es erinnert mich daran, was im Leben wichtig ist. Es erinnert mich an die Art von Geschichten, die Jesus erzählt hat. Und dann denke ich daran, wie froh ich bin, dass es das Original ist, was dort hängt, nicht die Kopie.

Vor einiger Zeit geschah aber Folgendes: Nachdem ich aufgewacht war, mir meinen Kaffee eingeschenkt und ein kleines Feuer angezündet hatte, begab ich mich an meinen gewohnten Platz, um die Schönheit des Sonnenaufgangs über der Bucht zu genießen. Ich nahm in meinem Lieblingssessel Platz und sah zu meinem Freund, dem Puppenspieler, auf, um ihm guten Morgen zu sagen. Im selben Moment fiel mir schier die Kinnlade herunter.

Ich sah auf den ersten Blick, dass er am Abend zuvor von einem Gummiring im Gesicht getroffen worden war. Das ist kein Scherz.

Mitten auf seiner beinahe unbezahlbaren Stirn prangte eine deutlich sichtbare Blessur.

Ich schnappte nach Luft und goss Kaffee über mich, als ich von meinem Sessel aufsprang, um mir die Sache näher anzusehen. Tatsächlich, der Puppenspieler hatte einen Kopfschuss abbekommen. Zu seiner Ehre muss ich sagen, dass er die Marionette nicht fallen gelassen hatte, obwohl er zweifellos eine tödliche Verletzung erlitten hatte. Meine Kinder behaupten nun steif und fest, sie hätten das nicht getan und es wäre mein Gummiring gewesen, der ihm den Garaus gemacht hätte. Aber ich habe das Bild zum FBI geschickt und es dort untersuchen lassen – es waren definitiv die Kinder. Das ist zumindest meine Version der Geschichte.

Es ist schon eine Weile her, dass der Puppenspieler den Schuss abbekommen hat, aber ich genieße meine morgendliche Routine immer noch. Nach wie vor sitze ich jeden Morgen in meinem Lieblingssessel, trinke Kaffee, zünde ein kleines Feuer an, schaue zu, wie die Sonne aufgeht, und betrachte mein Lieblingskunstwerk, das Originalgemälde des Puppenspielers. Ich bin immer noch überwältigt davon, wie schön es ist. Aber was meinen Sie: Denke ich an den Schaden, wenn ich den Puppenspieler morgens betrachte? Nein, überhaupt nicht. Ich bin nicht im Geringsten zornig oder enttäuscht. Der Grund ist einfach: Wenn ich die Gummiring-Narbe sehe, muss ich sofort und voller Liebe an meine Kinder denken.

Ich sehe meine Kinder vor mir und das aktive, erfüllte Leben, das wir bisher miteinander geführt haben. Ich sehe ihre Streiche vor mir, ihre verrückten Ideen, ihr wildes Temperament, das so typisch für sie ist. Ich sehe die Kinder, wie sie mir mit gespannten Gummiringen oben am Treppenabsatz oder hinter der Tür auflauern, wenn ich nach der Arbeit nach Hause komme. Um ehrlich zu sein, gefällt mir das Puppenspieler-Bild mit der Gummiband-Narbe nun noch besser als vorher.

Ich habe schon so manches Mal erlebt, dass ich etwas Gutes tun wollte, und es hat sich nicht so entwickelt, wie ich es mir vorgestellt hatte. Ich habe mich dadurch schon in so manche Schwierigkeit hineinmanövriert, habe mich weit aus dem Fenster gelehnt und bin manchmal große Risiken eingegangen. Dabei ist es hin und wieder vorgekommen, dass ich Menschen enttäuscht habe oder Dinge schiefgegangen sind, und ich habe mir auch ein paar heftige Gummiband-Schüsse eingefangen. Das ist uns allen schon passiert. Aber nach dem Vorfall mit dem Puppenspieler-Gemälde wurde mir klar, dass wir in Gottes Augen nicht weniger wert sind, wenn wir Fehler machen. Ich glaube sogar, er nimmt das bewusst in Kauf. Was er nicht will, ist, dass wir unseren Mitmenschen eine unechte Version von uns selbst präsentieren, damit sie die Schüsse abbekommt. Gott ist der Meisterkünstler, und er hat uns als Originale erschaffen, für die er einen unglaublich hohen Preis gezahlt hat. Jeder Einzelne von uns ist ein Unikat.

Er möchte, dass wir der Welt diese Originalversion von uns selbst präsentieren. Wir alle neigen unbewusst dazu, das Original zu verbergen, damit es nicht beschädigt wird. Ich verstehe, warum wir das tun – ich verstehe es wirklich. Und die nachgemachte Version unserer selbst ist auch nicht wertlos. Sie ist einfach nur *weniger wert,* weil sie bloß eine Kopie unseres wahren Wesens ist, eine Version, an der uns nicht so viel liegt wie am Original. Wenn wir die Kopie aufhängen, ist das nicht die Version, die Gott geschaffen hat. Es ist dann gewissermaßen so, als würde ein Schauspieler, ein Double oder Stuntman unseren Platz einnehmen und der Welt vorgaukeln, dass dies das Beste ist, was wir haben, oder das Beste, was wir einbringen werden. Und wenn wir die billige, gefälschte Version von uns selbst aufhängen, wirkt das auf Gott ungefähr so wie ein schlechtes Elvis-Double auf uns.

In der Bibel steht, dass Menschen, die Jesus Christus nachfolgen, eine neue Schöpfung sind. Man hat mir das immer so erklärt, dass unsere alte Identität verschwindet und stattdessen ein neues Originalbild von uns gemalt wird. Ich kann dieses Gleichnis jetzt besser verstehen, weil ich ein teures Bild gekauft und eine billige Kopie dazubekommen habe, damit ich das echte Bild einschließen konnte. Heute weiß ich: Dass wir unendlich wertvolle Originale und einzigartige Meisterwerke sind, liegt daran, dass Gott der Meisterkünstler ist, nicht wir selbst. Das Beste, was wir selbst zustande bringen könnten, wäre immer noch eine billige Kopie.

Gott lädt uns dazu ein, neue Schöpfungen zu sein, echte Unikate, und das Leben mit beiden Händen anzupacken. Er sagt uns, dass wir die billige Kopie getrost in irgendeinen Schrank stopfen sollen. Er sagt allerdings nicht, dass alles toll laufen wird, wenn wir der Welt unser wahres Selbst – das unbezahlbare Unikat – präsentieren. Wenn Sie sich die früheren und die heutigen Nachfolger Jesu anschauen, wird klar, dass Sie den einen oder anderen Treffer abbekommen, wenn Sie sich Ihren Mitmenschen so zeigen, wie Sie wirklich sind. Gott ging es nicht anders, als er Jesus in diese Welt sandte. Aber eines weiß ich sicher: Wenn wir Schläge einstecken müssen – und das werden wir –, sind wir deswegen in Gottes Augen nicht weniger wert. Im Gegenteil. Dann steht er früh auf, macht ein kleines Feuer im Kamin, setzt sich in seinen Lieblingssessel und betrachtet das einzigartige Meisterwerk, als das er uns geschaffen hat. Und wissen Sie was? Mit unseren Gummiband-Narben gefallen wir ihm sogar noch besser als vorher.

Kapitel 23

WILLKOMMEN ZU HAUSE!

Früher dachte ich, Gott nachzufolgen würde eine Menge komplizierter Berechnungen erfordern. Heute weiß ich: Alles, was man dazu braucht, sind ein Kreis und eine Linie.

Ich wollte schon seit meiner Schulzeit gern mal einen richtig langen Segeltörn machen. So beschlossen ein Kumpel und ich eines Tages, über den Pazifik nach Hawaii zu segeln. Seit 1906 findet jedes zweite Jahr eine Segelregatta von Los Angeles nach Hawaii statt – die sogenannte Transpazifik-Regatta oder auch Transpac. Aus Sicherheitsgründen müssen die Boote mindestens 13,7 Meter lang und mit einer vollständigen Crew bemannt sein. Aber in jenem Jahr hatten sie die Regeln geändert und ließen auch kleinere Boote teilnehmen; also meldeten wir uns mit einem nur etwa zehn Meter langen Segelboot zum Wettkampf an.

Zehn Meter klingen gar nicht so wenig, bis einem bewusst wird, dass ein solches Boot gerade mal doppelt so lang ist wie ein Toyota Camry (und zudem noch etwas schmaler). Wenn man dann noch das spitze Ende abzieht, ist es etwa so groß wie ein VW-Bus aus den Sechzigerjahren, in dem fünfundzwanzig Riesensäcke voller Segel, ein Rettungsboot, sechs Kisten Chili con Carne, sechshundert Flaschen Wasser, fünf Mann und eine tragbare Toilette Platz finden müssen. (Wenn ich es mir recht überlege, sehen einige VW-Busse aus den Sechzigerjahren heute noch so aus.)

Der Plan war einfach: Wir würden mit einer Geschwindigkeit von sieben Knoten 2.600 Seemeilen in unserem VW-Bus über den Ozean segeln, während Gott uns alle paar Minuten literweise eiskaltes Wasser durchs Fenster kippte. Und während der ganzen Fahrt würden wir einfach nur Chili con Carne essen und einander typische Männergeschichten aus unserem Leben erzählen.

Wir wollten zu sechst segeln, und da keiner von uns navigieren konnte und wir Honolulu nicht verfehlen wollten, fragten wir einen Freund, der Steuermann auf einem Zerstörer der Marine war, ob er uns begleiten wollte. Er sagte zu, also hatten wir unseren Steuermann. Alles war cool.

Die Wettkampfstrecke zu navigieren war keine Kleinigkeit. Man kann nicht einfach ein Navigationssystem benutzen, um herauszufinden, wo man sich gerade befindet. Stattdessen war vorgeschrieben, dass alle Boote sich anhand der Sterne und der Sonne orientieren mussten. Zur Bewältigung dieser Aufgabe hatte unser

Navigator einen großen Stapel Bücher dabei, hauptsächlich Almanache, die den ungefähren Stand der Sonne und der Planeten zu jeder bestimmten Zeit angeben. Damit und mithilfe eines Sextanten, der angibt, wo man sich im Verhältnis zu Sonne und Sternen befindet, konnte man ein paar komplizierte Berechnungen anstellen und so herausfinden, wo man gerade war. Leider änderte die Marine wenige Tage vor dem Wettkampf den Dienstplan unseres Steuermanns; er konnte nicht mitkommen. Es war nicht länger alles cool.

Die Regatta rückte immer näher, also zogen wir am nächsten Tag Streichhölzer, um auszulosen, wer unser neuer Steuermann sein würde. Seither hasse ich es, bei irgendwas Streichhölzer ziehen zu müssen. Als unser Steuermann uns verließ, nahm er seine gesamte Ausrüstung mit. Seinen Bücherstapel, seine Kenntnisse und sogar seinen coolen Sextanten. Er hatte mich den Sextanten einmal halten lassen, und ich erinnere mich, dass ich ihn wie Galileo himmelwärts gehalten hatte, aber ich hatte keinen blassen Schimmer, wie man ihn benutzte. Es sah wirklich schlecht für uns aus. Also ging ich in ein Fachgeschäft für Schiffszubehör, kaufte für fünfzehn Dollar einen Plastiksextanten und ließ mich zwanzig Minuten lang von dem Verkäufer darüber belehren, wie man ihn benutzt. Das konnte schließlich nicht allzu schwer sein, oder?

Er erklärte mir jedoch, es sei gar nicht so einfach, einen Sextanten korrekt zu benutzen. Man muss dabei in den Himmel schauen und einige feste Punkte wählen. Dann schlägt man nach, was man in all den schlauen Büchern gelesen hat, und stellt daraufhin jede Menge Berechnungen an. Wenn man all diese Berechnungen korrekt durchführt, kann man die eigene Position ziemlich genau bestimmen, was ehrlich gesagt, wirklich super ist. Es gibt dabei allerdings noch Tausende von Einzelheiten, die berücksichtigt werden müssen, um die genaue Position zu bestimmen: welche Jahreszeit gerade ist, in welchem Ozean und auf welcher Halbkugel man sich befindet, wie hoch die Wellen zum Beobachtungszeitpunkt sind, wie weit man sich über der Wasseroberfläche befindet, was es zum Mittagessen gab und wahrscheinlich auch noch, welche

Lieblingsfarbe man hat. Mir wurde schwindlig, als der dienstbeflissene Verkäufer mir eine lange Liste von Faktoren aufzählte, die ich berücksichtigen musste, um unsere Position exakt zu berechnen. Ich fragte mich, warum der Kerl bloß Bootsausrüstung, Anker und Farbe verkaufte. Seinen Ausführungen nach zu urteilen, hatte er einen Doktortitel in Astrophysik.

Nach zwanzig Minuten unterbrach ich Kopernikus und sagte ihm, dass wir in drei Tagen nach Hawaii segeln wollten und dass ich nicht sehr viel von dem verstanden hatte, was er mir über die Berechnung meiner Position erklärt hatte. „Gibt es keine schnellere Methode, um mit dem Sextanten seine Position einigermaßen zuverlässig zu bestimmen?", fragte ich ihn. „So wie Kolumbus oder die Wikinger oder Thor Heyerdahl auf der ‚Kon-Tiki'? Die haben sich doch bestimmt nicht von all diesen Einzelheiten verwirren lassen oder einen Bücherstapel dabeigehabt, um ihre Position zu berechnen. Hatten die damals überhaupt schon Bücher?"

Mein neuer Freund beugte sich zu mir und begann zu flüstern, als wollte er mir anbieten, mich ins Zeugenschutzprogramm aufzunehmen. „Okay, man kann Folgendes machen …" Er erklärte mir, dass ich mit dem Plastiksextanten an Deck gehen, ihn himmelwärts halten und ihn mittags um fünf vor zwölf, um zwölf und um fünf nach zwölf ablesen sollte. Durch die Ermittlung des Sonnenstandes zu verschiedenen Zeiten sollte ich feste Bezugspunkte erhalten, die mir helfen würden, mit einer maximalen Abweichung von etwa 100 Kilometern unsere ungefähre Position zu ermitteln.

71 Prozent der Erdoberfläche sind mit Wasser bedeckt. Also dachte ich mir, wenn ich unsere Position auf einer gedachten Linie, die Richtung Hawaii führte, mit einer maximalen Abweichung von 100 Kilometern bestimmen könnte, wäre das gut genug. Mein grundsätzlicher Plan sah vor, erst einmal nach Westen zu segeln, bis wir Land sahen; das schien mir eine einfache, logische Strategie zu sein. Hawaii hat viele Inseln, also dachte ich mir, wenn wir auf einer von ihnen landen würden und nicht in Japan, wäre schon mal viel gewonnen.

Außerdem kaufte ich mir vor unserem Segeltörn nach Hawaii

im Bootsgeschäft noch eine Karte. Sie war etwa so groß wie eine Tischplatte, allerdings war nicht viel darauf zu sehen. Zwischen der Westküste der Vereinigten Staaten auf der einen Seite und Hawaii auf der anderen befand sich eine riesige leere Fläche. Ich bin kein Meeresforscher, aber ich reimte mir zusammen, dass alles dazwischen wohl Wasser war. In der oberen Ecke war eine Kompassrose abgebildet, auf der oben ein großes N stand, also schlussfolgerte ich, dass dort wohl Norden war – gut zu wissen. Allerdings gibt es keine Bezugspunkte, an denen man sich orientieren kann, wenn alles um einen herum nur Wasser ist. Also war ich nicht sicher, ob dieses N uns helfen konnte, Hawaii zu finden.

Na ja, es gab andere Möglichkeiten. Ich nahm einen Zollstock und zog eine gerade Linie vom Startpunkt in Los Angeles zum Ziel in Diamond Head auf Oahu. Das war leicht. Mithilfe der Kompassrose ermittelte ich den geplanten Kurs, schnappte mir dann die Karte, den Zollstock und den Plastiksextanten und machte mich auf den Weg zum Boot.

Es gibt da eine Navigationsmethode, die mir bei der Regatta nützlich war und die mir auch sonst im Leben geholfen hat, in etwa die richtige Richtung einzuschlagen. Man nennt sie „Koppelnavigation“. Das Konzept ist einfach, also gefällt es mir. Man muss mithilfe eines Kompasses die Richtung ermitteln, in die man sich bewegt. Dann wählt man einige feste Bezugspunkte aus, an denen man sich orientiert, und wenn man von diesen Punkten aus eine Linie zum eigenen Standort zieht, kann man seine Position bestimmen.

Wenn ich nicht weiß, wo ich mich im Leben befinde oder was Gott gerade von mir will, was häufig vorkommt, versuche ich mich anhand einiger fester Bezugspunkte zu orientieren, auf die ich mich verlassen kann. Ein solcher Punkt ist Jesus. Ich weiß, das klingt wie eine auswendig gelernte Antwort aus der Sonntagsschule, und solche Antworten mag ich normalerweise nicht, aber es stimmt. Ich kann meine eigene Position anhand dessen ermitteln, was ich über Jesus weiß. Und zwar den echten Jesus, der nicht durch bestimmte religiöse oder kulturelle Vorstellungen verfälscht ist. Ich schaue mir an, was er über die Situation, in der ich mich gerade befinde, zu sagen hatte, und ziehe dann eine Linie von Jesus zu mir.

Einen anderen Bezugspunkt stellt für mich eine Gruppe von Personen dar, die Gott mir zur Seite gestellt hat – ich betrachte sie als eine Art persönliches Kabinett. Diese Menschen haben in verschiedenen Bereichen des Lebens Weisheit und Erfahrungen gesammelt, und wenn ich ihnen erzähle, was mich gerade bewegt, sagen sie mir, was sie darüber denken. Im Gegenzug gehöre ich zum Kabinett meiner Freunde und Angehörigen. Ich bin zum Beispiel im Kabinett meiner Tochter Lindsey. Ich habe mich selbst zu ihrem Minister für Innere Sicherheit ernannt. Die Menschen in meinem Kabinett helfen mir, mithilfe der Koppelnavigation durchs Leben zu steuern, weil ich mich an ihrem Rat orientiere und eine gerade Linie von ihnen zu mir selbst ziehe.

Mit diesen Bezugspunkten im Leben ist die Koppelnavigation eigentlich recht leicht. Dort, wo sich alle Linien treffen, will Gott mich wahrscheinlich gerade haben. Ich glaube, genauso unkompliziert hat Gott sich seine Beziehung zu uns vorgestellt. Die Regel ist einfach: Sie lautet „Jesus plus nichts".

Früher dachte ich, dass man komplizierte mathematische Formeln bräuchte, um Jesus nachzufolgen. Ich dachte, ich bräuchte einen großen Bücherstapel, um meinen jeweiligen Standort zu ermitteln. Und ich dachte, wenn ich die Entfernung zwischen Gott und mir ständig abmessen würde, würde ich ihm näherkommen. Früher erklärten mir die religiösen Leute, die ich kannte, in allen Einzelheiten, wie ich diese geistlichen Berechnungen anzustellen hatte. Sie meinten, ich müsste bestimmte Gebete sprechen, Stille Zeit machen, in die Bibelstunde gehen und Bibelverse auswendig lernen. Sie sagten, ich müsste wissen, wie man jemandem erklärt, dass Gott sowohl eine Person als auch ein Geist sein kann. Und sie behaupteten, ich müsste wissen, dass Gott eines Tages wiederkommen würde und dass ein Teil der Menschen auf der Erde bleiben und ein anderer Teil verschwinden würde, weil dann eine Zeit großer Bedrängnis auf die Erde zukäme. Sie sagten, wenn ich Gott kennenlernen wollte, müsste ich zuerst eine lange Liste verschiedener Dinge wissen. Ehrlich gesagt, klangen sie ein bisschen so wie der Mann in dem Geschäft für Schiffszubehör. Aber irgendwann erkannte ich, dass ich eigentlich nur wissen musste, in welche Richtung ich mich gerade bewegte, und dass ich mich irgendwo in dem großen Kreis von Gottes Liebe und Vergebung befand.

Ich habe in meinem Leben viele kleinere und größere Kurskorrekturen vornehmen müssen. Oft musste ich mich durch heikle Situationen hindurchmanövrieren, die unter Umständen ein fatales Ende hätten nehmen können, und ich brauchte sehr genaue Richtungsangaben. Wenn das der Fall war, bekam ich immer, was ich brauchte, um das Problem zu lösen. Aber im Allgemeinen genügte es – auch wenn der Verkäufer im Schiffszubehörladen und einige religiöse Leute jetzt zusammenzucken werden –, in etwa die richtige Richtung beizubehalten. Das liegt wahrscheinlich daran, dass ich mit der Vorstellung lebe, in dem riesigen Meer von Gottes Liebe zu schwimmen. Der Kreis seiner Gnade und Vergebung ist groß genug und die Linie, die zu ihm führt, lang genug, dass ich nicht ständig den Längen- und Breitengrad meiner gegenwärtigen Position nachmessen muss, um meinen Standort zu ermitteln. Es ist eine ziemlich einfache tägliche Rechenaufgabe. Ich mache das einfach folgendermaßen: Ich schaue auf Jesus, bewege mich in seine Richtung und bleibe in etwa auf diesem Kurs. Das genügt. Sie können Ihre Sextanten und Almanache gern behalten.

Es gibt da eine Tradition bei der Transpac-Regatta: Ganz gleich, um wie viel Uhr man das Ziel erreicht, selbst wenn es um zwei Uhr morgens ist – sobald man in den Hafen von Ala Moana auf Oahu einläuft, ruft ein Ansager den Namen des Bootes und die Namen sämtlicher Crewmitglieder aus. Er hat einen riesigen Lautsprecher, und seine dröhnende Stimme hallt durch die Passatwinde, um jeden Einzelnen zu Hause willkommen zu heißen. Es ist schon seit Jahrzehnten immer derselbe Ansager, der bei jeder Transpac-Regatta jedes Boot ankündigt, das in den Zielhafen einläuft.

Ich erspare Ihnen die Einzelheiten unserer Fahrt. Es genügt zu wissen, dass in der Geschichte viel Wasser, ein paar stinkende Typen, übertriebene Männergeschichten und viel Dosenfleisch und Chili con Carne vorkamen. Gerade als unsere Vorräte zur Neige gingen, überquerten wir die Ziellinie in Diamond Head und liefen in den Jachthafen ein. Es war wenige Stunden vor Sonnenaufgang. Es war sechzehn Tage her, seit wir mit unserem kleinen Boot und geringen Navigationskenntnissen in Los Angeles ausgelaufen waren. Plötzlich wurde die Stille von einer dröhnenden Lautsprecherstimme durchbrochen, die den Namen unseres winzigen Bootes verkündete. Danach verkündete der Ansager die Namen unserer zusammengewürfelten Crew, als stelle er Staatsoberhäupter vor. Mit offenkundigem Stolz nannte er all unsere Namen, einen nach dem anderen, und es wurde für uns alle an Bord ein richtig ergreifender Moment.

Als er meinen Namen nannte, erwähnte er nicht, dass ich fast keine Navigationskenntnisse besaß oder dass ich uns in einem Zickzackkurs hierhergebracht hatte. Er erzählte den Leuten nicht, dass ich keine Ahnung hatte, wo Norden ist, oder was ich sonst noch alles falsch gemacht hatte. Stattdessen hieß er mich einfach zu Hause willkommen wie ein stolzer Vater, dessen Kind ein großes Abenteuer überstanden hat. Nachdem er alle Namen verkündet hatte, machte er eine Pause und sagte dann in herzlichem Tonfall zu uns allen: „Freunde, es war eine lange Fahrt. Willkommen zu Hause." Durch die Art, wie er das sagte, kamen uns allen die Tränen. Ich wischte mir über die Augen und dachte daran, wie unsicher wir während dieser Fahrt oft gewesen waren, wie viele Fehler wir beim Segeln gemacht hatten und wie wenig ich mich auskannte. Aber all das war jetzt egal, denn wir hatten das Ziel erreicht.

Ich stelle mir immer vor, dass es vielleicht ganz ähnlich sein wird, wenn wir mal im Himmel ankommen. Ich habe in der Bibel gelesen, dass es ein Buch des Lebens gibt. Ich glaube nicht, dass das Buch des Lebens voller mathematischer Gleichungen ist, und ich glaube auch nicht, dass es eine reine Namensliste ist. Ich glaube, das Buch des Lebens ist eher ein Buch voller *Lebensgeschichten*. Ich denke, es handelt von Menschen, die in Richtung Jesus unterwegs sind und versuchen, ihm nachzufolgen. Menschen wie mir, die viele Fehler gemacht und viele Kurskorrekturen vorgenommen haben. Es handelt von Menschen, die in dem großen Kreis seiner Liebe und Gnade geblieben sind und ihren Kurs anhand einer langen, zu ihm führenden Linie ausgerichtet haben. Und ihre Namen stehen nicht etwa deshalb in dem Buch, weil sie irgendetwas getan oder nicht getan haben. Sie stehen darin, weil Gott der ist, der er ist, und weil er alles getan hat, um einen Kreis um sie zu ziehen.

Wenn wir in unserem Leben einmal die Ziellinie überqueren, stelle ich mir das wie unser Einlaufen in den Jachthafen auf Hawaii vor, als unsere Namen einer nach dem anderen verkündet wurden. Und am Ende werden uns die Worte eines liebenden und stolzen Gottes erwarten: „Freunde, es war eine lange Fahrt. Willkommen zu Hause."

Kapitel 24

VERGISS DAS CAPE!

Früher dachte ich,
ich müsste über
alles reden.
Heute weiß ich,
dass es besser ist,
über manche Dinge
zu schweigen.

Kennen Sie den Pixar-Film „Die Unglaublichen"? Darin kommt ein Superhelden-Papa vor, der keine Lust mehr auf seinen Schreibtischjob hat. Ich glaube, er verkauft Versicherungen, aber er weiß, dass in Wirklichkeit viel mehr in ihm steckt. Also beginnt er auf seinem Skizzenblock herumzukritzeln und verschiedene Superhelden-Anzüge zu zeichnen, denn er will wieder der Mensch werden, der er im tiefsten Inneren ist. Die meisten Outfits, die er zeichnet, haben Capes, denn die sind das, was Superhelden normalerweise tragen, und er will so sein wie sie.

Er hat eine Freundin namens Edna, die Superhelden-Uniformen herstellt, und jedes Mal, wenn er ihr einen Entwurf zeigt, sagt sie ihm: „Vergiss das Cape." Sie zeigt ihm Videoclips von Superhelden, die Capes trugen und denen letzten Endes gerade ihre Capes zum Verhängnis wurden, weil diese sich in irgendetwas verfingen und ihre Träger dadurch in einen Flugzeugmotor oder Schlimmeres gesaugt wurden. Das ist Ednas Grund für meinen Lieblingsausspruch in diesem Film: „Keine Capes." Ihr Punkt ist, dass man ohne Cape viel mehr erreichen kann. Ich glaube, Jesus ist derselben Meinung.

Jedes Mal, wenn Jesus etwas Unglaubliches gemacht hatte, sagte er zu den Leuten, die es miterlebten, in etwa dasselbe. Er weckte ein kleines Mädchen von den Toten auf, und was sagte er? „Erzählt es niemandem." Er begegnete einem Mann, der Aussatz hatte, heilte ihn und sagte: „Erzähl es niemandem." Er heilte zwei Männer, die blind waren, und bevor er weiterzog, schärfte er ihnen ein: „Sagt niemandem etwas davon." In einer Welt, in der Eigenwerbung und Meinungsmache an der Tagesordnung sind, führte Jesus uns ein ganz anderes Verhalten vor Augen. Er gab uns zu verstehen: *Hört auf damit, euren Mitmenschen ständig zu erzählen, was ihr tut. Es gibt eine bessere Möglichkeit.* Eine, die ganz ohne Capes auskommt, die sich in irgendetwas verfangen könnten – unter Umständen sogar in uns selbst und unserem Ego. Vielleicht möchte Jesus, dass wir in aller Stille unglaublich sind. Personen, die im Verborgenen unglaublich sind, behalten das, was sie tun, für sich, weil der Einzige, der es wissen muss, der Gott des Universums, es ohnehin schon weiß.

In aller Stille unglaublich zu sein widerspricht dem gegenwärtigen Trend, demzufolge man nur dann etwas Unglaubliches tun kann, wenn man sich ein Büro einrichtet und einen Laptop kauft, eine Organisation gründet, einen Missionsauftrag formuliert und eine sorgfältig ausgearbeitete Firmenphilosophie vorweisen kann. Im Verborgenen unglaubliche Menschen *handeln einfach*. Damit Sie mich nicht missverstehen – Missionsaufträge haben sicher ihren Sinn und Firmenphilosophien auch, aber sind sie wirklich nötig? Ich glaube nicht. In den meisten Fällen sind Missionsaufträge einfach ein paar beeindruckende Sätze darüber, wie nobel und bedeutsam die Aufgabe ist, die wir uns gestellt haben – und ganz nebenbei kommt dadurch auch zum Ausdruck, wie nobel und bedeutsam wir selber sind. Die Wahrheit ist: Die Aufgabe wäre wahrscheinlich noch nobler und bedeutsamer, wenn wir nicht darüber reden würden, sondern sie einfach in Angriff nähmen. Es geht nicht darum, um jeden Preis geheimnisvoll und rätselhaft zu tun. Es geht darum, Heldentaten zu vollbringen, ohne Superhelden-Capes zu tragen.

Normalerweise wissen sowieso nur die religiösen Leute, was ein Missionsauftrag ist. Ich garantiere Ihnen, der Typ aus dem Laden um die Ecke weiß es nicht. Und es sind die Religiösen, die garantiert das Haar in der Suppe finden werden, das sie daran hindert, sich mit Ihrem Vorhaben zu identifizieren – ganz egal, wie überzeugend Sie es formulieren. Das Leben dieser Menschen wird dadurch nicht verändert werden – und Ihres auch nicht. Religiöse Menschen dazu zu bringen, detaillierten Missionsaufträgen oder Glaubensbekenntnissen zuzustimmen, ist äußerst schwierig. Es ist, als würde man versuchen, Leute, die schon einen Chrysler fahren, davon zu überzeugen, dass es eine gute Sache ist, einen Chrysler zu besitzen. Ich würde lieber auf die ganzen religiösen Phrasen verzichten und stattdessen die Chance ergreifen, einen einzigen Menschen einzuladen, Jesus kennenzulernen.

Hätten Sie gern eine Firmenphilosophie, die den Auftrag, im Verborgenen unglaublich zu sein, treffend zum Ausdruck bringt? Gut, hier ist sie: „Sei fantastisch!“ Das ist es. Wenn Sie dem Beispiel Jesu folgen und sich daran orientieren wollen, wie er die Dinge angepackt hat, dann reichen diese beiden Worte als Richtlinie vollkommen aus. Aber lassen Sie mich noch etwas hinzufügen: Meiner Ansicht nach liegt Jesus nichts daran, dass wir am laufenden Band clevere Statements formulieren, um jeden Preis ausgefallen sein wollen oder uns durch beschriftete T-Shirts oder fromme Armbänder outen. Ich glaube, Jesus möchte, dass wir uns „Sei fantastisch!" auf unser Unterhemd schreiben und nicht auf den Rücken unseres Kapuzenpullis.

Jesus sprach mit kaum jemandem über das, was er getan hatte. Wir finden in der Bibel keine dieser Nachbetrachtungen, in denen Jesus all das, was er mit seinen Jüngern getan hat, noch einmal Revue passieren lässt. Nein, er lebte uns vor, dass wir die Dinge, die wir getan haben, nicht breitzutreten brauchen. Er sagte quasi: *Wenn ihr unglaubliche, fantastische Dinge tut, während ihr hier auf der Erde seid, und niemand davon weiß außer mir – genügt das nicht?* Wenn wir uns daran halten würden, würden wir keine Probleme damit haben zu erkennen, wer in Wirklichkeit all diese tollen Dinge tut. Und wir würden auch viel mehr erreichen, denn es wäre uns egal, wer zuschaut und wer das Lob dafür einheimst. Wir würden all unsere Energie nur darauf konzentrieren, fantastisch zu sein. Glauben Sie nun aber bitte nicht, Jesus würde uns mehr lieben, wenn wir unglaubliche Dinge tun. Das kann er nicht. Seine Liebe zu uns lässt sich nicht mehr steigern. Und wissen Sie was? Unsere Fotos stecken schon in seiner Brieftasche.

Unter den zwölf Männern, die Jesus nachgefolgt sind, gab es zwei mit Namen Judas. Da war der böse Judas, der Jesus verraten hat und über den wir alles wissen, und da war der gute Judas, der auch unter dem Namen Thaddäus bekannt ist. Von dem hatte ich noch nie gehört. Ich könnte mir vorstellen, dass der gute Judas für den Rest seines Lebens allen Leuten gesagt hat: „Sag einfach Thad zu mir." Ich könnte mir auch vorstellen, dass er der Erste war, der je den Wunsch verspürte, in ein Zeugenschutzprogramm aufgenommen zu werden.

Nachdem Jesus von ihnen gegangen war, beschlossen seine Nachfolger, dass sie einen anderen Apostel brauchten, um den bösen Judas zu ersetzen. Die Anforderungen, die sie stellten, waren ausgesprochen unkompliziert: Der Ersatzmann musste während der ganzen Zeit, in der Jesus gewirkt hatte, zu seinen Jüngern gehört haben, und er musste ein unbescholtener, aufrichtiger Typ sein. Ihrer Ansicht nach kamen zwei Kandidaten infrage.

Einer war ein Mann namens Matthias, der andere trug den Spitznamen Justus. Ich weiß nicht, wie man damals gelost hat. Für mich klingt es, ehrlich gesagt, nach der „Schere, Stein, Papier"-Methode. Jedenfalls fiel ihre Wahl auf Matthias. Er erhielt den Zuschlag und hat seitdem einen Platz in jedem Kirchenfenster. Aber ich habe mich immer gefragt, was mit Justus passiert ist. Wir hören nie wieder etwas von ihm, obwohl er scheinbar so ziemlich alles richtig gemacht hat, tagein, tagaus mit Jesus unterwegs und ein zuverlässiger Bursche war, auf den man sich verlassen konnte.

Das Seltsame ist, in meinen Ohren klingt „Justus" ganz ähnlich wie „just us"[3]. Gottes Pläne beinhalten viele solcher „Just us"-Leute. Ich schätze, die meisten von uns sind solche „Just us"-Menschen, die keine Capes tragen und es nicht auf die Kirchenfenster schaffen. Wir bekommen einfach die Chance, das zu tun, was Gott möchte, ohne viel Aufhebens darum zu machen.

Obwohl er bei „Schere, Stein, Papier" verloren hat, möchte ich wetten, dass Justus einer dieser heimlich unglaublichen Typen war, der weiterhin unglaublich blieb. Auch wir können das sein. Übergangen zu werden kann sehr verletzend sein. Aber das ist es nicht. Gerade Menschen wie wir können im Verborgenen unglaublich sein und enorm viel auf die Beine stellen. So funktioniert die umgekehrte Ökonomie im Reich Gottes. Er liebt die Demütigen, und die Demütigen sind oft nicht die erste Wahl für die Jobs, die tolle Titel oder Positionen einbringen. Aber sie scheinen immer Gottes erste Wahl zu sein, wenn er jemanden sucht, den er auf mächtige Weise gebrauchen kann. Die Botschaft von Jesus ist einfach: Wir bekommen alle die Chance, fantastisch zu sein, wenn wir das wollen. Und das gelingt uns am besten dadurch, dass wir heimlich unglaublich sind.

Wir wissen nicht, wer die Männer waren, die ihren Freund

durch das Dach hinunterließen, um ihn zu Jesus zu bringen. Wir erfahren nie die Namen der Männer, die diese Sache ausgeheckt haben. Aber es würde mich nicht wundern, wenn es solche „Just us"-Leute gewesen wären, die genau wie wir waren und Unterhemden trugen, auf denen „Sei fantastisch!" stand. Und noch etwas kann ich Ihnen garantieren: Sie trugen mit Sicherheit keine Capes.

Kapitel 25

GOTT IST GUT

Früher dachte
ich, Gott wäre
manchmal gut.
Heute weiß ich,
dass er
immer gut ist.

Ich hatte einmal einen guten Freund namens Don Valencia und ich vermisse ihn heute noch. Don Valencia war einer dieser im Stillen unglaublichen Menschen. Als wir uns kennenlernten, war er etwa so alt wie ich und steckte voller Energie. Er liebte es, Rucksackwanderungen zu machen, war ein rasanter Autofahrer, erklomm Berggipfel und erzählte Geschichten, in denen es darum ging, dass er oberhalb der Baumgrenze geschlafen oder sein Auto mörderische vierundzwanzig Stunden lang ununterbrochen im Höchsttempo gefahren hatte, nur um festzustellen, ob er das konnte. Obwohl ich kein Gipfelstürmer bin und nicht gern schnell fahre, wurde ich doch mit jeder neuen Kletter- und Rennfahrergeschichte, die Don mir erzählte, immer mutiger, was mein eigenes Leben anging.

Wir alle haben solche Freunde, bewundernswerte Menschen, die am Rande des Abgrunds zu leben scheinen. Sie brauchen das irgendwie, weil sie sich dort am lebendigsten fühlen und ihr Leben so aus der bestmöglichen Perspektive betrachten können. Dort, wo ein falscher Schritt, eine falsche Bewegung allem ein Ende setzen würde, wird ihnen immer wieder neu bewusst, wie schön der Ort ist, an dem sie sich befinden – der Ort, an dem sie leben, atmen und lieben. Haben Sie schon einmal bemerkt, dass viele Menschen, die Gott vertrauen, geradezu dazu geschaffen zu sein scheinen, dicht am Abgrund zu leben?

Dons Vorliebe für Abenteuer spiegelte sich in seinem Beruf als Zellbiologe wider. Ich bin nicht ganz sicher, was ein Zellbiologe genau tut, aber ich weiß, dass man dazu ein richtig kluger Kopf sein muss. Ohne Angst vor dem Tod „spielte" Don zu Beginn seines beruflichen Werdegangs mit einigen der tödlichsten Epidemien der Welt, indem er Zellen zur Laboranalyse gefriertrocknete. Er gefriertrocknete buchstäblich den Tod und hielt ihn danach unter ein Mikroskop. Es war, als hätte Don einen Schlüsselbund voller Schlüssel zu Türen, die in ein besseres Leben führten, und verbrächte sein Leben damit, diese Schlüssel in Schlösser zu stecken, um zu sehen, ob diese sich öffnen ließen. Ich bin sicher, Don fand es erstaunlich, dass Gott etwas so Furchtbares wie eine tödliche Krankheit in eine Tür zu Freude, Freiheit und Heilung verwandeln konnte.

Während er sich gerade auf eine Rucksacktour vorbereitete, beschloss Don eines Tages, Kaffee gefrierzutrocknen. Er liebte es, am Berghang Kaffee zu trinken, war aber sehr wählerisch, was die Sorten anging, die er aufbrühte. Die gefriergetrockneten Sorten aus dem Supermarkt taugten seiner Meinung nach alle nichts. Er spielte mit verschiedenen Bohnen und Röstungen herum, bis seine Frau Heather eines Tages in einer kleinen, kurz zuvor in Seattle eröffneten Kaffeestube eine Bohnensorte entdeckte, von der sie glaubte, dass sie ihrem Mann gefallen könnte. Don gefriertrocknete sie und entdeckte, dass diese neue Kaffeesorte nicht nur gut, sondern sogar hervorragend war. Don servierte seine neue Erfindung seinen Wander- und Kletterfreunden, und keiner konnte glauben, dass der Kaffee gefriergetrocknet war. Ich vermute, dass seine Freunde nach dieser Tasse Kaffee in luftiger Höhe eifrig nach dem mysteriösen Café suchten, in dem Don ihrer Ansicht nach seinen frischen Kaffee ergattert hatte.

Die kleine Kaffeestube, die Heather in Seattle entdeckt hatte, machte in rasantem Tempo überall neue Filialen auf, und so beschloss Don, seine Erfindung Howard Schultz, dem Geschäftsführer der Kette – bei der es sich um keine geringere als *Starbucks* handelte –, vorzustellen.

Howard öffnete das Paket, das Don ihm geschickt hatte, und war bestimmt sehr skeptisch, als er den gefriergetrockneten Kaffee probierte. Es dauerte allerdings nicht lange, bis er in ein Flugzeug stieg, um Don in seiner Küche aufzusuchen. Die beiden redeten stundenlang miteinander, und Don erläuterte in allen Einzelheiten, wie es ihm gelungen war, das volle Aroma der Kaffeebohnen zu erhalten. Schneller, als man bis drei zählen konnte, hatte Howard Don eingestellt. Das ist kein Witz. Don Valencia wohnte plötzlich in Seattle und leitete die Forschungs- und Entwicklungsabteilung von *Starbucks*. Statt eines Küchentischs hatte Don jetzt ein mehrere Millionen Dollar teures Labor für seine Experimente zur Verfügung.

Menschen, die hohe Risiken eingehen, haben keine Angst, Fehler zu machen. Sie lieben ihre Fehler sogar, weil sie durch diese ihre

Grenzen ausloten können. Don hat ein paar großartige Produkte für *Starbucks* entworfen, aber nicht alle waren ein Erfolg. Haben Sie zum Beispiel jemals von „Mazagran“ gehört? Genau, ich auch nicht. „Mazagran“ war ein von Don erfundenes kohlensäurehaltiges Limonadengetränk mit Kaffeegeschmack, das *Starbucks* vor einigen Jahren herausbrachte. Das Problem war nur, es schmeckte niemandem. Don ließ sich davon nicht entmutigen. Als ich Don das zweite oder dritte Mal besuchte und die Einfahrt zu seinem Haus hinaufging, sah ich, dass auf seinem Autokennzeichen die Aufschrift „Mazagran“ prangte. Er feierte seine schlimmsten Misserfolge wie ich meine größten Erfolge.

Von Don haben unzählige Menschen gelernt, dass es völlig in Ordnung ist, Fehler zu machen. Und darüber hinaus lernten sie von ihm, wie gut es ist, trotz aller Fehler weiterzumachen und sich selbst genügend zu lieben, um auch die eigenen Fehler lieben zu können. Mit genau dieser Bereitschaft, das Abenteuer zu suchen, und der festen Entschlossenheit, aus Fehlern zu lernen, erfand Don einen Eiskaffee namens „Frappuccino“. Der verkaufte sich dann ziemlich gut.

Don arbeitete weiter an der Perfektionierung seines gefriergetrockneten Kaffees und servierte ihn seinen Wander- und Kletterfreunden und seinen Vorgesetzten und Kollegen bei *Starbucks*. Alle liebten den Kaffee, aber jahrzehntelang war sich *Starbucks* unsicher, ob und wie sie die Sorte herausbringen sollten. Ich glaube, sie hatten Bedenken, dass gefriergetrockneter Kaffee dem Firmenimage schaden würde, das *Starbucks* sich als Anbieter des allerfrischesten Kaffees von höchster Qualität erworben hatte. Allerdings entdeckten einige Leute Dons köstliche gefriergetrocknete Perlen, sodass *Starbucks* den Kaffee unter Decknamen wie „Stardust“ oder „Space Needle“ oder sogar „Jaws“ verkaufen musste. Wer mit Don den Mount Rainer bestieg oder auf dem Pacific-Crest-Trail wanderte, konnte eine rare Ration seiner Erfindung ergattern. Ich vermute, dass dann wie bei einem Drogendeal ein kleines Päckchen „Stardust“ den Besitzer wechselte und neben dem Eispickel und den Steigeisen im Rucksack des Kameraden verschwand.

Fast zwanzig Jahre später war Dons Geheimnis immer noch unter Verschluss. Zu diesem Zeitpunkt hatte Don *Starbucks* bereits verlassen, war in Rente gegangen und wollte sich gemeinsam mit seiner Familie anderen Abenteuern widmen. Don hatte schon immer ein großes Herz für seine Mitmenschen gehabt und wollte ihnen nun auf eine praktischere Art und Weise dienen. Er wurde Vorstandsmitglied einer großartigen Organisation namens *Agros*, die arme Menschen in den ländlichen Gegenden von Mittelamerika, Mexiko und anderen Regionen auf der Welt unterstützt, die dringend Hilfe brauchen. Don und seine Familie zogen für einige Zeit nach Mittelamerika, um in die dortige Kultur einzutauchen und sich dem Dienst am Menschen zu widmen. Seine Leidenschaft für all die Abenteuer, die er bisher erlebt hatte, wurde dadurch relativiert, denn Don fühlte sich Gott bei seinem neuen Abenteuer, anderen Menschen zu dienen, näher, als er sich ihm zuvor am Rande des Abgrunds gefühlt hatte.

Kurze Zeit, nachdem er aus Mittelamerika zurückgekehrt war, war Don gerade mit anderen Vorstandsmitgliedern von *Agros* auf Whidbey Island unterwegs, als er plötzlich furchtbare Schmerzen bekam. Er wurde umgehend in ein Krankenhaus eingeliefert und sofort untersucht. Die Diagnose ergab, dass er Lungen- und Leberkrebs im Endstadium hatte, und dieser hatte auch schon gestreut. Auf einmal kämpfte Don selbst gegen die gleichen tödlichen Krankheiten, die er jahrelang unter dem Mikroskop untersucht hatte.

Während seines mutigen Kampfes gegen den Krebs lebte Don weiterhin seine Vorliebe für waghalsige Abenteuer aus. Es war offensichtlich, dass er keine Angst vor dem Tod hatte, und nun begann er, seine letzte Wegstrecke zu protokollieren. Genau wie viele andere Menschen las auch ich seine Briefe und Beiträge im Internet und konnte mir die Liebe, Hoffnung und Vorfreude, die sie ausstrahlten, fast nicht erklären. Don schrieb, dass er das Gefühl hatte, am Rande des Himmels zu tanzen – aber er hatte keine Angst. Er klang schon fast wie ein Werbespot, in dem angepriesen wird, wie wundervoll es ist, Krebs zu haben, so sehr freute er sich darüber, noch einen weiteren Tag erleben zu dürfen, noch einen weiteren Atemzug zu tun und noch eine weitere Erkenntnis über das Wesen Gottes zu gewinnen. Don wollte von seinem Tanz am *Rande* des Himmels übergehen zu einem Tanz *in* den Himmel.

Natürlich bedauerte er, dass er, wenn er in den Himmel ginge, seine Frau und seine beiden Söhne für eine gewisse Zeit entbehren müsste. Für sie bekämpfte er die Krankheit und bat Gott, ihn so lange am Leben zu erhalten, dass er noch so viele Erlebnisse wie möglich mit den Menschen, die er am meisten liebte, teilen durfte. Jeden Brief oder Beitrag, den Don schrieb, beendete er mit den Worten: „Gott ist immer gut. *Gott ist gut.*" Das war nicht nur so dahingesagt. Er war sich dessen ganz gewiss und hoffte, dass wir uns dessen ebenfalls gewiss waren, während er am Rande des Himmels stand. Es war, als spähte er durch ein Loch im Zaun und sähe vor sich das Angesicht Gottes, um uns dann mitzuteilen, was er auf der anderen Seite sah. Wenn Don sprach, wusste man mit Gewissheit, dass Gott gut war. Bei jedem weiteren Brief hatte man dann das Gefühl, als entriegelte Don ein Schloss und öffnete die Tür zu einem Tresor, sodass wir uns alle den Schatz darin ansehen konnten.

Don war auf den letzten Kilometern seiner Wanderung sehr tapfer. Er durchlebte sie auf bewundernswerte Art und Weise und in der tiefen Gewissheit, dass der Tod nur die Tür zu etwas Besserem ist, etwas, wovon wir in diesem Leben nur Spuren sehen. Er erfuhr die Liebe Gottes in der Gemeinschaft mit seinen Glaubensgeschwistern und in der Freude, die es ihm bereitete, Zeit mit seinen Söhnen zu verbringen. Ihm war bewusst, dass die Melodien, die er von seinem Platz am Rande des Himmels vernahm, im Moment nur schwache Klänge waren wie manche seiner Lieblingslieder, an die er sich nicht mehr genau erinnerte, deren Worte er jedoch noch kannte, auch wenn die Melodie ihm teilweise entfallen war. Man konnte sich lebhaft vorstellen, dass er eines Tages voller Freude in diese Lieder einstimmte, nachdem er als Backgroundsänger in den himmlischen Chor aufgenommen worden war.

Im Laufe unserer Freundschaft war Don einmal in einer Hütte

gewesen, die wir in British Columbia gebaut hatten, und in einer Phase, in der er sich trotz seiner Krebserkrankung außergewöhnlich fit fühlte, fragte er, ob er mit seiner Familie vorbeikommen könnte, um mit seinen Lieben dort noch einige schöne Tage zu verbringen, an die sie sich immer zurückerinnern würden. Ich war natürlich einverstanden, und wir trafen Vorbereitungen für den Besuch des Mannes, der so vielen von uns beibrachte, wie gut Gott ist. Aber eine Woche vor Dons geplantem Besuch ging es mit seiner Gesundheit und seinen Kräften rapide bergab, und er musste wieder ins Krankenhaus, wo er mit den Folgen seiner weit fortgeschrittenen Erkrankung kämpfte. Da er seiner Familie nicht die Chance rauben wollte, sich in der Hütte zu erholen, bat Don sie, ohne ihn dorthin zu fahren. Er wünschte sich, dass sie eine Erholungspause bekamen, bevor die Zeit anbrach, in der die Familie weniger Kapitel zusammen schreiben konnte.

Wir überlegten, wie Dons Familie zur Hütte gebracht werden konnte und wie wir miteinander im Kontakt bleiben konnten, falls sie zurückmussten, um für Don da zu sein, und seine Familie erklärte sich mit seinem Wunsch einverstanden, ein paar Tage in der schönen Umgebung zu verbringen, die Don immer so geliebt hatte. Es war, als wollte Don seine Familie auf ein Abenteuer schicken, damit sie später zu ihm zurückkommen und es ihm in allen Einzelheiten erzählen konnte – was sie alles gesehen, gerochen und erlebt hatte –, sodass er es durch ihre Erinnerungen nachempfinden konnte.

Als Heather und die beiden Jungen in der Hütte ankamen, wurden sie von Maria willkommen geheißen, während ich mit Don telefonierte. Er lag in seinem Bett im Krankenhaus, und wir sprachen darüber, was er im Moment alles über Gott lernte und wie es ihm gesundheitlich ging. Dann erwogen wir die Möglichkeit, unseren Lieben einen letzten Streich zu spielen. Wir lachten über unseren Plan, ihn aus dem Krankenhaus zu entführen und in die Hütte zu schmuggeln. Ich kam mir vor, als wäre ich wieder in der Schule und würde planen, das Auto des Rektors aufs Dach zu hieven. Bevor uns klar wurde, wie absurd das Ganze war, planten wir die letzten Feinheiten unseres Schabernacks. Wir beendeten das Telefonat in der festen Überzeugung, dass Gott bei diesem Streich hinter uns stand, und Don organisierte sofort ein Dutzend Freunde, die uns helfen würden, das Ganze durchzuführen. Die Einzigen, die nicht in den Plan eingeweiht wurden, waren seine Angehörigen. Don schaffte es, die Mitarbeiter des Krankenhauses dazu zu bringen, ihn mitsamt seinen Infusionsständern und dem ganzen Drumherum, das er benötigte, aus dem Krankenhaus zu schmuggeln. Er wurde zu einem Wasserflugzeug gebracht, das einige Kilometer entfernt auf dem Lake Union auf ihn wartete, und das Abenteuer begann.

Don war sehr, sehr schwach. Der Flug dauerte lange. Ehrlich gesagt, er dauerte viel zu lange. Auf halber Strecke zur Hütte musste das Wasserflugzeug wegen starken Nebels zwischenlanden und die Insassen mussten im Flugzeug übernachten. Don übernahm selbst all die medizinischen Behandlungen, die normalerweise von den Krankenschwestern durchgeführt wurden. Er machte alles allein in einem winzigen Waschraum und kam sich dabei wahrscheinlich so vor, als hinge er mitten in einem Schneesturm am Rand eines Felsens und müsste sich seine eigenen Wunden verbinden.

Am nächsten Morgen stand ich früh auf, um mir im Funkraum der Hütte den Funkverkehr für den Luftraum anzuhören. Nachdem ich den Empfänger eingeschaltet hatte, vernahm ich nach einigem Rauschen die Stimme des Piloten, der ebenfalls ein Freund von uns war. Das Flugzeug war jetzt nur noch ein paar Täler entfernt und kam zügig näher. Ich erkundigte mich nach Dons Zustand, und der Pilot sagte mir, dass er unter Schwindelgefühlen litt, da er äußerst starke Schmerzen hatte und von der Reise völlig erschöpft war. Ich erkannte, dass Don wieder einmal in seinem Element war – am Rande des Abgrunds.

Also bat ich Heather und die Jungen, meine Familie und mich zur Anlegestelle zu begleiten, und erzählte ihnen, dass ich ihre Hilfe beim Transport einiger Lebensmittel brauchte, die von einem Wasserflugzeug gebracht würden. Als das Wasserflugzeug wenig später gelandet war und zur Anlegestelle trieb, beschäftigte ich sie mit einer kleinen Aufgabe hinter dem Gebäude, sodass sie nicht sehen konnten, welch eine überraschende Fracht das Flugzeug brachte.

Don kam heraus und trug eine rote North-Face-Jacke, als wäre dies seine letzte Klettertour auf einen jener zahllosen Gipfel, die er im Laufe seines Lebens bestiegen hatte. Und doch war jeder Berg dieser Welt nur ein Maulwurfshügel im Vergleich zu demjenigen, den er nun hatte bezwingen müssen, um zu seiner Familie zu gelangen. Heather blickte von ihrer Arbeit auf und starrte ihn ungläubig an. „Don!?“ Falls sich in ihrem Kopf Untertitel abspielten, stand dort vermutlich: *Wie ist das möglich? Du solltest doch im Krankenhaus liegen und um dein Leben kämpfen!*

Sie sprang auf, stürmte auf ihren Mann zu und warf sich in seine starken Arme.

Wir gingen zur Hütte und Don legte sich auf die große Couch im Wohnzimmer. Die Jungen setzten sich zu seinen Füßen und Heather legte sich neben ihn. Meine Familie zog sich in die Küche zurück, aber wir konnten hören, wie sie sich leise unterhielten, lachten und dann wieder leise weiterredeten. Sie sprachen über Snowboardausflüge und das Fotografieren und Abenteuer, die sie gemeinsam erlebt hatten oder die ihnen noch bevorstanden. Heather und Don hielten sich an den Händen und blickten einander immer wieder in die Augen. Ohne von der Couch aufzustehen, tanzten sie langsam am Rande des Himmels.

Don führte auch mit mir ein letztes bedeutungsvolles Gespräch, das für mich wie ein persönliches Geschenk war. Ich hatte diesen Mann sehr lieb gewonnen. Nachdem seine Familie sich zurückgezogen hatte, legte ich mich neben ihn auf die Couch. Wir unterhielten uns über den Himmel und die Ewigkeit und darüber, dass wir uns alle eines Tages wiedersehen würden. Und wir sprachen darüber, dass Gott immer gut ist, nicht nur manchmal.

Don ging kurze Zeit nach seinem letzten Abenteuer in der Hütte zu Jesus in den Himmel, und dann beschloss *Starbucks*, dass es an der Zeit war, das bestgehütete Firmengeheimnis zu lüften. Was Don vor zwanzig Jahren erfunden hatte, wurde nun der Öffentlichkeit präsentiert. Der Kaffee, den man heute unter dem Namen

„VIA" in jedem *Starbucks* auf der Welt bestellen kann, ist nach dem ersten mutigen Erfinder des Unternehmens benannt – Don Valencia. Wer weiß, wie viele Bergsteiger inzwischen in der großartigen Kathedrale der Berge Rast gemacht und eine Tasse Kaffee mit einem Mann getrunken haben, der ebenso wie sie das Leben, das Risiko und die Schönheit geliebt hat, auch wenn sie ihn nie kennengelernt haben? Während sie den Blick über die Täler unter ihnen schweifen lassen und zusehen, wie sich der Nebel vom Meer aus über die Flüsse ausbreitet, können diese Wanderer vielleicht erahnen, was für Don absolute Gewissheit war: dass Gott immer gut ist.

Gott ist gut.

Kapitel 26

OFFENE TÜREN

Früher dachte ich, es gäbe Gefängnisse, aus denen man nicht entkommen kann. Heute weiß ich, dass es keinen Ort auf der Welt gibt, an dem Gott uns nicht retten kann.

„Guten Tag, kann ich bitte Generalbundesanwalt Ashcroft sprechen?“

„Wie ist Ihr Name, bitte?“, fragte die Sekretärin am anderen Ende der Leitung.

„Bob Goff.“

„Bob wer?“

Das passiert mir oft.

Die Sekretärin bat mich, in zwei Stunden zurückzurufen. Das passte gut, denn ich war mit meinem Freund Charlie zum Lunch verabredet und ohnehin spät dran.

Charlie hatte mich eine Woche zuvor gebeten, mit ihm einen Kaffee zu trinken. Ich kannte ihn inzwischen schon ein paar Jahre. Er ist auch so ein im Vorborgenen unglaublicher Mensch, der seinen Wert nicht an dem misst, was er besitzt, sondern an dem, was er bereit ist aufzugeben. Charlie ist ein kluger Kopf. Er hat Jura studiert und sein Leben damit verbracht, sich für Gerechtigkeit einzusetzen. Aber all das, was er in seinem Leben erreicht hat, ist nichts im Vergleich zu seinem brennenden Verlangen, Gott zu lieben und diese Liebe durch sein Handeln zum Ausdruck zu bringen.

Charlie hatte angedeutet, dass ihn etwas beschäftigte, und während ich zu einem nahe gelegenen *Starbucks* fuhr, in dem wir uns verabredet hatten, freute ich mich darauf zu hören, wie ich ihm helfen konnte. Charlie war ein paar Minuten vor mir eingetroffen und hatte bereits einen Tisch in der Sonne für uns ausgesucht.

„Hi, Charlie, wie geht's?“, fragte ich, während ich auf ihn zuging.

Nachdem wir uns ein bisschen über unsere Kinder und darüber ausgetauscht hatten, was in den nächsten Monaten vermutlich auf uns zukommen würde, veränderte Charlie seine Sitzposition ein wenig, und ich dachte mir, dass ich nun erfahren würde, warum er mich um ein Treffen gebeten hatte.

„Also, ich habe viel über diese Sache nachgedacht, Bob“, begann er. „Und ich habe beschlossen, dass ich meine juristische Ausbildung nutzen möchte, um Kindern zu helfen und mich noch direkter als bisher für Gerechtigkeit einzusetzen.“ Ich nickte zustimmend.

Ich konnte die feste Entschlossenheit in Charlies Blick sehen, während er darüber sprach, wie sehr Gott Gerechtigkeit und Kinder liebte und dass es ihm selbst genauso ging. Wir sprachen über die Nachforschungen und Razzien, die wir in den vergangenen Jahren in Indien und Uganda durchgeführt hatten, um Kinder aus Bordellen und anderen Einrichtungen zu befreien, in denen sie ausgebeutet wurden. Wir sprachen darüber, dass ich weiterhin gegen die Missstände ankämpfen wollte, die in den Ländern herrschten, in denen wir tätig waren, indem ich mich dafür einsetzte, dass die dort geltenden Gesetze auch wirklich angewandt wurden. Charlie lauschte mir sehr konzentriert; er lehnte sich vor, während wir sprachen, und signalisierte mir so durch seine Körpersprache, dass er mit ganzem Herzen bei der Sache war.

Wir vergaßen völlig die Zeit, während wir uns darüber unterhielten, wie viel schon erreicht worden war und wie viel noch zu tun blieb. Nach ein paar Stunden schoben wir unsere Stühle zurück und standen auf.

Charlie hielt mir die Hand hin. „Lass uns die Sache in Angriff nehmen. Ich bin dabei", sagte er.

Ich lachte in mich hinein, weil ich Charlie keinen bestimmten Vorschlag, geschweige denn ein Jobangebot gemacht hatte. Aber Charlie gab sein Statement nicht ab, um sich für eine Stelle zu bewerben. Er verkündete es auf eine Weise, als hätte er soeben eine Stelle geschaffen. Und wenn ich ehrlich sein soll, hatte ich eher den Eindruck, als würde ich mich darum bewerben, bei seinem Projekt einzusteigen.

Nachdem ich einen Moment innegehalten und gelächelt hatte, schlug ich ein.

„Abgemacht, Charlie. Willst du ab sofort die Leitung all unserer Recherchen für ‚Restore International'[4] übernehmen?"

„Absolut!", antwortete er, ohne einen Augenblick nachzudenken.

Und mit diesen Worten verabschiedeten wir uns und gingen zu unserem jeweiligen Auto. Auf halbem Wege drehte ich mich noch einmal zu Charlie um.

„Hey, Charlie, willst du wissen, was wir für den Job bezahlen?"

„Klar", rief er mir über die Kühlerhauben von drei Autos hinweg zu.

„Such dir eine runde Zahl aus!", sagte ich.

„Null!", erwiderte Charlie, während er aus vollem Hals lachte und kopfschüttelnd weiterging.

„Hey, noch eine letzte Frage", rief Charlie mir zu, als er an seinem Auto angelangt war. „Welche Zusatzleistungen habt ihr noch zu bieten?"

„Keine Einkommensteuer", rief ich zurück, während ich in meinen Jeep sprang und den Motor anließ.

Charlie kündigte seine Stelle beim FBI und erschien am nächsten Morgen mit zwei Kartons, die seine Habseligkeiten enthielten, in meinem Büro. Der größere der Kartons enthielt das Namensschild, das auf seinem Schreibtisch gestanden hatte. „Agent Walker" stand darauf – weiter nichts. Ich will Ihnen nichts vormachen – ich fand das einfach cool. Charlie hatte jahrelang für das FBI gearbeitet, und er war bereit, einen neuen Weg zu beschreiten, um Gott zu dienen und Kindern Seine Liebe zu bringen. Charlie zog mit mir in die Wohnung über dem Waschsalon, die Zentrale von *Restore International.* Ich weiß, das ist kein typisches Bürogebäude, aber wir hatten schon vor langer Zeit beschlossen, dass wir keine typischen Rechtsanwälte sein würden.

Charlie hatte unter mehreren Generalbundesanwälten gedient, unter anderem John Ashcroft. Ich erzählte Charlie von meinem Anruf in dessen Büro und meinem Plan. Ich erzählte ihm, dass ich vorhatte, mir einen Spaß zu erlauben und Ashcroft zu bitten, mich nach Uganda zu begleiten. Warum nicht? Ich hatte ihn einige Male auf CNN gesehen und das Gefühl, dass wir auf einer Wellenlänge lagen. Ich war mir sicher, dass es ihm mit mir ebenso ergehen würde.

John Ashcroft ist ein ganz erstaunlicher Mann, der absolut integer und dabei äußerst demütig ist. Das wurde mir klar, als er sich später mir gegenüber damit brüstete, dass er seines Wissens der einzige Mensch auf der Welt sei, der jemals eine Wahl gegen einen Toten verloren habe. Als ehemaliger Gouverneur von Missouri war er nämlich einige Zeit Senator. Seine Wiederwahl scheiterte jedoch, nachdem sein Gegner, der amtierende Gouverneur, wenige Tage vor der Wahl bei einem tragischen Flugzeugabsturz ums Leben kam. Es war zu spät, um ihn von der Kandidatenliste zu streichen, und die Wähler bewiesen ihm ihre Zuneigung und ihren Respekt dadurch, dass er die erste Person war, die jemals posthum in den Senat gewählt wurde. Dadurch wurde John zwar nicht als Senator wiedergewählt, der Präsident berief ihn jedoch nur kurze Zeit darauf zum Justizminister der Vereinigten Staaten. Dadurch wurde er automatisch auch zum Chef des FBI, dem er während der tragischen Anschläge vom 11. September und weiterer entscheidender Momente der amerikanischen Geschichte vorstand.

Ich versuchte mehrere Male, Kontakt mit Ashcroft aufzunehmen. Eines Tages gelang es mir unerklärlicherweise, ihm eine Nachricht zu schicken und ihn zu fragen, ob er mit mir nach Uganda fliegen würde, um die dortigen Richter und den Staatspräsidenten kennenzulernen. Ich bin mir sicher, dass er beim Lesen der Nachricht dachte: *Sie fragen mich, ob ich* was *mache?* Und als Nächstes: *Bob wer?*

Aber er willigte ein und wir trafen uns ein paar Tage später in Washington, D. C. Ashcroft, auf den der „Patriot Act"[5] zurückgeht, war vermutlich in erster Linie amüsiert darüber, mich kennenzulernen – einen Mann, der schnell und aufgeregt auf ihn einredete und dabei ständig mit den Armen herumfuchtelte. „Sie müssen einfach kommen. Alle werden da sein. Wir werden den Präsidenten von Uganda dahaben, sämtliche Richter, einfach alle." Er bat mich, ihn auch über alle anderen Details der Reise zu informieren. Ich hielt inne, neigte den Kopf zur Seite und schaute ihn verwirrt an. Ich sagte ihm, dass ich ihn soeben über alle Details informiert *hatte,* und begann erneut, mit den Armen herumzufuchteln, während ich ihm meinen Vorschlag noch einmal erklärte. Wir würden einfach hinüberfliegen und abwarten, was passierte. Das war der Plan. Schließlich sagte er – was für mich ebenso unerklärlich war wie die Tatsache, dass wir überhaupt zusammengekommen waren

– schlicht und einfach Ja. Kurze Zeit später landeten Agent Walker und ich in Washington, Ashcroft stieg zu, und wir flogen weiter nach Uganda.

Wegen der angespannten politischen Situation hatte ich Sicherheitspersonal angefordert, und als wir in Entebbe landeten, wurden wir auf der Rollbahn von mindestens einem Dutzend Typen mit Maschinengewehren und Sonnenbrillen empfangen. Sie bildeten einen Kreis um uns herum und hatten uns den Rücken zugekehrt, während sie starre, drohende Positionen einnahmen und mit unheilvoller Miene die Umgebung kontrollierten. Ich kam mir vor wie in einem Actionfilm und hoffte dabei zum ersten Mal, dass nichts in die Luft fliegen würde. Wir verließen den Flughafen in einer Autokolonne, und als wir die erste Pause einlegten, um uns die Beine zu vertreten, bat ich einen der Typen mit einem Maschinengewehr, ob ich einfach mal abdrücken und kurz ins Feld feuern dürfte. Er musterte mich mit einem herablassenden Blick und würdigte mich keiner Antwort. Na ja, vielleicht klappt's ja beim nächsten Mal.

Am Obersten Gericht in der Hauptstadt Gulu, die im Norden Ugandas liegt, hatte es wegen des über zwanzig Jahre andauernden Bürgerkriegs zwischen der Regierung und der *Lord's Resistance Army* seit mehr als zwei Jahrzehnten keinen Richter mehr gegeben. Das bedeutete, dass die Rechtsprechung praktisch nicht existierte und Hunderte von Menschenrechtsverletzungen und anderen Fällen nicht verhandelt werden konnten. Ich dachte, wir könnten vielleicht helfen, und hatte mir sämtliche ugandischen Gesetzbücher gekauft – alle beide, um genau zu sein.

Wir begannen damit, uns mit den Fällen zu befassen, die nicht angehört worden waren, und bereiteten sie für die Verhandlung vor. Wir waren natürlich nicht darum gebeten worden, uns mit diesen Fällen zu befassen. Wir nahmen einfach an, dass wir das machen könnten. Das ist wieder so ein typisches Kennzeichen von Liebe: Sie geht immer davon aus, dass sie einen Weg finden kann, um sich Ausdruck zu verleihen.

Wir baten ein paar mutige Richter, mit uns nach Gulu zu reisen, um die Fälle vor Gericht zu verhandeln. Ebenso unerklärlicherweise wie John Ashroft einverstanden gewesen war mitzukommen, erklärten sich auch diese Richter dazu bereit, diese Aufgabe zu übernehmen. Wieder einmal war es nicht nötig gewesen, dass wir unseren nicht vorhandenen Schlachtplan auf den Tisch legten. Unser „Schlachtplan" war denkbar einfach: Wir würden einfach anfangen, gemeinsam Dinge zu tun – und genau das taten wir. Einen Haufen Dinge.

Nachdem wir in Gulu über zweihundert Fälle vor Gericht verhandelt hatten, nahm in unseren Köpfen ein neuer Plan Gestalt an: Wir wollten alle Richter Ugandas, den Präsidenten und Ashcroft zusammenbringen, damit sie Freundschaften schlossen und darüber redeten, was geschehen war und welche Möglichkeiten es für die Zukunft gab. Organisationen haben Programme. Menschen haben Freunde. Freunde sind besser als Programme – in jedem Fall.

Ich begrüßte alle, die zu dem Treffen erschienen waren, herzlich und stellte Ashcroft vor. Wir verbrachten die nächsten Tage damit, darüber zu sprechen, welche Gesetze in Uganda in Bezug auf Kinder galten und dass das Land dringend ein Gesetz gegen Menschenhandel brauchte. Wir sprachen auch über die unzähligen jungen Menschen, die seit Jahren in ugandischen Gefängnissen saßen, ohne jemals einen Gerichtssaal von innen gesehen zu haben. Ich fragte mich, wie es wäre, als Jugendlicher in einer ugandischen Gefängniszelle zu sitzen. Also begannen meine Freunde und ich, die ugandischen Gefängnisse zu besuchen, in denen die Jugendlichen einsaßen, um es herauszufinden.

Es dauerte nicht lange, bis wir jedes Jugendgefängnis im Land besucht hatten. Bei den meisten von ihnen handelte es sich um alte, verwitterte Betongebäude, die von Mauern mit Stacheldraht umgeben waren. Es war, als wollten die Gebäude selbst versuchen zu fliehen, ein Stück Rost nach dem anderen. In einem typischen Gefängnis befanden sich etwa hundert Jungen (oder mehr) und rund ein Dutzend Mädchen, alle im Alter von zwölf bis siebzehn Jahren.

In einem Gefängnis, das ich gemeinsam mit Charlie besuchte,

fragte ich den Wärter, was man diesen Kindern denn vorwerfe. Meist ging es um geringfügige Vergehen, kleinere Diebstähle und Ähnliches. Einige jedoch waren des ernsteren Vergehens der „Unkeuschheit“ angeklagt – hiermit war die einvernehmliche sexuelle Beziehung zweier Minderjähriger unterschiedlichen Geschlechts gemeint. Leider passiert es in einem Dorf immer wieder einmal, dass die Eltern eines Mädchens, die einen bestimmten Jungen nicht mögen, ihn einfach der „Unkeuschheit“ bezichtigen. Das genügt schon, um ihn noch am selben Tag hinter Gitter zu bringen.

Charlie und ich schauten uns die Liste an, die den Namen jedes Insassen und das Datum seiner Ankunft enthielt. Es stellte sich heraus, dass die meisten dieser jungen Leute schon zwei oder drei Jahre einsaßen. Ich erkundigte mich, wie viele der Jugendlichen vor Gericht gestellt worden waren.

„Keiner“, sagte der Wärter.

„Keiner? Wie kommt das denn?“, fragte Charlie.

„Wir haben nicht genug Geld für Benzin, um sie dorthin zu fahren.“

„Sie machen Witze, oder?“, sagte Charlie und deutete auf das Gerichtsgebäude, das wir vom Büro des Wärters aus sehen konnten. „Lassen Sie uns einfach jetzt da rübergehen.“

„So einfach ist das nicht“, antwortete der Wärter. „Wir haben hier nämlich überhaupt keine Richter, die für Prozesse gegen Jugendliche zuständig sind.“

Ich zog Charlie aus dem Büro des Wärters, weil er so aussah, als würde er im nächsten Moment einen Tobsuchtsanfall bekommen. Während der nächsten Stunde, die wir im Gefängnis verbrachten, verlor ich ihn aus den Augen. Als ich ihn wiederfand, hielt er sich bei zwei jungen Männern in einem Zellenblock auf. Kevin, der ältere von ihnen, erzählte ihm gerade, wie die Anklage gegen ihn lautete. Wirklich eine schlimme Geschichte, wie ich später erfuhr. Charlie saß auf dem unteren Bett einer dunklen Zelle, hielt Kevins Hände und betete für ihn. Charlie betete, dass Jesus Kevin irgendwie aus dem Gefängnis holen und ihm sein Leben zurückgeben würde.

Später erzählte Charlie mir, dass er sich ein bisschen elend fühlte, weil er dachte, dass er vielleicht falsche Hoffnungen in Kevin geweckt hatte, als er für seine Freilassung betete. Angesichts der Schwere seines Vergehens war es viel wahrscheinlicher, dass er den Rest seines Lebens hinter Gittern verbringen würde. Im Laufe der nächsten Monate besuchte ich Kevin einige Male in seiner Zelle, während wir seinen Fall und andere für den Prozess vorbereiteten. Jedes Mal, wenn ich kam, fragte Kevin mich nach dem netten Mann namens Charlie, der seine Hände gehalten und dafür gebetet hatte, dass er freikommen und sein Leben zurückerhalten würde. So sieht Gnade aus – sie ist ein freundliches Wort von einem netten Menschen, der ein unmögliches Gebet spricht. Sie ist eine Kraft, die manchmal an einem dunklen Ort von einem Menschen zum anderen weitergegeben wird.

Wir einigten uns mit dem Gericht auf einen Termin, an dem die Prozesse beginnen konnten, und reichten einen Stapel von Kurzberichten über die einzelnen Fälle ein, die wir vorbereitet hatten. Uns wurde ein Richter zugewiesen und bald darauf waren zweiundsiebzig Fälle bereit zur Verhandlung. Die Jugendlichen aus dem Gefängnis kamen; ihre Eltern kamen; ihre Ankläger kamen; der Richter kam; wir kamen. Es konnte losgehen. Die Atmosphäre im Saal war erdrückend, als der Richter begann. Die Jugendlichen starrten vor sich hin und schauten sich dann wieder beschämt zu ihren Eltern um.

Dann hatte der Richter einen genialen Einfall. Vor Beginn der Verhandlungen bat er die Jugendlichen, den Gerichtssaal zu verlassen und in einem anderen Raum zu warten, während er mit den anwesenden Eltern sprach. Der Richter wusste, dass es da noch ein viel wichtigeres Problem gab, das erst gelöst werden musste. Er wandte sich mit einer einfachen Bitte an die Eltern: „Eltern, vergebt euren Kindern." Der Richter wusste: Ob die Jugendlichen nun schuldig gesprochen wurden oder nicht – ohne die Vergebung ihrer Eltern würden sie nicht dazu imstande sein, ihr Leben zu bewältigen. Kurz darauf ging er zu den Jugendlichen in den Nachbarraum und teilte ihnen mit: „Kinder, eure Eltern haben euch vergeben.“ Die Jugendlichen wurden zurück in den Gerichtssaal gebracht und fielen ihren Eltern in die Arme. Sie hatten das empfangen, was sie ebenso dringend brauchten wie Gerechtigkeit: Sie hatten Vergebung empfangen.

Als schließlich der letzte der zweiundsiebzig Fälle, die wir vor Gericht gebracht hatten, abgeschlossen war, waren siebzig der zweiundsiebzig Jugendlichen freigesprochen worden, und wir konnten sie zu Hause abliefern. Einer von ihnen war Kevin. Er musste nicht zurück ins Gefängnis, denn jemand war zu ihm in seine dunkle Zelle gekommen und hatte ein mutiges Gebet für ihn gesprochen, das jetzt beantwortet wurde.

Was ich in all den Jahren gelernt habe, in denen ich Jesus schon nachfolge, ist, dass es Gott große Freude bereitet, unsere unmöglichen Gebete zu beantworten. Die Art von Gebeten, die wir in einer dunklen Zelle für jemanden sprechen, den wir bei seinen ungewaschenen Händen halten. Gebete, in denen wir um Dinge bitten, von denen wir uns einfach nicht vorstellen können, dass Gott sie für uns oder irgendjemand anderen tun würde. Gebete, bei denen wir uns vielleicht sogar ein bisschen schlecht fühlen, so als würden wir zu viel von Gott verlangen. Aber was ich dabei manchmal vergesse, ist, dass wir mit einem Gott reden, der weiß, was wir am dringendsten brauchen: dass wir zu ihm nach Hause kommen und dass wir unser Leben zurückbekommen. Und wie jener Richter weiß Gott, dass wir erst dann wieder wirklich leben können, wenn wir wissen, dass uns vergeben ist.

Gott geht uns nach – ganz egal, an welchem dunklen Ort und hinter welcher Tür wir eingesperrt sind. Er hält unsere ungewaschenen, schmutzigen Hände und zeigt uns dadurch, wie wir unseren Mitmenschen nachgehen sollen. Manchmal bedeutet das, einen Fremden zu bitten, etwas zu tun, das auf den ersten Blick verrückt zu sein scheint. Er lädt uns ein, Bilderbuchkarrieren aufzugeben, so wie Charlie es tat, und statt uns dazu aufzufordern, uns für eine Position zu bewerben, sagt er uns, dass unser ganzes Leben diese Position ist. Und er sagt gewöhnlichen Menschen wie Ihnen und mir, dass wir nicht länger unsere Augen schließen und unseren

Kopf senken, sondern manchmal unsere Augen offen halten sollen für Menschen, die in Not sind, und dass wir ihnen helfen sollen.

In einer anderen Region Ugandas stießen wir auf ein anderes Gefängnisgebäude. Und danach noch eines und danach noch eines. Viele weitere Jugendliche bekamen Besuch von Fremden, die dann in dunklen Zellen ihre Hände hielten und dafür sorgten, dass ihre vergessenen Fälle vor Gericht kamen. Und nach ihren Verhandlungen wurden auch diese Kinder nach Hause gebracht und erhielten ihr Leben zurück.

Wir entdeckten im Busch ein besonders schreckliches Gefängnis, in dem über ein Dutzend Jugendliche jahrelang hinter einer alten Holztür eingesperrt worden waren. Zwei wunderbare Anwälte der *Pepperdine Law School* flogen herüber und bereiteten ihre Fälle für die Verhandlung vor. Auch ihre Fälle wurden angehört, und nachdem der letzte Junge nach dem Prozess zu Hause abgeliefert worden war, ließ ich die alte Holztür aus den Angeln heben. Sie steht nun in einer Ecke meines Büros. Sie erinnert mich daran, dass Gott uns sucht – an welchem dunklen Ort und hinter welcher Tür wir uns auch immer befinden mögen. Er hört unsere unmöglichen, kühnen Gebete für andere und uns selbst. Und es bereitet ihm große Freude, uns zu vergeben und dann unsere Gebete zu beantworten, indem er uns zu sich nach Hause zurückkehren lässt. Sie erinnert mich daran, dass Jesus, wenn wir seine Verheißungen beim Wort nehmen, nicht vor unserer Tür stehen bleibt und klopft. Er hebt unsere begrenzte Vorstellung von dem, wer er ist und was er möglich machen kann, aus den Angeln und zeigt uns, wie er wirklich ist.

Ich bin einige Male in jenes letzte Gefängnis zurückgekehrt, und der Wärter schmollt immer noch ein bisschen darüber, dass ich ihm seine Tür weggenommen habe. Vor Kurzem hat er sich bei mir darüber beschwert, dass er nun, da die Tür weg ist, keine Möglichkeit mehr hat, die Jugendlichen im Gebäude festzuhalten. Tür hin oder her, Gott hat unser unmögliches, kühnes Gebet beantwortet, dass jeder dieser Jugendlichen nach Hause zurückkehren darf und sein Leben zurückbekommt. Damit das geschehen konnte, war nichts weiter erforderlich, als dass ein paar Menschen ein bisschen was riskiert haben. Dann hat das, was sie taten, Kreise gezogen, die sich heute noch auf das Leben vieler Menschen auswirken und mittlerweile das ganze Rechtssystem jenes afrikanischen Landes umgekrempelt haben.

Als ich den Wärter das letzte Mal sah, bat er mich noch einmal, ihm seine Tür zurückzugeben. Alle Jugendlichen waren entlassen worden und der Zellenblock stand leer. Ich blickte in die leere Zelle und dann wieder auf den Wärter und sagte ihm, dass er die Tür nicht mehr brauche, weil die Gerechtigkeit in jenen dunklen Ort Einzug gehalten hatte und niemand mehr da war, der eingesperrt werden musste. Was Jesus über die Freilassung der Gefangenen gesagt hat, funktioniert, und darum habe ich die Tür nicht zurückgebracht und dem Wärter gesagt, dass ich es auch nicht tun werde. Soll er mich doch verklagen.

Kapitel 27

DIE GESCHICHTE

Früher dachte ich,

ich müsste Geschichten

aufschreiben.

Heute weiß ich,

dass ich sie einfach

erleben muss.

Mein Sohn Adam und ich haben uns in diesem Herbst ein Segelboot gekauft. Genau genommen hat Adam es gekauft, ich war nur dabei. Er hatte Geld gespart und besaß nun genug, um sich ein schnuckeliges Segelboot zuzulegen, eventuell auch mit Paddeln. Eines Tages erzählte er mir von einem alten Segelboot, das er auf „Craigslist“[6] gefunden hatte. Das Boot war acht Meter lang und passte in Adams Budget.

„Wie kommt es, dass du für das bisschen Geld ein acht Meter langes Boot kaufen kannst?“, erkundigte ich mich.

„Keine Ahnung. Aber wenn der Typ es verkauft, dann will ich es haben“, konterte Adam.

Adam rief den Mann an und verabredete sich mit ihm zu einem Treffen am Hafen. Ich trottete ihm hinterher, wie ein besorgter Vater es tut, der genau weiß, dass man kein komplettes Segelboot für den Preis von ein paar guten Golfschlägern kaufen kann. Ich wollte, dass mein Sohn aus dieser Erfahrung etwas lernte. Sie wissen schon, ich wollte einschreiten, wenn der Typ sagen würde, er hätte leider keine Rechnungsquittung dabei oder das Boot würde einem „Freund“ gehören, der gerade außer Landes sei. Vielleicht wollte der Mann ja auch nach dem Verkauf mit seiner Freundin, zwei Hunden und einem Lama auf dem Boot wohnen. Ich war bereit, Adam zu erklären, dass es Betrüger gibt und dass er bei solchen Angelegenheiten vorsichtig sein muss.

Aber wir trafen auf einen gepflegt aussehenden Mann mit einem breiten Lächeln und einem warmen Händedruck, der ein kariertes Hemd und ausgeblichene Jeans trug. Das Boot hatte auf jeden Fall einige Macken, aber der Besitzer war gerade dabei, unter Deck alles auf Vordermann zu bringen: Die Rettungswesten waren in Ordnung, die Seile aufgewickelt, und das Radio funktionierte. Der Mann bot uns Getränke an und sagte: „Ja, das ist schon ein tolles Boot. Ich hatte viel Spaß damit.“ Er begann, von all den Orten zu erzählen, die er mit dem Boot besucht hatte. Es war keine Verkaufsmasche. Es war, als würde er ein Bilderbuch durchblättern und uns einen guten Freund vorstellen. Er erzählte, dass er aus dem

Mittleren Westen stammte und sich schon immer ein Segelboot gewünscht hatte. Als er dann vor einigen Jahren nach San Diego gezogen war, war es das Erste gewesen, das er sich zugelegt hatte.

Er war Forscher am *Scripps Research Institute* und gehörte zu einem Team, das sich mit Medikamenten gegen Malaria, Aids, Taubheit, Blindheit und Krebs beschäftigte. Ich fühlte mich ziemlich unsicher und war verlegen, als er so von seiner Arbeit berichtete. An dem Tag hatte ich nämlich nichts weiter gemacht, als die Rasenkanten zu trimmen. Ich hatte mir den Verkäufer völlig anders vorgestellt.

„Warum möchten Sie das Boot verkaufen?", erkundigte ich mich, um herauszufinden, ob an der Sache irgendetwas faul war.

„Mir fehlt einfach die Zeit", antwortete er. „Es fällt mir unglaublich schwer, mich von dem Boot zu trennen, aber das Leben geht weiter. Ich möchte, dass es in gute Hände kommt. Ich würde so gern jemanden finden, der es wirklich zu schätzen weiß und tolle Fahrten damit unternimmt." Bei diesen Worten schaute er Adam ermutigend an, als wollte er fragen: *Bist du der Herausforderung gewachsen?*

Adam und mir gefiel, dass ihm so viel daran lag, das Boot in die richtigen Hände abzugeben.

„Ist der Preis, den Sie auf ‚Craigslist' angegeben haben, ein Tippfehler?", platzte Adam irgendwann heraus. Er hatte genug von dem Geplauder und wollte die Sache über die Bühne bringen.

„Nein, mehr verlange ich nicht. Es ist ein toller Preis, aber dafür gebe ich es nur her, wenn ich wirklich den Richtigen finde."

Adam hielt ihm seine Hand hin und meinte selbstbewusst: „Ich nehme es!"

Der Forscher zögerte einen Moment und tat so, als müsste er sich das Ganze noch einmal gründlich überlegen. Dann griff er nach Adams ausgestreckter Hand und schenkte ihm ein herzliches Lächeln.

Obwohl Adam vor Stolz fast platzte, mussten wir uns eingestehen, dass das Boot nicht neu war. Es war genau genommen fast vierzig Jahre alt. Das Fiberglas wirkte reichlich mitgenommen.

Dass der abenteuerlustige Forscher keine Leidenschaft für Seife, Wachs und Polierpaste hegte, war nicht zu übersehen. Es fehlten ein paar von den Teilen, mit denen man das Segel am Mast befestigte. Wir hissten die Segel, die sicher einmal strahlend weiß und neu gewesen waren und sich fest wie frisch gestärktes Leinen angefühlt hatten. Jetzt hingen sie wie schlaffe Bettlaken vom Mast herunter.

Die beiden Spinnaker hätte man als „schlecht" und „grottenschlecht" bezeichnen können. Sie erinnerten eher an Putztücher mit Rostflecken als an Segel. Die Teakholzreling sah aus, als sei sie aus Treibholz gemacht, und jede dritte Schraube fehlte. Außerdem funktionierte das Fahrtlicht nicht. Wir schalteten den Motor an, der wie ein langjähriger Kettenraucher hustete.

Unter Deck roch es stark nach Schimmel, Moder und altem Benzin. In diesem Duftgemisch nahm ich auch einen Hauch von Urin wahr. Adam war das alles egal. Für ihn zählte nur, dass das Segelboot jetzt ihm gehörte.

Wir mussten das Boot an der Küste entlang zur Anlegestelle hinter unserem Haus bringen. Adam war noch nie mit einem Segelboot auf dem Meer gewesen, was ein kleines Problem hätte darstellen können. Wir hatten die Wahl: Wir konnten die Fahrt planen oder einfach loslegen. Wir sprachen nicht einmal darüber, sondern hissten die Segel, spannten die Winschen, weil wir es für angebracht hielten, und segelten einfach los. Alles andere würden wir unterwegs herausfinden.

Die Fahrt verlief ohne Zwischenfälle und ein paar Stunden später segelten wir um Point Loma und erreichten die ruhigen Gewässer der San Diego Bay. Das Boot ließ vielleicht in mancher Hinsicht etwas zu wünschen übrig, aber es weckte auf jeden Fall unsere Begeisterung. Begeisterung funkelte in unseren Augen; Begeisterung blähte die Segel; Begeisterung füllte unsere Herzen. So ist das eben mit Begeisterung: Sie ist eine erneuerbare, unerschöpfliche Ressource, die sich selbst vermehrt. Begeisterung für etwas zu empfinden hat mir dabei geholfen zu verstehen, was Glaube ist. Begeisterung ist für mich „Glaube in Aktion" und bedeutet, dass man etwas tut, das sich zu tun lohnt. Begeisterung verbreitet Hoffnung wie der Wind Grassamen. Begeisterung erinnert mich auch an die Bibelstellen, in denen von Düften die Rede ist. Sie ist kein aufdringliches Aroma, sie trägt die zarte Duftnote der Liebe Gottes. Dieser Duft ist unverwechselbar und verfliegt nicht.

Als wir angelegt hatten, fragte ich Adam, ob er sich einen Namen für sein Boot überlegt hatte. Im Sommer sind wir oft in Kanada und laden Leute dorthin ein, um uns mit ihnen über den Sinn des Lebens zu unterhalten. Adam hält sich dabei meist im Hintergrund, indem er zum Beispiel einen Motor repariert oder Motorrad fährt. Er gehört zu den Leuten, die sich nicht ins Rampenlicht drängen. In diesem Sommer hatten wir viel darüber geredet, dass wir mit unserem Leben eine Geschichte erzählen und dass wir daran arbeiten können, dass die Geschichte, die wir mit unserem Leben schreiben, besser wird. Mein Freund Don hatte ihm das gesagt. Und es stellte sich heraus, dass diese Gespräche Adams Leben sehr nachdrücklich geprägt hatten.

Denn als ich Adam fragte, wie er sein Boot nennen wollte, lehnte er sich auf seinem Stuhl zurück und schaute eine Weile nach links oben. Er zupfte ein bisschen an seiner Hose und sagte dann: „Es soll ‚The Story' heißen – ‚Die Geschichte'." Mir wurde klar, dass Adam dieses heruntergekommene Boot mit anderen Augen sah als die meisten anderen Leute. Die meisten von ihnen würden darin ein jämmerliches altes Boot sehen, das man lieber verschrotten sollte, als damit herumzufahren. Aber Adam ging es nicht darum, mit seinem Boot Segelrekorde aufzustellen, sondern Geschichten zu erleben. Für ihn barg das Boot Leidenschaft, Geheimnisse und Abenteuer, schon bevor er damit in See stach.

Adam weiß, dass ich seit einigen Jahren an einem Projekt arbeite. Ich möchte nämlich alles aufschreiben, was ich bisher in meinem Leben erlebt habe: wie mich zum ersten Mal eine Biene gestochen hat, wie ich zum ersten Mal mit meinem Knie das Knie eines Mädchens berührt habe, in das ich verliebt war, wie ich zum ersten Mal aus einem Kurs geflogen bin und zum ersten Mal einen Strafzettel für zu schnelles Fahren bekommen habe. Ich führe kein Tagebuch und werde auch nie einfach Fakten aufschreiben, wie zum Beispiel, was es zum Mittagessen gab oder wo ich mit wem gewesen bin. Stattdessen halte ich all die Sachen fest, die mich geprägt haben, all die Wörter oder Sätze, die mich berührt haben, und all die Geschichten, die sich in meinem Leben ereignet haben. All dies in der Hoffnung, dass ich eines Tages beim Durchblättern der Seiten die Spuren Jesu darin erkennen werde.

Als Adam meinte, er wolle das Boot „The Story“ nennen, fragte ich ihn, ob er nicht auch all seine Erinnerungen aufschreiben wolle. Wieder überraschte mich Adam mit seiner Antwort. Er dachte einen Moment nach und sagte: „Weißt du, Dad, ich habe darüber nachgedacht. Nimm es nicht persönlich, aber ich glaube, ich tue gerade jetzt die Dinge, die andere irgendwann als Erinnerungen bezeichnen würden. Ich habe das Gefühl, Erinnerungen sind das, was ältere Leute haben, wenn sie an ihre Jugend zurückdenken – also an die Zeit, als sie die Dinge getan haben, an die sie sich später erinnern. Anstatt jetzt Sachen aufzuschreiben, werde ich einfach ganz viele Dinge tun, und wenn ich fertig bin mit all den coolen Sachen, schreibe ich sie vielleicht später auf.“

Ich lerne immer viel von Adam. Ich möchte auch ein Boot, ein Motorrad oder einen Heißluftballon mit dem Namen „The Story“. Ich finde, wir alle sollten unser Leben auf den Kopf stellen und das Raumschiff bauen, von dem wir in unserer Kindheit immer geträumt haben. Ich möchte *jetzt* Sachen unternehmen und nicht einfach ein Buch mit vergilbten Erinnerungen durchblättern, das von längst vergangenen Ereignissen berichtet. Damit das möglich ist, brauche ich aber mein eigenes Fahrzeug. Das brauchen wir alle. Das Fahrzeug wird für jeden ein bisschen anders aussehen. Ein Boot oder eine Geschichte in Einheitsgröße passt eben doch nicht allen. Jeder von uns muss jeden Tag in etwas Eigenes einsteigen, etwas, das uns an einen neuen Platz befördert, an einen Platz, wo wir gebraucht werden. Vielleicht nenne ich mein Boot auch „Begeisterung“ und versuche, es jeden Tag mindestens einmal vom Dock in meinem Kopf loszubinden und mit ihm eine Runde zu drehen. Vielleicht haben Sie ja Lust, das auch zu tun?

Wenn Adam recht hat und Erinnerungen nur etwas für Leute sind, die keine coolen Sachen mehr machen, dann will ich nicht mehr einfach Erinnerungen sammeln. Ich habe mir gedacht, ich werde der Stimme der Liebe folgen und ein paar Dinge finden, die zu tun sich lohnt. Aktivitäten, die so mit Leidenschaft getränkt sind, dass man sie wie ein nasses Handtuch auswringen kann. Ich denke, ich werde auch ein Beiboot haben, das ich hinten an mein imaginäres Boot binde. Ich habe mit dem Gedanken gespielt, es „Das Ende“ zu nennen. Aber ich glaube, ich nenne es lieber „Steig ein“, weil ich inzwischen etwas Wichtiges gelernt habe: Früher dachte ich, ich müsste Geschichten aufschreiben. Aber heute weiß ich, dass ich sie einfach erleben muss.

Kapitel 28

ZIEH DEINE SCHUHE AUS!

Früher dachte ich,
es sei meine Aufgabe,
mich für eine Seite
zu entscheiden.
Heute weiß ich,
dass es besser ist,
mich in den Kampf
zu stürzen.

Als ich in der siebten Klasse war, habe ich mal eine Schlägerei mit einem Typen namens Dale provoziert. Er war ein Kerl wie ein Kleiderschrank. Ich mochte Dale nicht, denn er schikanierte andere herum und verprügelte kleine Jungs. Warum er mich nicht mochte, weiß ich nicht. Ich sah nicht besonders gut aus und wurde auch nicht von einer Schar von Mädchen umschwärmt, die meine Freundinnen sein wollten. Ich vermute, wenn Akne ein Grund ist, sich jemandes Zorn zuzuziehen, bot ich ihm genügend Anlass für eine Kriegserklärung. Vielleicht mochte Dale mich nicht, weil ich ziemlich groß war und mich wehrte, wenn er mich oder jemand anderen herumschubsen wollte. Wer weiß, was solche Typen denken – oder ob sie überhaupt irgendetwas denken?! Schlägertypen sind Leute, die Konflikte benutzen, um Macht zu bekommen. Bei manchen jungen Leuten wächst sich das mit der Zeit aus; bei anderen nicht, und sie werden dann alte Schlägertypen.

Es war ziemlich leicht, eine Schlägerei mit Dale zu provozieren. Als er eines Tages gerade einen anderen Jungen verprügelte, teilte ich ihm mit, dass ich dieser Sache jetzt einen Riegel vorschieben würde. Während der Prügelei trat ich aus der kleinen Schar heraus, die die Kämpfer umringte, und sagte: „Dale, ich fordere dich heraus." Das ist Teenagersprache und bedeutet so viel wie: „Lass uns boxen!"

Er drehte sich langsam um und lächelte niederträchtig, wie es die hungrigen Riesen in den Kinderbüchern immer tun. Er war überaus angetan davon, so mühelos ein neues Opfer zu finden. Wir vereinbarten den Tag und die Uhrzeit unseres Kampfes, als würden wir eine geschäftliche Transaktion abwickeln. Ein paar Tage später gingen wir zu der Sackgasse in der Nähe der Schule, in der gerade eine neue Reihenhaussiedlung entstand. Eine große Schar von Kindern folgte uns. Es gab nicht viele Boxkämpfe an unserer Schule, und das Ganze passierte zu einer Zeit, als es in Talkshows noch gewaltfrei zuging – also war das ein richtig großes Ereignis, so ähnlich wie Schneefall, was in Kalifornien eine echte Sensation ist.

Wir begannen unseren Kampf mit ziemlich viel Geschiebe und Gerempel und wüsten Beschimpfungen. Dann schlugen wir eine

Weile aufeinander ein und nahmen uns gegenseitig in den Schwitzkasten. Als ein Lehrer herbeieilte, um den Kampf zu beenden, war Dale blutüberströmt. Niemandem war klar, dass das alles mein Blut war. Also erklärte ich mich selbst zum Sieger und wir wurden für ein paar Tage von der Schule suspendiert. Jetzt kommt etwas, das Sie sich unbedingt merken müssen: Wenn Sie einen Kampf mit einem Schlägertypen vom Zaun brechen und dabei das Risiko eingehen, suspendiert zu werden, dann legen Sie den Kampf unbedingt auf einen Donnerstag. Auf diese Weise springt für Sie nämlich ein langes Wochenende dabei heraus.

Meine Eltern waren von der ganzen Geschichte nicht sehr begeistert. Meine Mutter schüttelte den Kopf und sagte, sie sei sehr enttäuscht von mir. Mein Vater tat so, als würde er ihr beipflichten, während er mir hinter ihrem Rücken zuzwinkerte und den Daumen hochstreckte. (Jetzt, da ich erwachsen bin, kann ich das übrigens voll und ganz verstehen.) Nachdem ich erklärt hatte, dass ich mich für die Gerechtigkeit eingesetzt hatte, indem ich einen Hilflosen verteidigte, gelang es mir auch, meine Eltern davon zu überzeugen, auf den Hausarrest zu verzichten, zu dem sie mich übers Wochenende verdonnern wollten. Am Montag waren Dale und ich wieder in der Schule und starrten uns wie wütende Revolverhelden an, wenn wir uns im Flur begegneten. Was mich betraf, war ich bereit, zur Tagesordnung überzugehen – ich hatte genug Blut verloren. Aber ich vermute, Schlägertypen wie Dale und vielleicht auch ein paar Leute, die Sie selbst kennen, sind kaum jemals mit irgendeiner Sache fertig. Ihnen geht es nicht darum, ein Problem zu lösen. Ihnen geht es darum zu kämpfen.

Wenn ich heute an jenen Kampf mit Dale zurückdenke, wird mir dadurch einiges über mich selbst klar. Ich habe mich dazu entschlossen, Rechtsanwalt zu werden, weil ich idealistisch war und den Menschen dabei helfen wollte, ihre Konflikte zu lösen. Ich denke, ich habe immer noch dasselbe Bedürfnis wie damals, mich für die Schwachen einzusetzen – aber ohne meine Fäuste zu gebrauchen. Jesus hat oft über Konflikte gesprochen, und ich bin erstaunt darüber, dass er nie gesagt hat, wir dürften keine Konflikte *haben.* Ich denke, er wusste einfach, dass Auseinandersetzungen irgendwie unvermeidlich sind. Allerdings gab er uns eine ziemlich kurze Auflistung all der Dinge, über die es sich zu streiten lohnt. Und Jesus sprach auch darüber, wie wir unsere Konflikte lösen sollen. Er selbst war die Ursache einer ganzen Reihe davon und darum sollte er es wissen. Auch seit man ihn umgebracht hat, entspinnen sich um seine Person noch weiterhin zahllose Konflikte. Ich schätze, manche Dinge lassen sich nicht einmal durch Tod und Auferstehung klären.

Auch wenn ich nicht glaubte, Konflikte so gut lösen zu können wie Jesus, war ich doch der Meinung, dass ich in dieser Hinsicht einiges von ihm lernen könnte. Mir gefiel zum Beispiel, dass er sagte, wenn seine Nachfolger richtig große Konflikte miteinander hätten, sollten sie diese von der Person lösen lassen, die am wenigsten dafür qualifiziert zu sein schien. Im ersten Moment klang das für mich verrückt, denn wenn ich selbst ein Problem hätte, würde ich versuchen, einen möglichst klugen, wichtigen oder einflussreichen Menschen darum zu bitten, es für mich zu lösen. Jesus hingegen dachte, dass der Geringste das meiste beizusteuern hätte. Er sagte, so würde seine „umgekehrte Ökonomie" funktionieren. Ich dachte, dass das vielleicht auch heute noch so sein könnte, und beschloss, es auszuprobieren.

Als ich meine Ausbildung abgeschlossen hatte, war ich der Meinung, ich besäße sämtliche Voraussetzungen, die Jesus genannt hatte, um anderen bei ihren Konflikten beizustehen: Ich war ein unbedeutender, durchschnittlicher Typ, ich hatte kein Geld, und ich war nicht besonders qualifiziert oder einflussreich. Also gründete ich etwas, das ich *Christian Mediation Service*[7] nannte. Ein ziemlich klangvoller Name, nicht wahr? Ehrlich gesagt, schäme ich mich heute ein bisschen, wenn ich an diese Zeit zurückdenke. Aber ich hatte als frischgebackener Rechtsanwalt das Herz auf dem rechten Fleck, und ich wollte meine juristische Ausbildung wirklich nutzen, um meinen Mitmenschen zu helfen.

Die ersten beiden Christen, die durch meine Tür kamen, hatten einen Konflikt, der unglaublich tief ging, wie schon nach wenigen

Minuten deutlich wurde. Nach ein paar weiteren Minuten wurde mir klar, dass sie einander abgrundtief hassten. Es war auch kein gewöhnlicher Hass – es war die Art von Hass, über den manche beängstigende Filme drehen. Ich vereinbarte immer neue Termine mit ihnen und versuchte alles, was mir nur einfiel, um die riesige Kluft zu überwinden, die sie voneinander trennte. Der beispiellose Hass, den sie füreinander empfanden, war so unbändig und abgrundtief, dass unsere Familie sich erst einen inkontinenten, unberechenbaren Pudel namens Riley anschaffen musste, bevor ich ihn auch nur ansatzweise nachempfinden konnte.

Während unserer Sitzungen stellte ich fest, dass diesen Typen mehr daran lag, einander mithilfe des Rechtssystems Leid zuzufügen, als ihre Konflikte zu lösen. All das, was die Bibel zum Thema „Konfliktlösung" zu sagen hat – Dinge wie Liebe, Vergebung und Selbstbetrachtung –, waren für sie nur leere Worte. Sicher, sie beherrschten das christliche Vokabular. Mehr als einmal erlebte ich, wie sie Bibelverse aufeinander abfeuerten, als würden sie mit Maschinengewehren aufeinander schießen.

Was ihnen fehlte, waren die Haltung und die Liebe Jesu, die der Schlüssel zur Lösung jedes Problems sind. Nachdem nichts anderes funktioniert hatte, kam mir der Gedanke, ihnen vorzuschlagen, das Ganze mit den Fäusten auszutragen, wie Dale und ich es gemacht hatten. Und genau das tat ich dann.

Ich mietete einen Boxring, heuerte einen Schiedsrichter an und besorgte zwei Garnituren Kopfschutz und Handschuhe. Das Ganze kostete mich fünfunddreißig Dollar, die ich nicht besaß, aber ich hatte diese beiden Kerle und ihr christliches Gerede so satt, dass ich bereit war, es mit dem Sieger aufzunehmen, wenn sie wollten. Nein, ich würde mich beiden stellen. Ich rief sie an und nannte ihnen Tag, Ort und Uhrzeit des Boxkampfes und teilte ihnen mit, dass wir uns dort treffen und die Sache ein für alle Mal beilegen konnten, wenn sie wollten.

Als ich mich vor vielen Jahren dafür entschied, Jesus nachzufolgen, fragte ich mich, was Christen taten, wenn sie Konflikte hatten. Hatten sie überhaupt noch welche? Ich war mir nicht sicher. Aber nach einiger Zeit stellte ich fest, dass Menschen, die Gott lieben, Konflikte haben wie alle anderen auch. Manche gehen auf „religiöse" Weise damit um, und sie scheinen sich umso religiöser zu benehmen, je größer der Konflikt ist. Zudem scheinen diese religiösen Leute ihre Konflikte verdeckt auszutragen und sie in so viele wohlklingende christliche Worte zu kleiden, dass es kaum möglich ist herauszufinden, worüber sie ursprünglich wütend gewesen waren, geschweige denn, dass man das Problem lösen kann. Viele dieser Konflikte rühren daher, dass diese religiösen Leute unterschiedlicher Meinung darüber sind, was Christen zu tun oder zu lassen haben. Ich fand es absurd, dass die Bibel uns mit Staub oder Dampf oder anderen unbedeutenden Dingen vergleicht, während diese Leute so taten, als wären sie diejenigen, die die Berge und Meere geschaffen hatten, wenn es darum ging, wie alle anderen sich verhalten sollten. Es kam nicht selten vor, dass einer von diesen religiösen Typen einem anderen vorwarf, „fleischlich" gesinnt zu sein, was im Wesentlichen bedeuten sollte, dass die betreffende Person sich nicht religiös genug benahm. Ich fand immer, dass das eine schlechte Wortwahl war, denn es ließ mich unwillkürlich an so positive Dinge wie ein saftiges Rumpsteak denken.

Ich verstehe, warum die Menschen sich im direkten Kontakt miteinander nicht auf die tiefe Güte und Wahrhaftigkeit einlassen, die Jesus normal fand. Ich verstehe, warum es leichter ist, fromm daherzureden, während man sich in einem sicheren Bunker verschanzt. Das Problem ist, dass die Bibel sagt, die einzige Waffe, die wir alle wirklich haben, ist die Liebe. Aber diese Liebe ist wie ein Schwert ohne Griff, und darum schneiden wir uns manchmal selbst, wenn wir es ergreifen. Aber sie ist immer eine Nahkampfwaffe. Ich glaube nicht, dass Bibelverse dazu gedacht sind, dass wir sie einander wie Granaten vor die Füße werfen. Sie sind dazu gedacht, dass wir uns selbst und einander immer wieder daran erinnern, worauf es wirklich ankommt: Wir sollen uns in unserem Reden und Handeln an der Liebe und Barmherzigkeit von Jesus orientieren. Wir sollen ihm ähnlich werden und immer mehr von seinem Wesen widerspiegeln – darum geht es in Wirklichkeit.

Wir alle neigen dazu, einen gewissen Sicherheitsabstand zu wahren, wenn es darum geht, uns mit unseren Problemen zu beschäftigen. Ich auf jeden Fall. Aber gerade kleine, unbedeutend scheinende Konflikte haben es oft in sich. Wenn wir diese nicht lösen, haben wir sie während unseres gesamten Lebensweges in unserem Marschgepäck, und sie stören und behindern uns, wenn es einmal darum geht, ein wirklich großes Problem zu lösen. Genau das war bei diesen beiden Typen der Fall.

Als der Tag kam, an dem die beiden Männer ihr Problem im Boxring lösen sollten, hockte ich in Jogginghose und Tennisschuhen am Rand des Rings und wartete. Ich legte mir sogar ein Handtuch um den Hals, weil ich das mal in einem *Rocky*-Film gesehen hatte. Ich freute mich darauf, diesen Streit ein für alle Mal beizulegen, selbst wenn dabei Blut fließen würde. Aber – eigentlich hätte ich es ahnen müssen! – keiner der beiden tauchte auf und ich hörte nie wieder von ihnen.

Ich verbringe immer noch einen Großteil meines Berufslebens damit, für andere Konflikte zu lösen. Manche meiner Kunden reden davon, dass sie ihre Konflikte lösen wollen, aber oft hegen sie die verborgene, oft unterbewusste Absicht, den Streit weiterschwelen zu lassen. Es kommt also darauf an herauszufinden, was die Leute im tiefsten Inneren wirklich wollen. Reden sie bloß fromm daher, und in Wirklichkeit geht es ihnen nur darum, mit religiösen Phrasen aufeinander einzudreschen? Oder wollen sie handeln, wie Jesus es uns vorgelebt hat, wollen sie riskieren, dass ihnen unrecht getan wird, und gerade dadurch erleben, wie groß Gott ist?

In der Bibel gibt es eine Person namens Josua. Immer wieder sagte Gott Josua und seiner Truppe, dass sie stark und mutig sein sollten. Gott fordert uns in der Bibel nicht dazu auf, uns zusammenzureißen, nackt ums Feuer zu tanzen oder einander Männergeschichten zu erzählen. Wir sollen einfach nur stark und mutig sein. Das ist alles. In meinen Ohren klingt das ziemlich stark danach, dass Gott uns dazu auffordert, aufzustehen und den Kampf aufzunehmen.

Als Josua kurz davorstand, das Land zu betreten, das Gott ihm versprochen hatte, stand plötzlich ein Engel vor ihm, der ein gezogenes Schwert in der Hand hielt. Es steckte wohl ein kleiner Rechtsanwalt in Josua, denn er stellte dem himmlischen Krieger eine Frage, die von mir stammen könnte: „Auf wessen Seite stehst du?" Zweifellos hoffte er darauf, dass der Engel auf seiner Seite stehen würde. Das hätte ich auch getan. Ich liebe die Antwort, die der himmlische Heerführer Josua dann gab: „Auf keiner von beiden. Zieh deine Schuhe aus." Der Engel hatte kein Interesse daran, Partei für Menschen zu ergreifen; er stand auf der Seite Gottes. Der Engel sagte Josua und seinen Leuten, dass sie ihre Schuhe ausziehen sollten, weil sie auf heiligem Boden standen, so wie auch wir heute auf heiligem Boden stehen. Vielleicht will Gott auch nicht, dass wir unsere Zeit damit verbringen, Partei für eine bestimmte Idee oder Interessengruppe zu ergreifen und uns auf diese oder jene Seite zu schlagen. Er will, dass wir den Kampf aufnehmen, und er will, dass wir auf *seiner* Seite stehen.

Ich will den Kampf aufnehmen, weil ich möchte, dass es mir wirklich zu Herzen geht, wenn jemand anders leidet. Ich will mich einbringen, wenn ich dadurch etwas ändern kann. Gott sagt, dass wir gegen Ungerechtigkeit kämpfen, uns um Waisen und Witwen kümmern und großzügige Opfer bringen sollen, um anderen zu helfen. Alle, die sich mit irgendwelchen unwichtigen Detailfragen zu diesem oder jenem Thema aufhalten, verlieren aus den Augen, worum es wirklich geht. Gott will, dass wir uns für andere einsetzen und dazu beitragen, in ihrem Leben wirklich etwas zu bewegen.

Damit mir die Not eines anderen wirklich zu Herzen geht, genügt es nicht, dass ich mir die betreffende Geschichte anhöre, die Website besuche oder ein Armband trage, das mich daran erinnert. Ich muss mich selbst auf den Kampf einlassen, so wie ich mich auf den Kampf mit Dale eingelassen hatte. Und dann – das ist das Wichtigste von allem – muss ich meine Schuhe ausziehen und aufs Schlachtfeld rennen. Ich will meine Schuhe ausziehen, weil ich auf heiligem Boden stehe, und ich will rennen, weil die Zeit knapp ist und die Laufbahn, die wir zur Verfügung haben, kürzer ist, als wir denken. Und ich will mich in den Kampf stürzen, weil das unsere Chance ist, etwas zu bewegen. Genau das tut die Liebe.

Natürlich ist es einfacher, sich eine Meinung zu bilden, als sich in den Kampf zu stürzen. Es ist leichter, eine Organisation oder ein Fußballteam zu unterstützen oder sich mit einem Kampf zu identifizieren, als sich tatsächlich aufs Schlachtfeld zu begeben und selbst den Kampf aufzunehmen und sich ein blaues Auge zu holen. Sich in den Kampf zu stürzen ist auch keine saubere Angelegenheit. Man macht sich dreckig, man tut sich weh, und es kostet einen Zeit und vielleicht noch manches mehr. So ähnlich wie bei dem Kampf, in den Jesus sich gestürzt hat, als er für uns den Tod herausgefordert und besiegt hat.

Kapitel 29

DABEI SEIN IST ALLES!

Früher dachte ich,
ich könnte Jesus
kennenlernen, indem
ich alles über ihn
herausfinde.
Heute weiß ich,
dass Jesus keine
Stalker will.

Hatten Sie schon mal einen Stalker? Ich glaube, ich nicht. Wobei das wahrscheinlich schwer zu sagen ist, wenn der Stalker seine Sache halbwegs gut macht. Sobald man anfängt, über ein so gruseliges Thema wie „Stalker" zu reden, stellt man sich unwillkürlich vor, man wäre selbst betroffen. Menschen, die versuchen, Jesus nachzufolgen, sollten über das Verhalten von Stalkern nachdenken, und das aus einem anderen Grund, als Sie vielleicht denken.

Als Anwalt werde ich dafür bezahlt, Informationen zu sammeln und mir einzuprägen. Inzwischen bin ich schon richtig gut darin. Doch irgendwann ist mir klar geworden, dass mein Glaube früher ähnlich funktionierte: Ich habe Informationen gesammelt und Dinge über Gott auswendig gelernt. Ich habe christliche Bilder, Gegenstände und Autoaufkleber gesammelt und so über meine Beziehung mit Jesus geredet, als wären wir beste Freunde. In Wirklichkeit kannten wir einander jedoch kaum. Ich habe Bibelverse auswendig gelernt, mir die Reihenfolge der biblischen Bücher eingeprägt und mir gemerkt, welche Ereignisse sich wann begaben und wer dabei war. Irgendwann musste ich mir eingestehen, dass ich Jesus stalkte. Irgendwie begann mir die Sache ein bisschen unheimlich zu werden. Gott ging das wahrscheinlich genauso, und so beschloss ich, damit aufzuhören.

Als Erstes hörte ich damit auf, mich mit anderen zum sogenannten „Bibelstudium" zu treffen. „Bibelstudium" klingt an sich nach einer sehr erbaulichen Beschäftigung und das ist es auch. Es gibt ganz unterschiedliche Arten von Bibelgesprächsgruppen, die je nach Leiter variieren. Bei denen, die ich besuchte, erhielt ich eine Menge Fakten und Informationen über Jesus. Wir beschäftigten uns zum Beispiel damit, wie Jesus einen Typen namens Lazarus von den Toten auferweckte. Der Leiter schlug sein Bibellexikon auf und erklärte das Ereignis etwa folgendermaßen: „Das Wort ‚tot' bedeutet im Griechischen …" Und dann führte er weiter aus: „Im Hebräischen bedeutet das Wort …" Manchmal nahm er alles ganz genau und erläuterte den Unterschied zwischen dem hebräischen und dem griechischen Wort in allen Einzelheiten. Anschließend stellte er uns eine packende Frage. So etwas wie: „Wann habt ihr euch zum letzten Mal *tot* gefühlt?" *Häh?,* fragte ich mich. Wer braucht denn eine Definition des Wortes „tot"? Und was nützt das schon? Ich wollte darüber reden, wie ich Jesus besser nachfolgen und anderen mit Freundlichkeit begegnen konnte und was ich mit meinem Glauben anfangen konnte, bevor ich auf griechische oder hebräische Weise tot war.

Der Mann verfolgte bestimmt die besten Absichten, deshalb möchte ich nicht über ihn herziehen. Außerdem entsprachen die meisten Dinge, die wir beim Bibelstudium lernten, der Wahrheit, aber ehrlich gesagt fühlte ich mich bei alldem wie ein Stalker. Wie ein unheimlicher Typ, der Fakten und Informationen über eine Person auswendig lernt, die er eigentlich kaum kennt. Was auch immer ich brauchte, ich fand es bei den Treffen nicht, weil mich das Gelernte nie zum Handeln motivierte. An den meisten Mittwochabenden konnte ich mich nach dem Bibelstudium an keine einzige Sache erinnern, über die wir gesprochen hatten. Fast so, als hätte jemand danach einen großen Magneten über meine interne Festplatte gezogen. Ich fragte mich, ob irgendetwas mit mir nicht stimmte. Aber dann wurde mir klar, dass die Informationen für mich im Grunde einfach nicht wichtig waren. Sie haben mein Leben nicht berührt.

Warum setzt man überhaupt „die Bibel studieren" mit „Gott kennenlernen" gleich? Wäre es nicht schrecklich, wenn wir die Menschen, die wir lieben, studieren würden, anstatt mit ihnen Sachen zu unternehmen und so eine tiefere Beziehung zu ihnen aufzubauen? Ich könnte eine Frau noch so intensiv studieren, das würde mich nie dazu bringen, sie auch heiraten zu wollen. Ich würde lieber mit ihr segeln oder angeln gehen oder Zuckerwatte auf einem Riesenrad essen. Selbst wenn ich wüsste, was ihr Name auf Griechisch bedeutet, würde mir das bestimmt nicht dabei helfen, sie mehr zu lieben. Typen, die die Personen, die sie spannend finden, nur aus der Ferne beobachten, ohne sich persönlich auf sie einzulassen, haben sogar einen Namen – man nennt sie Spanner.

Ich traf mich zwar weiterhin einmal in der Woche mit denselben Leuten, aber wir nannten das Ganze nun nicht mehr Bibelstudium, sondern „Bibelpraxis“. Diese Treffen gibt es jetzt seit fünfzehn Jahren, und der entscheidende Unterschied besteht darin, dass die Dinge, die wir lernen, nun viel konkreter sind. Bei unserer „Bibelpraxis“ lesen wir zuerst, was Gott zu einem Thema zu sagen hat, und dann konzentrieren wir uns ganz darauf, wie wir es praktisch umsetzen können. Es reicht nicht, einfach nur mit dem Gelesenen übereinzustimmen. Ich kann mich nicht daran erinnern, dass Jesus irgendwann von seinen Freunden verlangt hat, ihm einfach nur beizupflichten.

Manchmal lernen Menschen etwas auswendig, weil es ihnen nicht gelingt, bestimmte Fakten oder Zusammenhänge nachzuvollziehen oder sie sich logisch zu erschließen. Das verstehe ich. Bei mir ist es jedoch so, dass ich mir etwas nur dann merken kann, wenn ich es selbst erlebt habe. Man sollte meinen, dass man etwas, das man immer wieder hört, automatisch verinnerlicht. Die meisten von uns sind aber einfach nicht so veranlagt, Dinge einfach nur anzuhören und sie sich dadurch zu merken.

Vor nicht allzu langer Zeit habe ich mir auf einem Flug von der Ost- zur Westküste ein Lied von Taylor Swift angehört, das den Titel „Love Story“ trägt. Ich hatte meinen iPod aus irgendeinem Grund auf „Wiederholen“ eingestellt, sodass das Lied automatisch immer wieder neu begann. „Love Story“ ist ein fröhliches Lied mit viel Banjomusik am Anfang. Wenn Sie wissen möchten, wie oft ich das Lied gehört habe, teilen Sie Nordamerika durch drei Minuten und fünfzehn Sekunden. Aber soll ich Ihnen was sagen? Obwohl ich das Lied so oft gehört habe, kann ich mich nur an ein paar vereinzelte Satzfragmente erinnern.

Ich weiß noch, dass es um einen Typen namens Romeo geht. Wer die Frau ist, weiß ich nicht so genau. Wahrscheinlich Taylor selbst. Ich glaube, sie mussten einige Schwierigkeiten überwinden, weil ihr Vater von Romeo nicht sonderlich begeistert war. Als Vater kann ich das nachvollziehen. Aber letztendlich weiß ich nicht einmal mehr, wie das Lied endet und ob die beiden schließlich zusammenkommen oder nicht.

Ich weiß nicht viel über Taylors Liebesgeschichte, obwohl ich ihr

Lied mehr als einhundert Mal gehört habe. Warum erinnern wir uns andererseits an jede Nuance, jeden Blick und – wenn wir uns verliebt haben – an sämtliche Einzelheiten unserer noch jungen Liebe? Unsere eigenen Liebesgeschichten sind so rührend, facettenreich und unvergesslich – zumindest für uns selbst. Wenn jemand anderes seine Liebesgeschichte erzählt, hören wir höflich zu, aber meist vergessen wir seine Worte beinahe so schnell, wie wir sie gehört haben. Es ist wie mit fremden Urlaubsfotos.

Wenn ich selbst betroffen bin, habe ich ein sehr viel stärkeres Interesse. Das Wort „Interesse" stammt aus dem Lateinischen und bedeutet „dabei sein" oder auch „von Wichtigkeit sein". Deshalb hat Jesus nie davon gesprochen, dass es einfach nur darum geht, einer Sache gedanklich zuzustimmen. Er wollte, dass wir uns einbringen und gemeinsam etwas Wichtiges tun – nämlich sein Reich bauen.

Wenn Sie wirklich mit ganzem Herzen dabei sind, werden Sie sich Bibelverse besser merken können, weil Sie sie leben und nicht nur lesen. Außerdem verlieren dann all die vorgefertigten Antworten auf komplexe Fragen ihre Bedeutung. Denn wir beginnen, uns als Teil eines lebendigen Ganzen zu sehen, das im Entstehen begriffen ist. Wir halten uns nicht länger mit irgendwelchen Einzelheiten auf; sie sind für uns nur Sprossen einer Leiter, an denen wir hinaufklettern können. Es fällt uns leicht, uns daran zu erinnern, was Jesus gesagt hat, weil wir nicht länger nur Beobachter sind. Ich glaube, Jesus wollte, dass wir nicht nur „Gläubige" sind, sondern „Teilhaber". Nicht, weil es gerade angesagt ist, sondern weil das seinem Plan für unser Leben entspricht. Er wollte Menschen, die ihren Glauben *leben* – nicht, weil ihm daran gelegen ist, uns um jeden Preis zu beschäftigen, sondern weil er will, dass wir unseren Glauben ernst nehmen.

Für mich gewinnt eine Sache dadurch an Bedeutung, dass ich Möglichkeiten finde, mich persönlich einzubringen, statt nur theoretisches Wissen darüber anzusammeln. Wenn mich jemand zum Beispiel fragt, was ich von der Todesstrafe halte, zitiere ich weder Parteiparolen, noch plappere ich die Aussagen von jemand anderem nach. Stattdessen denke ich an einen Teenager namens Kevin in einem ugandischen Gefängnis, der eines Kapitalverbrechens angeklagt wurde. Beim Thema „Homosexualität" denke ich an einen guten Freund von mir, der homosexuell ist. Anstatt über ein Thema zu diskutieren, rede ich also über eine Person, die mir wichtig ist. Ich glaube, dass Jesus uns einfach so geschaffen hat, damit wir uns die Dinge merken können. Es geht nicht darum, dass wir uns einfach nur politisch korrekt verhalten. Es geht darum, wirklich im Sinne Jesu zu handeln. Wir müssen unseren Glauben zu unserer persönlichen Liebesgeschichte machen.

Was mir an der Lehre Jesu gefällt, ist, dass wir Gott nicht „studieren" müssen, um ihn kennenzulernen. Die religiösen Leute predigten damals genau das Gegenteil. Aber Informationen über jemanden zu sammeln, ist nicht dasselbe, wie jemanden auch tatsächlich zu kennen. Stalker sind Menschen, die andere aus der Ferne studieren, weil sie Angst haben, sie wirklich kennenzulernen. Jesus sagt, dass wir ihn nur dann kennenlernen können, wenn wir wie Kinder zu ihm kommen. Kinder interessieren sich nicht für Fakten und sie studieren sich auch ganz bestimmt nicht gegenseitig. Sie verbringen einfach Zeit miteinander. Sie unternehmen etwas. Darum ging es Jesus.

Nach meinem Flug von einer Küste zur anderen habe ich mir Taylors Lied noch mehrere Male angehört. Aber diesmal habe ich Notizen gemacht, damit ich mir die Geschichte merken konnte. Es stellte sich heraus, dass für Taylor alles gut endete. Romeo blieb bei ihr, obwohl ihr Vater ihn dazu aufforderte, die Beziehung zu beenden. Sie besorgte sich ein weißes Kleid, und dann brauchte sie irgendwann nichts weiter zu tun, als Ja zu sagen. Aber ich wette, dass Romeo sie nicht dadurch kennengelernt hat, dass er sie studierte. Ich glaube, er hat sie kennengelernt, indem er Dinge mit ihr unternommen hat. Und genau das sollten wir mit Jesus tun.

Kapitel 30

HANDFLÄCHEN NACH OBEN!

Früher dachte ich,

wenn ich die Fäuste

ballen würde, könnte

ich besser kämpfen.

Heute weiß ich,

dass ich dadurch

nicht stärker werde,

sondern schwächer.

Ich bin kein Schriftsteller, ich bin Rechtsanwalt. Genau genommen halte ich mich selbst für einen Anwalt für Schadenersatz. Ich verklage Unternehmen, die krumme Wolkenkratzer oder schiefe Häuser bauen. Ich habe dieses Rechtsgebiet gewählt, weil ich keinen Kleinganoven verteidigen wollte oder jemanden, der einen Hund getreten oder seine Schwiegermutter mit dem Caddie überfahren hat. Verstehen Sie mich nicht falsch, ich bin kein Schlappschwanz; ich kann sehr ungemütlich werden, wenn es um Stahlträger und Kanthölzer geht.

Vor einiger Zeit hörte ich jedoch auf, meinen Beruf als Karrieremöglichkeit zu betrachten. Stattdessen betrachte ich ihn jetzt nur als die Tätigkeit, die ich tagsüber verrichte. Diese veränderte Sichtweise hat mir zu einer ganz neuen Einstellung verholfen. Sie hat auch dazu geführt, dass ich das, was ich bin, nicht länger mit dem verwechsle, was ich tue.

Ich verbringe sehr viel Zeit damit, Kindern in Uganda und Indien zu helfen und die Bösen zu jagen, die ihnen wehtun. Vor einigen Jahren habe ich eine gemeinnützige Organisation gegründet, und jetzt betrachten Maria und ich meine Anwaltstätigkeit als eine großartige Methode, mit der wir unsere ehrenamtlichen Aktivitäten finanzieren können. Wenn ich nun einen Anzug und eine Krawatte anziehe oder an Bord eines Flugzeugs gehe, um eine eidesstattliche Aussage aufzunehmen, nennen wir das „Beschaffung von Spendengeldern". Ich muss immer noch jedes Mal grinsen, wenn wir das sagen. Das Ganze ist wie ein richtig erfolgreicher Wohltätigkeitsbasar, der dazu dient, böse Menschen aus dem Verkehr zu ziehen.

Eidesstattliche Aussagen gehören zu dem, was ich bei meiner Tätigkeit als Anwalt am liebsten mache, weil sie eine gute Strategie erfordern. In einem amerikanischen Gerichtsverfahren ist eine Aussage der Moment, in dem die Anwälte den Beteiligten viele Fragen stellen. Manchmal nehme ich eine Aussage auch auf Video auf, vor allem, wenn der Befragte schnell die Fassung verliert oder dazu neigt, Angaben zu erfinden. Solche Menschen werden manchmal so rot wie eine Tomate und so etwas macht sich auf einem Video einfach großartig.

Manchmal müssen auch meine eigenen Mandanten eine eidesstattliche Aussage abgeben, das heißt, sie sind dann diejenigen, die von den Anwälten der Gegenseite befragt werden. Es kann ziemlich einschüchternd wirken, wenn man in einem großen Raum von einer Schar von Anwälten angestarrt wird. Wenn meine Mandanten also eine Aussage abgeben müssen, sage ich ihnen allen jedes Mal das Gleiche: „Setzen Sie sich auf den Stuhl, und beantworten Sie die Fragen, aber halten Sie dabei *die ganze Zeit* Ihre Handflächen nach oben." Ich schärfe ihnen ein, ihre Hände unter dem Tisch so hinzulegen, dass die Handrücken auf den Knien liegen und die Handflächen nach oben zeigen.

Das meine ich sehr ernst. Ich drohe ihnen sogar damit, sie gegen das Schienbein zu treten, wenn ich hinunterschaue und ihre Handflächen nicht nach oben zeigen. Wenn ihre Handflächen nach oben zeigen, fällt es ihnen leichter, ruhig zu bleiben und ehrlich und präzise zu antworten. Das ist wichtig, weil sie sich dann nicht so leicht angegriffen fühlen können. Wenn jemand wütend wird oder sich angegriffen fühlt, macht er gewöhnlich Fehler. Aber niemand kann sich angegriffen fühlen, wenn seine Handflächen nach oben zeigen.

Versuchen Sie das ruhig einmal. Jetzt gleich, egal, wo Sie sind. Legen Sie die Hände auf die Knie und lassen Sie Ihre Handinnenflächen himmelwärts zeigen.

Sie können auch das Gegenteil ausprobieren: Ballen Sie Ihre Hände zu Fäusten. Die meisten Menschen werden sogar auf eine Banane wütend, wenn ihre Fäuste geballt sind. Gott hat uns einfach so geschaffen, dass unsere Körperhaltung und unsere Herzenshaltung miteinander verbunden sind. Ich weiß nicht genau, warum er das getan hat, aber es passiert mir selten, dass ein Mandant wütend wird oder durcheinanderkommt oder in die Versuchung gerät, zu übertreiben oder zu lügen, wenn seine Handinnenflächen nach oben zeigen.

Diese Technik habe ich von Jesus gelernt. Früher lief ich oft mit geballten Fäusten herum, fühlte mich leicht angegriffen und hatte Angst, dass andere mich ausnutzen wollten. Ich ballte meine Fäuste oft auch angesichts all des Bösen, das es auf der Welt gibt.

Ich wollte wütend sein und mit der Faust auf all die furchtbaren Dinge einschlagen, die die Menschen einander antun, besonders auf all das, was Kindern angetan wird. Aber Jesus brachte mir bei, dass mir niemand wirklich etwas wegnehmen kann, solange ich ihn habe. Er lehrte mich, mit den Handflächen nach oben zu leben, so wie er es tat. Die Handflächen nach oben zu halten bedeutet, dass man nichts zu verbergen und nichts zu gewinnen oder zu verlieren hat. Die Handflächen nach oben zu halten bedeutet, dass man genug Stärke besitzt, um verletzlich zu bleiben, selbst seinen Feinden gegenüber. Auch dann, wenn einem großes Unrecht angetan wurde. Jesus behielt die Handflächen oben – bis zum bitteren Ende.

Wenn mich die Leute fragen, wie es denn konkret aussieht, wenn man Jesus nachfolgt, dann sage ich ihnen gewöhnlich, dass Christen im Grunde dieselben Dinge erleben wie alle anderen auch – Enttäuschungen, Freude, Unsicherheit, all das –, dass sie sich jedoch in einem ständigen Lernprozess befinden, weil sie sich in jeder Situation daran zu orientieren versuchen, wie Jesus gehandelt hätte. Jesus nachzufolgen bedeutet, dass sich die eigenen Wertvorstellungen mehr und mehr den seinen anpassen, während wir das großartige Leben leben, zu dem Jesus uns eingeladen hat, und durch alle emotionalen Höhen und Tiefen gehen, die das mit sich bringt. Weil ich Jesus kenne, denke ich jetzt anders über gewisse Dinge. Das stellte ich immer wieder fest, Tag für Tag.

Jesus selbst hat das auch ziemlich oft gesagt. Er sagte: „Du hast früher *so* darüber gedacht, aber jetzt sage ich dir, dass es *anders* ist." Und unter all den Paradigmenwechseln, die ich als Nachfolger Jesu schon erlebt habe, erscheint mir dieser eine immer und überall gültig zu sein: Lebe mit den Handflächen nach oben!

Kapitel 31

ZWEI-BETTEN-JOHN

Früher dachte ich, wenn ich Risiken einginge, würde ich dadurch Freunde verlieren.
Heute weiß ich, dass Liebe eine magische Anziehungskraft besitzt.

Ich unterrichte schon seit mehr als zehn Jahren Wirtschaftsrecht an einer Universität hier in der Stadt. John war einer der Studenten, die in dieser Zeit meinen Kurs besucht hatten. Er saß immer in der dritten Reihe. Bei seiner stattlichen Größe von etwas über zwei Metern hätte er durchaus auch als Angreifer in einer Basketballmannschaft spielen können. Eigentlich hatte er Arzt werden wollen und später Biologe, aber irgendwie kam er dann zum Wirtschaftsstudium an die Universität und schrieb sich für meinen Kurs ein. Da ich die Hälfte der Zeit erst von Seattle nach San Diego einfliegen musste, durfte niemand zu spät zur Vorlesung erscheinen. Ich dachte mir, wenn ich schon über 1.500 Kilometer weit reisen und pünktlich zum Unterricht erscheinen konnte, dann konnten meine Studenten auch hundert Meter weit laufen und pünktlich sein. John schlüpfte meist erst im allerletzten Moment in den Saal.

Er befand sich in seinem letzten Semester und dachte darüber nach, was er nach seinem Abschluss machen sollte. Eines Tages lud er mich zu sich nach Hause ein, wo er sich freitagabends mit Kommilitonen aus unterschiedlichen Jahrgängen traf und mit ihnen darüber sprach, wie man eine andere Art von Leben führen konnte – ein atypisches Leben. John war intelligent und begabt. Er lächelte oft und man musste ihn einfach mögen. Er liebte seine Mitmenschen nicht auf die distanziert-freundliche Weise, wie sie in Grußkartensprüchen zum Ausdruck kommt, sondern eher wie ein Footballspieler, der direkten Körperkontakt sucht. Man war sich zunächst gar nicht bewusst, dass man mit Johns offensiver Liebe in Kontakt gekommen war; erst wenn er weg war, spürte man ihr Fehlen schon fast schmerzhaft.

Mir gefiel, dass diese Jungs sich darüber unterhielten, dass sie ein aufregendes, interessantes Leben führen wollten, statt die Sicherheit eines vorgefertigten Lebensweges anzustreben, wie er für Jurastudenten typisch war. Ich glaube, niemand setzt sich das Ziel, ein Durchschnittsmensch zu werden. Die meisten schwören sich sogar in ihrer Schulzeit oder während ihrer Ausbildung, dass sie auf keinen Fall ein Durchschnittsleben führen werden. Und trotzdem fallen sie irgendwie wieder darin zurück. Wie die Rundfahrt mit einem Bähnchen in einem Vergnügungspark vermitteln uns die typischen Lebensentwürfe ein Gefühl von Sicherheit und Vorhersehbarkeit. Aber das Problem ist, dass sie uns nur dahin bringen können, wo wir und andere schon einmal waren. Sie bringen uns immer wieder zurück an Orte, an die jeder leicht gelangen kann, und nicht unbedingt dorthin, wo unsere Bestimmung liegt. Man braucht Mumm und eine neue Vision, wenn man anders leben will als alle anderen. Und John und seine Freunde klangen ganz so, als hätten sie den Mut, sich auf einen etwas abenteuerlicheren Lebensweg einzulassen. Daher sagte ich zu, als John mich zu diesem Treffen einlud.

Der Freitagabend kam und wir unterhielten uns an einem kleinen Lagerfeuer über große Dinge. Wir sprachen darüber, dass wir nicht nach demselben Schema zu funktionieren brauchten wie unsere Mitmenschen. Dass wir nicht alles so machen mussten wie alle anderen. Dass wir uns stattdessen nach einem Leben voller Engagement und Initiative ausstrecken konnten. Wir brauchten keine Fahnen oder Banner, keine identischen T-Shirts oder Kapuzenpullis und noch nicht einmal Visitenkarten. Wir konnten unser Leben einfach so leben wie ein Basketballspiel: Wer einen Hakenwurf beherrscht, bringt ihn in das Spiel ein. Wer nicht gut werfen kann, gibt den Ball ab. Das Bemerkenswerte an dieser Art zu leben ist, dass keiner Punkte zählt und dass es keine Maskottchen gibt. Jeder bringt einfach alles ein, was er hat. Und irgendwie scheint das, was man zu geben hat, immer auszureichen.

Während der Abend sich dem Ende zuneigte, stocherte ich ein wenig in den Kohlen herum und hoffte, dass ich etwas in diesen Jungs angerührt hatte. Ich sah, dass John sich angesprochen fühlte, und sagte ihm, dass es im Grunde ganz einfach sei, ein solches Leben zu führen. Wenn man sich entschließt, alles abzulegen, was „normal", was „typisch" ist, ist das Einzige, was bleibt, die große Idee von einem noch größeren Gott und einer Welt, die daran krankt, dass alle anderen immer nur das machen, was normal ist. Die Welt hat all unsere hochtrabenden Projekte satt und ruft uns verzweifelt zu, dass sie nicht noch mehr Organisationen oder

Führungspersonen mit beeindruckenden Titeln braucht, sondern echte Freunde. Wenn du ein echter Freund bist, merken die Menschen in deinem Umfeld recht schnell, dass du keine Hintergedanken hast und ihnen nichts aufdrücken willst. Das Einzige, was du ihnen anbietest, bist du selbst.

Bevor ich mich verabschiedete, sagte ich: „Wenn du dich traust, John, dann dreh den Globus, leg den Finger auf eine Stelle, und schau, worauf er zeigt, wenn der Globus zum Stillstand kommt. Oder weißt du was? Wenn du noch keinen anderen Plan hast, wohin du lieber gehen würdest, dann komm doch einfach mit nach Uganda!" Die Strategie, die ich ihm vorschlug, war einfach: Wir würden nach Afrika reisen, Freundschaften schließen und abwarten, was passte. Es ging nicht um diese unechte Art von Freundschaft, die oft als „Networking" bezeichnet wird. Wir würden einfach echte Freunde sein. John erzählte mir später einmal, dass dieser Gedanke eine Saite in ihm zum Klingen gebracht hatte. Oder besser gesagt, ein ganzes Rockorchester. Mir war schon damals klar, dass John jemand war, der nicht nur über diesen Vorschlag nachdenken wollte. Er war bereit, von der Bühne zu springen und sich ins Getümmel zu stürzen.

Da wir nicht vorhatten, so vorzugehen, wie es „normal" gewesen wäre, gab es auch nicht viel zu besprechen. Wie die Jünger hatten wir keinen Plan und kein Programm und trafen keine besonderen Vorbereitungen. Ich sagte John, dass ich über eine ganze Flotte von Flugzeugen verfügte, die ihn ins Ausland bringen konnten. Sie trugen alle die Aufschrift *Delta Airlines* und für fünfzehnhundert Dollar kam man an Bord. Wenig später zog John den Kopf ein, um durch die Tür einer Boeing 767 zu schlüpfen, die nach Uganda flog.

Dass wir nicht alles vorausplanen wollten, bedeutete nicht, dass wir nicht strategisch vorgehen wollten. Ganz im Gegenteil. Statt unsere Zeit damit zu verschwenden, uns einen detaillierten Plan zu überlegen, nutzten wir sie, um eine Strategie zu entwickeln, und wir hatten absichtlich in Uganda angefangen. Dieses Land war von einem über zwanzig Jahre andauernden Bürgerkrieg verwüstet worden, der Millionen von Menschen aus ihren Dörfern vertrieben und sie buchstäblich zu Flüchtlingen im eigenen Land gemacht hatte. Wer nicht im Krieg umgekommen war, war Aids oder anderen Krankheiten zum Opfer gefallen, und eine ganze Generation von Ugandern war einfach ausgelöscht worden. Die Bevölkerung von Uganda hatte zu der Zeit ein Durchschnittsalter von etwa vierzehneinhalb Jahren; das afrikanische Land war zu einer Nation von Kindern geworden.

Als wir unsere Arbeit in Uganda fünf Jahre, bevor ich John kennenlernte, begonnen hatten, herrschten in dem Land bürgerkriegsähnliche Zustände. Und gewöhnlich fuhr man auch nicht in einem kleinen, ungeschützten Auto in den Norden des Landes – normal waren die kugelsicheren Fahrzeuge der Vereinten Nationen. Ich beneidete die UN-Soldaten und ihre Wagen – nicht nur, weil sie männlicher aussahen, sondern weil man mit ihnen nicht draufging. Wir überquerten den Nil, der den kriegsgebeutelten Norden vom Süden trennte, als die Krise gerade ihren Höhepunkt erreicht hatte, und trafen dabei alle paar Kilometer auf Kontrollpunkte und umherstreifende Soldatentrupps mit Maschinengewehren. Die ganze Situation war mehr als nur ein bisschen unheimlich. Wir lernten schnell, dass wir für niemanden anhalten durften, der eine Uniform trug, ganz gleich, wie sympathisch man uns auch zuwinkte. Das lag daran, dass die Aufständischen und die ugandischen Soldaten die gleichen Uniformen trugen. Wir holten aus unserem kleinen Auto alles heraus und kamen nach Gulu, wo es Kasernen und etwas mehr Sicherheit gab. Obwohl Gulu nur sechs Blocks groß ist, ist es die zweitgrößte Stadt des Landes, weil der Großteil der ugandischen Bevölkerung im Busch lebt.

Das ganze Land hatte unter dem Krieg gelitten, aber Gulu und seine Umgebung waren von der von Joseph Kony angeführten *Lord's Resistance Army* am schlimmsten zugerichtet worden. Kony griff Gebiete in ganz Norduganda an und verfolgte zur Vergrößerung seiner Armee eine einfache Strategie: Er entführte Zehntausende von Kindern. Die Jungen erhielten Maschinengewehre und mussten bei Schusswechseln an vorderster Front vor den älteren

Soldaten hermarschieren; die Mädchen wurden zwangsverheiratet. Die meisten dieser Kinder waren zwischen zwölf und vierzehn Jahren alt. Was ihnen angetan wurde, war unvorstellbar. Bei ihrer Entführung wurden die Kinder oft gezwungen, einen oder mehrere ihrer Familienangehörigen zu töten, damit eine Rückkehr in ihre Heimatdörfer unmöglich wurde. Diejenigen, die dennoch einen Fluchtversuch wagten, wurden wieder eingefangen und zur Abschreckung auf grausamste Weise hingerichtet.

Außerhalb von Gulu fanden wir Tausende von Kindern, die ohne jegliche Aussicht auf Schulbildung in von der Regierung eingerichteten Lagern lebten; also beschlossen wir, im Norden der Stadt eine Schule zu gründen. Allerdings hätte es mindesten drei Jahre gedauert, die bürokratischen Hürden zu überwinden, die wir laut Auskunft der örtlichen Behörden zu nehmen hatten. Angesichts der Tatsache, dass eine ganze Generation von Kindern ohne jegliche Schulbildung in irgendwelchen Lagern dahinvegetierte und die LRA weitere Überfälle durchführte, um noch mehr Kinder zu rekrutieren, erschien uns das Wahnsinn zu sein. Eine Zeit lang versuchten wir, mit den Regierungsvertretern zu verhandeln, damit sie uns die Auflagen erließen, aber als klar wurde, dass sie uns nicht helfen würden, beschlossen wir, die Schule einfach aufzumachen.

In den nächsten ein, zwei Monaten verbreiteten wir unter den fünfhunderttausend Vertriebenen der Region die Nachricht, dass wir eine Schule mit dem vielversprechenden Namen *Restore Leadership Academy*[8] gründen würden. Wir teilten allen mit, was für eine großartige Idee diese Schule war, und stellten uns auf eine Menge Schüler ein. Am ersten Unterrichtstag erschienen ganze vier Kinder. Aber wir ließen uns nicht entmutigen. Wir waren zu sehr damit beschäftigt, uns gegenseitig zu gratulieren und auf die Schulter zu klopfen. Wir hatten eine Schule. Es war nicht *Harvard* – es war besser. Sie gehörte vier Kindern und uns.

John hatte die Aufgabe, die besten ugandischen Lehrer aus dem Norden einzustellen, neue Schüler zu rekrutieren und dann loszulegen. Schon bald hatten wir das Gefühl, ein bisschen über das Ziel hinausgeschossen zu sein, und es war uns etwas peinlich, dass wir mehr Lehrer als Schüler hatten. Das Misstrauen der Einheimischen gegenüber dieser kleinen Schule im Busch, die von einem Riesen namens John geführt wurde, war groß. Aber es dauerte nicht lange, bis sich unsere Schülerzahl verdoppelt hatte. Nun waren es schon acht. Unserer Ansicht nach war das ein geradezu explosives Wachstum. Immer mehr Schüler fanden den Weg zu uns und am Ende des ersten Jahres hatten wir neunzehn; also gründeten wir eine Fußballmannschaft. Warum nicht? Wir hatten jetzt mehr als genug Spieler. Die Kinder trugen keine Schuhe, und mitten auf dem Fußballfeld standen ein Pfosten und ein Mangobaum, aber unsere Kinder beklagten sich nie. Stattdessen sagten sie uns, dass ihnen das einen Heimvorteil gab.

Schon bald saßen einhundert Kinder in unseren inzwischen überfüllten Klassenzimmern. Und es kamen immer mehr hinzu. John rief mich an, erzählte mir begeistert, dass die Schule wuchs, und berichtete mir von Schülern, die einst mit Maschinengewehren durch die Gegend gezogen waren und sich durch Minenfelder gekämpft hatten und die sich nun auf dem Fußballfeld den Weg um einen Pfosten und einen Mangobaum herum freikämpfen mussten. Insbesondere erzählte er mir von zwei Kindern, die jeden Tag fast dreizehn Kilometer weit laufen mussten, um zum Unterricht zu kommen, und teilte mir mit, was sie seiner Ansicht nach brauchten. Seine Anfrage klang etwa folgendermaßen:

„Bob, könnten wir diesen zwei tollen Kindern nicht eine Übernachtungsmöglichkeit in der Schule anbieten?“

„Auf keinen Fall, John. Wir sind schließlich kein Internat“, entgegnete ich sofort.

Johns Anfrage war natürlich gut gemeint, er wollte nur helfen, aber ich musste sofort daran denken, dass Oprah Winfrey eine Schule in Südafrika gegründet und eine Menge Schwierigkeiten mit Internatsschülern bekommen hatte. Ich war fest entschlossen, diese Verantwortung nie auf mich zu nehmen. Außerdem konnten wir uns ja nur mit Mühe die Schule und die Lehrer leisten – wie sollten wir da Internatsschüler aufnehmen, beaufsichtigen und mit Nahrung und Kleidung versorgen?

„Tut mir leid, John, das geht nicht", wiederholte ich.

„Jetzt sei doch nicht so, Bob. Wir brauchen doch nur zwei Betten. Das ist alles: nur zwei Betten", beharrte John.

„Nein, John." Ich sprang auf und malte das Nein mit meiner linken Hand in die Luft, während ich gleichzeitig wild den Kopf schüttelte.

„Aber es ist für die Kinder", bettelte John.

Er gab nicht auf.

Mir wurde klar, dass ich diese Runde nicht gewinnen würde, und wahrscheinlich wandte John irgendeinen Zaubertrick an, denn auf einmal hörte ich mich sagen: „Also gut, John, zwei Betten für diese zwei Kinder, aber nicht mehr. Nur zwei Betten."

„Versprochen", waren die letzten Worte, die ich von ihm zum Thema „Betten" zu hören bekam.

Das ist jetzt drei Jahre her und nach letztem Stand gibt es inzwischen 250 Internatsschüler an unserer Schule. Der „Zwei-Betten-John", wie wir ihn jetzt nennen, verbringt den Großteil seines Tages damit, mit jedem, den er trifft, Komplotte zu schmieden, wie er das Leben dieser Kinder weiter bereichern und ihm noch mehr Bedeutung und Sinn verleihen kann.

Wissen Sie, wie es zu all dem kam? Ganz einfach. Zwei-Betten-John verließ die ausgetretenen Pfade. Er ließ sich nicht länger durch das Grenzen setzen, was „üblich" ist. Stattdessen floss die Liebe dessen aus ihm heraus, den er liebte. Jesus „floss" aus ihm heraus, wie Wasser aus einem Wasserhahn fließt. Und schon bald wuchs die Pfütze, die er hinterließ, zu einem See an, der uns alle überschwemmte. Das geschieht, wenn die Liebe Gottes sich mit unserer Kreativität verbindet. Die Kraft, die dadurch freigesetzt wird, lässt sich von keiner Enttäuschung bremsen und von keiner Staumauer eindämmen. Sie lässt sich nicht wegwischen, aufschieben oder abschalten. Sie akzeptiert kein Nein. Sie nimmt selbstverständlich an, dass die Antwort Ja lautet, selbst wenn sie für alle anderen wie ein Nein klingt.

In der Republik Uganda müssen die Schüler einer weiterführenden Schule an einer landesweiten Prüfung teilnehmen. Sie beinhaltet dreizehn Fächer, unter anderem Mathematik, Chemie, Physik, Geschichte und Erdkunde, um nur einige zu nennen. Sie ist schwerer als jede Prüfung, zu der ich je antreten musste, und John und ich fragten uns, wie viele unserer ersten neunzehn Schüler, die im Busch aufgewachsen waren, sie bestehen konnten. Vielleicht einer? Oder zwei? Einige dieser Kinder hatten mit Maschinengewehren gekämpft oder sich um ihre Familien kümmern müssen, weil ihre Eltern im Krieg ums Leben gekommen oder an Aids gestorben waren. Keiner von ihnen hatte jemals eine Grundschulbildung genossen. Unsere Kinder mussten diese landesweite Prüfung bestehen, um danach zum Besuch einer Berufsschule oder eines Lehrerkollegs zugelassen zu werden, aber ich war, ehrlich gesagt, davon überzeugt, dass sie das unmöglich schaffen konnten. Ich hatte jedoch nicht mit der Entschlossenheit von Zwei-Betten-John und den Lehrern unserer Schule gerechnet.

Kurz nachdem die Prüfungsergebnisse feststanden, erhielt ich einen Anruf von John.

„Bob, ich habe hier die Prüfungsergebnisse." Er legte eine fiese, viel zu lange Pause ein, ehe er triumphierend verkündete: „Neunzehn von neunzehn haben bestanden!"

Wir alle weinten vor Freude und Stolz über den Erfolg, den diese Kinder erzielt hatten. So ist die Liebe: Sie akzeptiert keine Grenzen und gehorcht nie den Regeln, denen wir sie unterwerfen wollen. Offenbar hatte niemand Zwei-Betten-John oder unseren Lehrern gesagt, dass sie den Bildungsweg und die Zukunft dieser Kinder sowieso nicht beeinflussen konnten, und offenbar hatte niemand den Kindern gesagt, dass sie sowieso keine Chance hatten, die landesweite Prüfung zu bestehen.

Ich vermute mal, dass auch niemand der Fußballmannschaft unserer Schule gesagt hatte, dass sie zu klein, zu dörflich, zu unterfinanziert oder zu barfuß war, um Erfolg zu haben. Im darauffolgenden Jahr schlugen unsere Spieler jede andere Mannschaft in Norduganda und bestiegen dann einen Bus, der sie in die Hauptstadt brachte, wo sie um den ugandischen Meisterschaftstitel spielen würden. Und niemand hatte einer unserer Schülerinnen gesagt, dass sie auf keinen Fall die bestplatzierte Speerwerferin in ganz Uganda werden konnte. Denn das wurde sie. Ich wusste nicht einmal, dass wir einen Speer hatten. Ich fragte mich, ob sie nicht vielleicht mit dem Pfosten vom Fußballfeld geübt hatte.

Im nächsten Jahr bestanden dreißig weitere Absolventen die landesweite Prüfung und genauso die nächsten fünfunddreißig Absolventen ein Jahr nach ihnen. Und als uns die Prüfungsergebnisse für dieses Jahr mitgeteilt wurden, hatte niemand den Schülern unserer Schule gesagt, dass sie nicht die besten Prüfungsergebnisse im ganzen Norden des Landes erzielen konnten. Denn das taten sie.

Vergangenes Jahr trafen John und ich uns mit den Dorfältesten im Busch, und wir deuteten gemeinsam auf sechzehn Hektar leicht hügelige afrikanische Steppe, die wir gerade erworben hatten. Wir waren aus unserem Schulgebäude herausgewachsen, und es gab kein Gebäude mehr in der Umgebung, das wir nicht bereits angemietet hatten. Es war an der Zeit, unsere eigenen Schulgebäude zu errichten. Keiner von uns hatte damals vor vier Jahren, als wir in Johns Garten an einem kleinen Lagerfeuer gesessen hatten, daran gedacht, dass wir einmal eine Schule von der Größe eines Dorfes für mehr als dreihundert Lehrer und Schüler bauen würden. Damals dachten wir nicht darüber nach, wo die Kettenreaktion aufhören würde, und wir denken immer noch nicht darüber nach. Ich vermute, das liegt daran, dass wir keinen Plan hatten. Stattdessen hatten wir eine große Idee. Wissen Sie, das Problem mit meinen Plänen ist, dass sie normalerweise aufgehen. Und falls das nicht der Fall sein sollte, helfe ich eben etwas nach und erhalte so die kleinen Ergebnisse, die ich angestrebt hatte. Wenn ich meine kleinen Pläne gegen eine große Idee eintausche, dann komme ich in den Genuss all dessen, was die anderen zu unserem spontanen „Basketballspiel" mitbringen. Leute wie John, Leute wie Sie und all die anderen, die zu uns gestoßen sind.

Wir fordern diese Kinder auf, sich ebenso wenig wie Zwei-Betten-John durch das Grenzen setzen zu lassen, was „normal" ist. Wir wollen, dass sie zu echten Vorbildern werden, die ihr Land durch das prägen, was sie tun. Sponsoren, die Kindern in Entwicklungsländern helfen, gibt es viele. Mit etwa dreißig Dollar im Monat kann ein Sponsor in den Vereinigten Staaten die Schulgebühren für ein Kind in einem Entwicklungsland bezahlen. Wir hingegen riefen unsere Kinder zusammen und erklärten ihnen, wie *unser* Sponsorenprogramm ablaufen würde: Wir gaben den Kindern Saatgut, und sie säten es aus, ernteten die Früchte und verkauften sie. Und mit diesem Geld unterstützen unsere Kinder von der *Restore Leadership Academy* in Uganda mithilfe der großartigen amerikanischen Organisation *The Mentoring Project*, die sich für vaterlose Kinder engagiert, ein kleines Kind in Oregon in den Vereinigten Staaten.

Diese ugandischen Kinder schauten von der anderen Seite durchs Fernrohr und wollten dazu beitragen, dass andere Kinder die gleiche Unterstützung erhielten, die ihnen zuteilwird. Wenn diese Kinder in Uganda einen Kühlschrank hätten, dann hinge daran vermutlich ein Foto von dem Kind mit Justin-Bieber-Haarschnitt, das in den USA von ihnen unterstützt wird. So sehen wahre Führungskräfte aus.

Die Kettenreaktion geht weiter, ohne dass irgendjemand das an die große Glocke hängt. Denn wenn ich eines von Zwei-Betten-John gelernt habe, dann dies: dass Liebe alles tut, um sich zu vermehren, und im Laufe der Zeit alle einbezieht, die mit ihr in Berührung kommen. Und soll ich Ihnen sagen, warum? Weil sie einfach so ist. Deshalb: *Lebe. Liebe. Los!*

NACHWORT

Sie haben nun die Geschichten in diesem Buch gelesen, aber besser als all diese Geschichten von anderen sind diejenigen, die Sie mit Ihrem eigenen Leben schreiben. Wenn Sie ein bisschen so sind wie ich, fragen Sie sich am Ende eines Buches mit dem Titel „Lebe. Liebe. Los!“: „Okay, und was kann ich jetzt tun?“ Das kann eine schwierige Frage sein, aber ebenso gut auch eine leichte. Lassen Sie mich Ihnen erzählen, was ich tue, wenn ich nicht weiß, was ich tun soll, um meine Träume Wirklichkeit werden zu lassen: Normalerweise versuche ich einfach herauszufinden, was der nächste Schritt ist, und dann tue ich ihn. Ich weiß, dass das zu einfach klingt, zu formalistisch; man denkt, so leicht könnte es doch nicht sein. Aber genauso leicht ist es. Für die meisten von uns ist der nächste Schritt genauso einfach, wie zum Telefon zu greifen, eine E-Mail zu schicken, einen Brief zu schreiben, ein Flugticket zu kaufen oder einfach aufzutauchen. Wenn Sie das getan haben, dann werden Dinge geschehen. Dinge, die vielleicht Gottes Fingerabdruck tragen. Sie werden merken, bei welchen das der Fall ist und bei welchen nicht. Entscheiden Sie sich für die, die sie tragen.

Was ist Ihr nächster Schritt? Ich weiß es nicht genau, denn jeder von uns ist anders, aber ich wette, er hat irgendwie mit einer Sache zu tun, die Sie jetzt schon begeistert. Etwas, von dem Sie jetzt schon denken, dass es schön oder bedeutsam ist oder dass es bleibende Bedeutung hat. Tun Sie etwas, das Sie nicht nur tun können, sondern etwas, von dem Sie das Gefühl haben, dass es Ihnen hundertprozentig liegt, und dann tun Sie ganz viel davon. Sie sind nicht bloß ein unglaublicher Gedanke Gottes. In dem Moment, als er Sie auf diesem Planeten „landen“ ließ, waren Sie der nächste Schritt, den die Welt gebraucht hat. Sie sind hier und ich bin hier. Gott hat beschlossen, mit uns Geschichte zu schreiben – gerade jetzt, heute und hier. Er hat uns genau so geschaffen, wie wir sind –

mit all unseren Stärken und Schwächen, unseren Vorlieben und Abneigungen. Er will, dass wir große Träume haben. Wir sind nicht nur ein biologisches Experiment, das bestimmte Funktionen auf dieser Erde erfüllt. Wir sind ein Teil von Gottes großem Plan für die ganze Welt. Ebenso wie Gott seinen Sohn auf die Erde gesandt hat, so hat er auch Sie gesandt. Und als Jesus hier war, hat Gott der ganzen Menschheit zugeflüstert: „Jetzt seid ihr dran." Seit Sie hier auf der Erde sind, schaut der Himmel auf Sie herab und wartet gespannt darauf, was Sie mit Ihrem Leben anfangen werden.

Ein paar Personen, denen Sie in diesem Buch begegnet sind, haben inzwischen ihre nächsten Schritte unternommen. Randy, der Typ, der mir im Yosemite Park gezeigt hat, was es bedeutet, für andere da zu sein, lebt nun mit seiner Frau Sandy in Nevada. Mit seiner Organisation *Doable Evangelism*[9] verändert er immer noch das Leben vieler Menschen. Und Ryan hat bald, nachdem er Kim seinen romantischen Heiratsantrag gemacht hat, geheiratet. Dic beiden haben inzwischen zwei tolle Kinder und sind Lobpreisleiter in einer Gemeinde in Orange County.

Zwei Jungen aus einem der finsteren Zellenblocks in Uganda haben die *Restore Leadership Academy* besucht. Der eine von ihnen hat eines der besten Abschlusszeugnisse seiner Klasse bekommen und der andere gilt als einer der nettesten Jungen auf dem Campus. Ich habe den Präsidenten des Obersten Gerichtshofes von Uganda in mein Büro auf *Tom Sawyer Island* in *Disneyland* eingeladen, und wir haben gemeinsam davon geträumt, wie das Rechtssystem in Uganda besser und effektiver werden kann. Und nach etwa fünf Jahren in Uganda hat Zwei-Betten-John sich an einer juristischen Fakultät beworben und möchte nächstes Jahr mit dem Jurastudium beginnen. Aber er wird nicht auf einer Bank vor dem Büro eines Dekans sitzen und darum betteln müssen, aufgenommen zu werden – die Universitäten werden sich um ihn reißen.

Kathy lebt ein beeindruckendes Leben; sie kümmert sich hingebungsvoll um ihre Familie und kämpft gegen jede Art von Ungerechtigkeit und moderne Formen von Sklaverei. *Lehr's Greenhouse Restaurant* hat zugemacht und ich suche immer noch nach meinem roten Jeep. Richard und Adam haben Luftgewehre und gehen gemeinsam in den Wald, aber sie versichern mir, dass sie nie aufeinander schießen. Gut so.

Lindsey hat sich zu der zauberhaften jungen Frau entwickelt, die ich damals beim *High Tea* in London vor mir gesehen habe, als wir miteinander ihr „zehnjähriges Abenteuer" unternommen haben. Alle Mitglieder unserer Familie haben weiterhin Kontakt mit Menschen in Führungspositionen auf der ganzen Welt, und Don Miller, der versucht hat, mir beizubringen, das Wort „dass" nicht in meine Biografie zu integrieren, hat gemeinsam mit seinem Freund Steve Taylor den Film „Blue Like Jazz" gedreht. Durch diesen Film und seine Bücher, unter anderem „Eine Million Meilen in tausend Jahren", und seine „Storyline"-Konferenzen zeigt Don uns immer wieder, wie viele Möglichkeiten wir haben, unser Leben aktiv zu gestalten und sinnvolle Ziele zu verfolgen.

Ich arbeite immer noch als Rechtsanwalt und versuche, mit den Handflächen nach oben zu leben. Ich gehe kaum noch segeln, aber ich reise oft nach Uganda, um nach Kindern Ausschau zu halten, die in Gefängnissen eingesperrt und vergessen wurden, und nach den Übeltätern, die ihnen das antun. Dieses Jahr haben wir in Uganda einen Medizinmann vor Gericht gebracht und den ersten Fall von Menschenhandel verhandelt – und gewonnen.

Und noch ein Letztes: Ich habe Doug nicht gesagt, dass ich ein Buch schreiben und Geschichten über ihn erzählen würde. Ich dachte mir, es wäre cooler, wenn er das von Ihnen erfährt.

DANKSAGUNGEN

Man braucht viele Helfer, damit die Geschichten entstehen können, die in diesem Buch erzählt werden. Das Ganze ist wie eine große Party. Dieses Buch berichtet nicht nur von dem Leben einiger weniger Menschen; in Wirklichkeit haben viele Menschen es geprägt und beeinflusst, ob ihre Namen auf den Seiten zu lesen sind oder nicht. Ich möchte jedem danken, der dazu beigetragen hat, dass diese Geschichten entstanden sind und dass ich sie schriftlich festhalten konnte. Überall auf diesen Seiten und, was noch wichtiger ist, überall in meinem Leben finde ich eure Spuren. Die Freundlichkeit und Ermutigung, mit der ihr mir begegnet seid, hat mein Bild von Jesus geprägt. Ich müsste ein zweites Buch schreiben, wenn ich den Namen jedes Einzelnen erwähnen wollte, der mir Mut gemacht hat, aber ihr wisst, wer gemeint ist, weil ich das Glück hatte, es den meisten von euch persönlich zu sagen.

Danke, meine bezaubernde Maria, danke, Lindsey, Richard und Adam, danke, Miss Ashley und Brad, weil ihr so viel Geduld mit mir hattet, während ich in meinem Lieblingssessel saß und an diesem Projekt gearbeitet habe. Er ist aber nicht etwa deshalb mein Lieblingssessel, weil er weich ist. Er ist mein Lieblingssessel, weil er ganz in eurer Nähe steht.

Don Miller: Nichts von alledem wäre ohne deine Freundschaft, deine Ermutigung und deinen Input möglich gewesen. Du hast viel mehr getan, als mein Buch durch deine Worte zu bereichern; du hast mein Leben bereichert, indem du mir dich selbst geschenkt hast. Dasselbe gilt für meine lieben Freunde Al Andrews und Brandon Heath. Ihr beide zeigt mir nicht nur, wie gut Gott wirklich ist – ihr seid die Art von Menschen, die in mir den Wunsch wecken, in seine Fußstapfen zu treten und das zu tun, was er für mich geplant hat.

Meine lieben Freunde, die zu *Restore International* gehören und mit uns in Uganda und Indien arbeiten, sind für mich wie eine große Familie. Ihr seid wie ein riesiger Stapel von Geschenken! Jedes Mal, wenn ich einen von euch „auspacke", wühle ich mich durch das Geschenkpapier und finde drei weitere von euch in dem Stapel. Das geschieht, wenn man sich nicht länger wie eine Organisation verhält und stattdessen beschließt, wie eine Familie zu handeln.

Euch, den Schülerinnen und Schülern der *Restore Academy*, möchte ich sagen, wie stolz wir auf euch sind. John Niemeyer, die ermutigende, umsichtige Art, wie du die Bemühungen von *Restore* in Uganda geleitet hast, ist einfach umwerfend. Danke, Ilea Dorsey Angaza, dass du uns den Weg geebnet hast. Deborah Erikson und all ihr anderen Mitarbeiter von *Restore International* in Uganda: Eure Liebe zu den Kindern haut mich um. Ich möchte mir eine Scheibe von euch abschneiden. Trent Walters, wie du als Leiter dienst, lässt mich die Worte „Diener" und „Leiterschaft" in einem ganz neuen Licht sehen. Mein besonderer Dank gilt Blake Gaskill und dem Bauteam sowie Gregg, Karen, Heather, Jim und Julie, Ryan und Crystal, Todd Nelson und seiner Familie, George und Bernie, Michael und Marybeth sowie unzähligen Freiwilligen, die erst für mich gearbeitet und dann unter Einsatz ihres Lebens einem ganzen Land gedient haben. Und ich danke den Hunderten von Menschen, die die Schüler und Lehrer für die *Restore Academy* angeworben haben – wow! Schaut euch an, was ihr erreicht habt!

Reggie Whitten, Noah Roberts, Jim Priest und das gesamte *Pros-For-Africa*-Team: Ihr habt nicht mit nichts angefangen, ihr habt mit einer Ordensschwester angefangen, Schwester Rosemary, und gemeinsam habt ihr im Norden von Uganda und darüber hinaus vieles verändert. Chris Corner, Dick Greenley und das *Water-4*-Team: Dasselbe gilt für euch. Brunnen sind nicht das Einzige, was in eurem Leben in die Tiefe geht. Die wunderbare Arbeit, die vom *Kwagala Project* unter Kristens begeisternder Leitung und von den Mitarbeitern von *Invisible Children* getan wurde, hat mich Tag für Tag ermutigt. Ihr wart großartige Freunde und Ermutiger, während ich meine Gedanken zu Papier gebracht habe, und ihr habt

Anteil an jeder einzelnen Seite. Diese Organisationen nehmen die Kinder in Uganda in genau der Weise an, wie Gott uns annimmt, und sie sind es wert, dass man sie unterstützt.

Ich danke auch meinen Freunden von den Bibelpraxis-Treffen. Steve, Mike, Bud, Jim, Bill, Mike, Jon und George: Ihr seid die Typen, die mir geholfen haben, Jesus nicht länger zu stalken, sondern ihm stattdessen nachzufolgen. Dasselbe gilt für meine Kameraden im *199 Club:* Jim, Michael, Don und Steve. Ihr habt mir unglaublich viel Kraft und Mut gegeben, weil ihr euch so rückhaltlos auf andere Menschen einlasst. Wenn ich groß bin, möchte ich so sein wie ihr. Ich danke auch all meinen Freunden in Nashville dafür, dass sie mir immer wieder das Gefühl geben, willkommen zu sein.

Ohne die Unterstützung der besten Anwaltskanzlei an der nordwestlichen Pazifikküste wäre es mir niemals möglich gewesen, dieses Buch zu schreiben oder die Geschichten zu erleben, die darin stehen. Danny DeWalt, du bist ein wunderbarer Anwalt, Pastor, Leiter und Freund. Ken, John, Cynthia, Aaron und Eric, danke, dass ihr mich freigestellt habt, damit ich dieses Buch schreiben konnte. Das Highlight jedes Jahres ist für mich, von Neuem um euch zu werben und euch zu fragen, ob ihr für ein weiteres Jahr mit mir zusammenarbeiten wollt. Danke, dass ihr immer wieder Ja gesagt habt.

Auch unter den Mitarbeitern und Studenten der *Pepperdine Law School* habe ich Mitverschwörer gefunden. Insbesondere danke ich Jim Gash, Tim Perrin und Jay Milbrandt. Ihr habt mir geholfen zu verstehen, wie sehr Gott Gerechtigkeit liebt. Ebenso gilt mein Dank den Studenten und Mitarbeitern der *Point Loma Nazarene University.* Ich habe an beiden Universitäten gelehrt und gedient, aber letztendlich bin ich derjenige gewesen, der gelernt hat und dem gedient wurde. Dasselbe gilt für Dave Batstone und das wunderbare Team von *Not-For-Sale.*

Und wenn es euch nicht gäbe, würde ich kleiner träumen: meine Eltern, Rick und Marti, Doug und Debbie, Rob und Leslie, Harold und Terri und Sharon und all meine Freunde von *Young*

Life in den Vereinigten Staaten und *Malibu Club*, Kanada. Und ihr, meine Freunde, die ihr mit mir durch die Wasserfälle an der Lodge gewandert seid: Ihr inspiriert mich immer wieder, weil ihr den Menschen in dieser armen, bedürftigen Welt zeigt, wie sehr Jesus sie liebt. Tara und Eric, ihr macht all das jedes Jahr möglich, und ich danke euch dafür, dass ihr uns zusammenbringt. Euch, den Coes, den Burleighs und Darla Anderson möchte ich sagen: Wenn ich an euch denke, muss ich an Freude, Mut und tiefe Güte denken. Darüber hinaus bin ich von einer wunderbaren Gemeinschaft von Leitern umgeben gewesen, die ihre Tage damit verbracht haben, Möglichkeiten zu finden, wie man Menschen mit Jesus bekannt machen kann.

Und schließlich danke ich den großartigen Mitarbeitern von *Thomas Nelson*, die mich auf außergewöhnliche Weise unterstützt haben. Bryan Norman, deine Fingerabdrücke befinden sich auf jeder eselsohrigen Seite dieses Manuskriptes. Brian Hampton, Heather Skelton, Jason Jones, Kristi Henson, Katherine Rowley und die Korrekturleserin Jennifer Stair: Ihr solltet alle Capes tragen, aber ich weiß, dass ihr dafür zu bescheiden seid. Mike und Gail Hyatt: Ihr habt dieses abenteuerliche Projekt aus der Taufe gehoben. Ihr zwei seid die großen Vorbilder, denen Maria und ich eines Tages ähneln möchten.

Und noch ein letzter Dank: Chuck und Laurie Driscoll, ich begreife die Güte Gottes besser, weil ihr meine Nachbarn seid.

NEHMEN SIE KONTAKT ZU MIR AUF

Eines, was ich gelernt habe, seit ich mit Jesus unterwegs bin, ist, wie sehr er es genossen hat, mit Menschen zusammen zu sein. Abgesehen von der Zeit, die er mit seinem Vater verbrachte, scheint er nichts so sehr geliebt zu haben wie das. Ihm gefiel nicht nur die *Vorstellung,* mit Menschen zusammen zu sein, er genoss das Zusammensein mit ihnen tatsächlich. Viele Menschen auf dieser Welt hören irgendwann damit auf, sich für andere zu öffnen und Zeit für sie zu opfern. Das fällt oft gar nicht auf, weil es schrittweise geschieht, und es ist auch nicht böse gemeint – aber es geschieht dennoch. Bei Jesus war es umgekehrt: Er schien im Laufe seines Wirkens immer mehr Zeit für andere zu haben, nicht immer weniger. Das ist einer der Gründe, warum die Liebe eine solche Macht hat: Sie hat Zeit für uns und gibt uns die Möglichkeit, sie zu finden.

Dasselbe gilt für die Menschen, die meine Lebenseinstellung geprägt haben. Ich habe herausgefunden, dass die Personen, die den größten Einfluss auf mein Leben hatten, gleichzeitig diejenigen waren, die am meisten Zeit hatten. Wenn Sie jemals über irgendeine Idee in diesem Buch reden möchten, die Sie besonders angesprochen hat – hier ist meine Telefonnummer: 001-619-985-4747. Rufen Sie mich einfach an, wenn ich irgendwie behilflich sein kann.

QUELLEN

1 Die offzielle Verwundetenauszeichnung der Streitkräfte der Vereinigten Staaten (Anmerkung der Übersetzerin)

2 Apostelgeschichte 19,15; Hoffnung für alle

3 „Genau (wie) wir" (Anmerkung der Übersetzerin)

4 Eine 2003 von Bob Goff gegründete internationale Hilfsorganisation, die sich gegen Menschenrechtsverletzungen engagiert und insbesondere für die Rechte von Frauen und Kindern kämpft; http://www.restoration-international.org (Anmerkung der Übersetzerin)

5 Nicht unumstrittenes amerikanisches Anti-Terror-Gesetz, das nach den Anschlägen vom 11. September 2001 erlassen wurde (Anmerkung der Übersetzerin)

6 Craigslist ist ein zentrales Online-Netzwerk mit Anzeigenseiten für alle möglichen Bedürfnisse

7 „Christlicher Mediationsdienst" – ein Angebot, Menschen in Konfliktsituationen dabei zu helfen, diese auf der Grundlage einer christlichen Lebens- und Weltanschauung zu lösen (Anmerkung der Übersetzerin)

8 Der Name bedeutet in etwa „Schule zum Heranbilden neuer Führungskräfte" und soll zum Ausdruck bringen, dass den Schülern in dieser Schule nicht nur Bildung, sondern auch moralische Werte vermittelt werden sollen, die sie langfristig dazu befähigen, verantwortlich beim Wiederaufbau des am Boden liegenden Landes mitzuwirken. (Anmerkung der Übersetzerin)

9 http://doableevangelism.com: „Machbare Evangelisation" – eine Organisation, die Christen dabei helfen möchte, ihren Glauben auf natürliche, praktische Weise weiterzugeben (Anmerkung der Übersetzerin)

MIX
Papier aus verantwortungsvollen Quellen
FSC® C014496

Verlagsgruppe Random House FSC®N001967
Das für dieses Buch verwendete FSC®-zertifizierte Papier *Enso Classic 95*
liefert Stora Enso, Finnland.

Originally published in the U.S.A. under the title: Love Does

1. Auflage 2014
Bestell-Nr. 816977
ISBN 978-3-86591-977-9

Umschlaggestaltung: Hanni Plato
Umschlagfoto: Shutterstock
Satz: Vornehm Mediengestaltung GmbH, München
Druck und Verarbeitung: GGP Media GmbH, Pößneck
Printed in Germany